O QUE TE FAZ MAIS FORTE

"STRONGER"

JEFF BAUMAN
com Bret Witter

O QUE TE FAZ MAIS FORTE

"STRONGER"

TRADUÇÃO DE

ANTONIO CARLOS VILELA

VESTÍGIO

Título original: *Stronger*

EDITOR RESPONSÁVEL
Arnaud Vin

EDITOR ASSISTENTE
Eduardo Soares

ASSISTENTE EDITORIAL
Jim Anotsu

PREPARAÇÃO DE TEXTO
Eduardo Soares

REVISÃO
Tiago Garcias

CAPA
Diogo Droschi
(sobre cartaz de Paris Filmes)

DIAGRAMAÇÃO
Larissa Carvalho Mazzoni

Dados Internacionais de Catalogação na Publicação (CIP)
Câmara Brasileira do Livro, SP, Brasil

Bauman, Jeff
O que te faz mais forte / Jeff Bauman ; tradução Antonio Carlos Vilela. -- 1. ed. -- São Paulo : Vestígio, 2017.

Título original: *Stronger*

ISBN 978-85-8286-422-7

1. Bauman, Jeff 2. Maratona - Massachusetts - Boston - Biografia 3. Reabilitação 4. Memórias autobiográficas 5. Vítimas de terrorismo - Massachusetts - Boston - Biografia I. Título.

17-07203 CDD-920

Índices para catálogo sistemático:
1. Autobiografia : memórias 920

A **VESTÍGIO** É UMA EDITORA DO **GRUPO AUTÊNTICA**

São Paulo
Av. Paulista, 2.073,
Conjunto Nacional, Horsa I
23º andar . Conj. 2310-2312.
Cerqueira César . 01311-940
São Paulo . SP
Tel.: (55 11) 3034 4468

Belo Horizonte
Rua Carlos Turner, 420
Silveira . 31140-520
Belo Horizonte . MG
Tel.: (55 31) 3465 4500

Rio de Janeiro
Rua Debret, 23, sala 401
Centro . 20030-080
Rio de Janeiro . RJ
Tel.: (55 21) 3179 1975

www.grupoautentica.com.br

Para mamãe e papai

A BOMBA

* * *

15 de abril de 2013

Eu sei exatamente quando minha vida mudou: foi quando olhei para o rosto de Tamerlan Tsarnaev. Eram 14h48, 15 de abril de 2013 – um minuto antes do maior atentado terrorista dentro dos Estados Unidos desde o 11 de Setembro –, e ele estava parado bem ao meu lado.

Estávamos a meio quarteirão da linha de chegada da Maratona de Boston, duas pessoas em uma multidão de meio milhão. A maratona era o evento característico do Dia do Patriota, feriado especial em Boston que homenageia a cavalgada de Paul Revere e os milicianos locais que lutaram a primeira batalha da Revolução Americana, em 19 de abril de 1775. O Dia do Patriota também era o início não oficial da primavera, em uma cidade conhecida por seus invernos rigorosos, de modo que meia cidade tinha tirado o dia de folga, e todo mundo queria estar ao ar livre. Como manda a tradição, um jogo do Red Sox tinha começado às 11 horas, coincidindo com o último grupo a largar na maratona. Às 14h30, torcedores de beisebol vinham do estádio pela Yawkey Way, desaguando na Rua Boylston e inchando o público da maratona.

Eu tinha chegado meia hora antes, com minhas amigas Remy e Michele, para torcer pela minha namorada, Erin Hurley. Já naquela hora as calçadas estavam abarrotadas, e os restaurante e bares, cheios de gente com camisetas de Boston e uniformes do Red Sox. Os melhores corredores, que se classificaram para o primeiro pelotão de largada, tinham terminado de correr horas antes, mas os outros corredores continuavam chegando, e a multidão não parava de crescer.

A maioria dessas pessoas, incluindo Erin, corria para apoiar uma causa filantrópica. Eram os corredores comuns, que mereciam e precisavam do nosso apoio. Por toda parte, as pessoas aplaudiam, davam vivas, gritavam para que os corredores continuassem; a linha de chegada estava próxima, eles estavam quase lá.

Foi então que notei Tsarnaev.

Eu não sei como ele foi parar do meu lado. Só me lembro de olhar por cima do meu ombro direito e vê-lo. Estava perto de mim, talvez a uns trinta centímetros, e havia algo de estranho nele. Tsarnaev usava óculos de sol e um boné de beisebol branco, com a aba cobrindo seu rosto, e vestia um casaco com capuz que parecia pesado demais, mesmo para um dia frio. O que mais me chamou a atenção, contudo, foi o comportamento dele. Todo mundo comemorava e assistia à corrida. Todo mundo estava se divertindo, menos esse cara. Ele estava sozinho, e não se divertia.

Ele tinha um objetivo.

Então ele se virou para mim. Não pude ver seus olhos, por causa dos óculos escuros, mas soube que ele me encarava. Eu sei, agora, que ele planejava me matar – Tsarnaev pensou que eu estaria morto em menos de um minuto –, mas seu rosto não revelava nenhuma emoção. Nenhuma dúvida. Nenhum remorso. O cara era uma rocha.

Nos encaramos por cerca de oito, dez segundos, então minha amiga Michele disse algo e me virei para falar com ela. Nossa amiga Remy tinha se aproximado da linha de chegada para tentar conseguir uma visão melhor. Eu ia sugerir para Michele que nos juntássemos a Remy. Aquele cara tinha me incomodado bastante.

Mas não sugeri. E quando olhei para trás, ele tinha sumido.

Graças a Deus, eu pensei...

Até que notei a mochila dele. Estava largada no chão, perto dos meus pés. Estremeci de medo, e aquele velho alerta dos aeroportos começou a passar pela minha cabeça: não deixe malas largadas. Denuncie pacotes suspeitos. Olhei em redor, na esperança de encontrar o cara...

Então escutei. A explosão. Não foi como as bombas dos filmes, nada daquele estrondo imenso, mas três estalos, um após o outro.

Não ficou tudo nebuloso depois disso. Ficou muito claro. O psiquiatra do hospital depois me disse que meu cérebro "acendeu", que no momento em que a bomba explodiu, meu cérebro se tornou hiperalerta, de modo que embora minhas lembranças estejam fragmentadas em centenas de partes, elas são todas claras.

Eu lembro de abrir os olhos e ver fumaça, depois perceber que estava no chão olhando para cima, para o céu.

Lembro de uma mulher, coberta de sangue, passando por cima de mim. Então outras pessoas, correndo em todas as direções.

Havia sangue no chão. Pedaços de carne. E calor, um calor terrível. O cheiro era de um churrasco no inferno.

Houve um acidente, pensei. Alguma coisa deu errado.

Eu me sentei. Michele estava deitada de costas a poucos passos, uma barreira da corrida caída sobre ela. Dava para ver o osso da perna dela através de um buraco.

Isso não é bom, eu pensei.

Nós nos fitamos. Ela estendeu a mão para mim e eu fiz menção de me aproximar dela. Então Michele olhou para minhas pernas e se deteve, arregalando os olhos.

Baixei os olhos. Não havia nada abaixo dos meus joelhos. Eu estava sentado em uma poça grossa de sangue – meu sangue –, e minhas pernas tinham desaparecido.

Olhei ao redor. Sangue para todo lado. Partes de corpo espalhadas, e não só minhas.

Isso não foi um acidente, eu pensei. Ele fez isso conosco. Aquele merda tinha feito isso conosco.

Então ouvi a segunda explosão, a certa distância. Tinham se passado apenas doze segundos desde o momento em que a primeira bomba foi detonada.

Era guerra, eu pensei. Ele iria ser caçado. Haveria tiroteio. Não conseguiria chegar até mim.

Eu me deitei. Vou morrer, pensei, e percebi que tinha aceitado isso. Minha vida tinha sido curta, apenas vinte e sete anos, mas boa. Aceitei ir embora.

Então um médico de pronto-socorro chamado Allen Panter, que estava assistindo à corrida do outro lado da rua, apareceu sobre mim. Ele aplicou torniquetes nas pontas dilaceradas de onde minhas pernas tinham sido arrancadas, gritando enquanto trabalhava.

– Peguem camisas! – ele gritava por cima do ombro. – Jaquetas! Cadarços! Qualquer coisa! As pessoas estão sangrando aqui!

– Saia de perto de mim – eu disse.

– Fique calmo.

Eu estava calmo. Até então eu estava absolutamente calmo. Mas esse cara estava me assustando.

– Vá ajudar outra pessoa! – gritei, empurrando-o. – Vá ajudar minha amiga!

Ele molhou o dedo no meu sangue e desenhou um "C" vermelho na minha testa. Lembro disso com muita clareza. Acho que queria dizer "crítico".

Então ele se foi, gritando ordens enquanto se afastava. Minhas orelhas estavam zunindo, mas eu ainda conseguia ouvir os gritos.

Vi uma mulher deitada, imóvel, os olhos abertos.

Vi um homem usando chapéu amarelo de caubói levantar a barreira de cima de Michele e então se virar para mim. A próxima coisa que percebi foi ele agarrando minha camisa, enrolando-a em seu punho. Ele me levantou do chão com uma mão, girou-se e me jogou numa cadeira de rodas, que estava ali para ajudar corredores cansados demais para andar depois de terminarem a corrida.

Quando sentei na cadeira, foi como um choque elétrico. Pareceu aquela cena de *Pulp Fiction: Tempo de violência*, quando o John Travolta injeta adrenalina no coração da Uma Thurman. Meu corpo ganhou vida, e eu pensei: "Sem chance, Jeff. De jeito nenhum que aquele merda vai acabar com você".

– Eu vou sobreviver – eu disse.

– Isso mesmo, amigo – disse o homem com chapéu de caubói, correndo ao meu lado. – Isso mesmo. Você vai sobreviver.

Nós passamos por uma tenda médica. As pessoas gritaram para que parássemos.

– Não! – o homem gritou sem parar. – Nós vamos para o hospital.

O torniquete da minha perna direita se soltou. Ele ficou preso na roda e foi arrancado. De repente, apareceu um outro homem, e os dois começaram a segurar minha perna, apertando-a para deter a hemorragia. Eu me abaixei e agarrei a perna esquerda, tentando fazer o mesmo. Um fotógrafo emergiu do caos, ajoelhando-se na rua e tirando fotos enquanto passávamos.

Eu pensei: "O que ele está fazendo aqui?".

Nós cruzamos a linha de chegada da Maratona de Boston. Eu vi a faixa quando me tiraram da cadeira de rodas e me puseram na ambulância.

– Quem é você? – uma mulher perguntou. – Qual é o seu nome?

– Bauman – eu disse enquanto me imobilizavam. – Sou Jeff Bauman.

– Você é Bowman? A mulher gritou, sem entender bem meu nome, para o homem com chapéu de caubói.

– O quê?

– Você também é Bowman?

– Não – ele respondeu. – Não sou irmão dele.

E então fomos embora, em disparada pela Rua Boylston na direção do Centro Médico de Boston enquanto um socorrista tratava as minhas pernas.

– Eu sei o que aconteceu – eu disse.

O socorrista hesitou, e olhou para o meu rosto pela primeira vez.

– Ele está consciente – ele gritou para alguém no banco da frente. – O cara ainda está consciente.

– Foi uma bomba – eu disse.

– Tem certeza?

– Tenho. Foi uma bomba.

– Como você sabe?

– Eu vi o cara. Eu sei quem fez isso.

Perdi a consciência por um segundo, talvez dois, e acordei assustado. Não faça isso, Jeff. Continue alerta.

Eu me lembro de tudo. O equipamento acima de mim na ambulância. Os enfermeiros à nossa espera quando chegamos. Lembro de ser levado às pressas por um corredor, um policial de uniforme correndo do meu lado.

Eu sei quem fez isso, tentei gritar para ele. *Eu sei. Eu sei.* Eu queria que mais alguém também soubesse, só para garantir. Mas não consegui fazê-lo parar. Não consegui que ninguém me ouvisse.

– Fique calmo – as pessoas continuavam dizendo. – Fiquei deitado e calmo.

E então fui colocado na mesa de cirurgia, com dez, doze pessoas à minha volta. Foi aí que comecei a entrar em pânico. Eu tinha visto muitos hospitais em séries de televisão e nos filmes. Eu não gostava de hospitais.

– Eu quero anestesia – gritei. – Estou acordado. Eu quero anestesia.

Um rosto se aproximou do meu, destacando-se dos outros. Era um cara jovem, parecido com o Major Winters, da série *Irmãos de Guerra*.

– Não se preocupe – ele disse. – Nós vamos cuidar de você.

E eles cuidaram. Todo mundo, naquele dia, cuidou de mim. Eles salvaram minha vida. São heróis, porque me deram esta oportunidade. Eles me deram a chance de provar que eu... nós... somos melhores do que covardes com bombas. Que não nos abatemos. E não temos medo.

Nós somos mais fortes.

ANTES

- 1 -

Chelmsford, no estado de Massachusetts, fica a quarenta quilômetros do centro de Boston, perto de Lowell, uma cidade industrial. Chelmsford é conhecida em Boston como uma cidade dormitório, mas acredito que algumas pessoas vêm até aqui em busca de história. Ela foi um centro têxtil na década de 1820, e muitas das tecelagens da zona norte foram convertidas em shopping centers e edifícios residenciais. O centro de Chelmsford é rodeado de velhas edificações de madeira: a Igreja Batista Central, o Centro de Artes de Chelmsford e a Primeira Paróquia da Igreja Universalista Unitária, construída em 1660, refeita em 1842. Todos São Bem-Vindos, de acordo com a placa na frente do prédio. Perto dali tem uma escola de sala única (1802) e a Casa do Canal de Middlesex (1832). O Cemitério dos Fundadores (1655) está espremido entre o Parque Penham e um pequeno centro comercial, onde fica um restaurante Bertucci e minha cafeteria favorita, a Java Room.

É claro que, como só estou na cidade desde 1989, quando tinha dois anos, minha história pessoal neste local não envolve velhas tecelagens nem igrejas de madeira, e tampouco o Rio Merrimack, que causou o surgimento das tecelagens. Meus marcos históricos são coisas como o Zesty's Pizza, o melhor lugar da cidade para se comer uma fatia; o Sully's, perto da escola de ensino médio, que tem o melhor sorvete; o Brickhouse, um bar com bons sanduíches em frente à Igreja Unitária, onde todos também são bem-vindos, desde que sejam torcedores do Red Sox, e, é claro, o restaurante Hong Kong Chinese American Food, cujo imenso letreiro de neon paira acima do estacionamento do Radisson. O Hong Kong é o lugar favorito da minha tia Jenn. Ela bebe ali desde que tinha seus dezesseis anos, então o lugar deve ser antigo, provavelmente dos anos 1970. Serve rolinhos primavera, mas é conhecido pela pista de dança e por seus *mai tais*. Acho que todo subúrbio de Boston tem um lugar como o Hong Kong.

Admito que eu costumava ir ao Hong Kong com tia Jenn e Big D (meu primo Derek). O restaurante é uma instituição de Chelmsford. Então uma noite, cerca de um ano antes do atentado, Vinnie, o barman, que é chinês apesar do nome, e aparentemente tem trabalhado ali todas as noites desde 1982, apontou para um dos meus amigos de colégio, que estava bêbado e fazia a pior dança que eu já tinha visto.

– Ele não volta mais – Vinnie disse.

Talvez esteja na hora de eu também procurar outro lugar, pensei.

Não que eu não gostasse da minha vida. Longe disso. Eu adorava minha vida, embora ela nem sempre tenha sido fácil. Nasci em South Jersey, perto da Filadélfia, mas meus pais se divorciaram quando eu tinha dois anos. Não foi um divórcio agradável. Mamãe, furiosa e frustrada, mudou-se para ficar perto da família, mas passou por dificuldades, principalmente financeiras, como acontece com muitas mães sozinhas. Ela trabalhava em turnos duplos como garçonete. Fazia bicos. Ela se preocupava comigo, com todo o tempo que tinha que passar longe de mim, com nosso futuro. Moramos em quatro ou cinco apartamentos diferentes enquanto eu crescia; todos os meses, minha mãe se preocupava com o aluguel.

Ela gostava de beber. Algumas pessoas da família gostam de aumentar isso, como se ela precisasse beber para se acalmar, mas este é o modo como eu via esse hábito: mamãe gostava de beber. Nunca durante o dia, mas todas as noites. Às vezes quando saía com a irmã mais nova, tia Jenn, ou quando estava com as amigas. Outras vezes, quando estava sozinha em casa. O que eu posso dizer? Sou seu filho. Não conheci outra realidade.

Meu pai, Big Jeff, continuou na minha vida. Ele lutou pelo direito de me ver. Quando eu tinha nove anos, ele se mudou para Concord, Nova Hampshire, a cerca de uma hora e meia de Chelmsford, para ficar mais perto de mim. Se casou com sua namoradinha de escola depois do divórcio e formou nova família: duas enteadas e mais dois filhos. Eu passava semanas com ele no verão, e tentava estar presente sempre que meus meios-irmãos, Chris e Alan, jogavam uma partida de hóquei. Nunca vou me esquecer da mulher do meu pai, Big Csilla, me levando para colher morangos. Ela sempre foi boa comigo.

Mas foram minha mãe, seu irmão e suas irmãs que me criaram. É do Natal na casa do pai dela, com muito vinho Cavit, que eu mais me lembro. Depois que vovô morreu, foi o tio Bob, irmão da minha mãe, que nos acolheu por um ano e meio. As irmãs dela, tias Karen e Jenn, me deixaram morar com elas, cada uma em sua casa, por algum tempo, quando eu estava no ensino médio. Tia Jenn era dezesseis anos mais velha que eu, mas agia como se fosse minha irmã mais velha. Ela sempre levava Big D e eu para fazer compras, ao cinema e, depois, quando ficamos mais velhos, para o famigerado Hong Kong.

Acho que estou tentando dizer que ficamos unidos. Sempre havia um churrasco de família, ou festa de aniversário, e, quando acontecia alguma briga, sempre tinha um jogo do Red Sox, Patriots, Celtics ou Bruins na televisão, e essa era a oportunidade perfeita para todos nos sentarmos e rirmos juntos do que tinha acontecido.

Tio Bob teve ingressos para a temporada do Red Sox durante algum tempo, antes de todo mundo se tornar torcedor. Ele deu ingressos, para mim e Big D, para o Jogo 4 do Campeonato da Liga Americana de 2004. Essa foi a noite em que o Red Sox, perdendo de três a zero para o New York Yankees – nenhum time jamais tinha se recuperado de um três a zero nas finais de beisebol –, deu uma virada em 86 anos de insignificância. Estávamos na arquibancada superior, mas com o Red Sox perdendo, nos últimos *innings* todo mundo à nossa frente começou a ir embora, então fomos sentar mais perto do campo. Fomos descendo, cada vez mais, até ficarmos ao lado do campo. Estávamos praticamente na primeira fileira, durante a nona entrada, quando Dave Roberts conquistou a segunda base.

Eu tinha dezessete anos; Big D, dezesseis. Eu não possuía muita coisa, materialmente falando, mas do que mais se precisa quando os Red Sox viram o jogo na última entrada, em cima do melhor fechador da história do beisebol, Mariano Rivera (do Yankees), e você está lá? Você está lá, distante apenas alguns metros.

No ano seguinte fui para a Faculdade Comunitária de Middlesex, mas não continuei. Então, tio Bob me empregou em sua firma de pavimentação. Tio Bob era completamente irreverente, e com frequência indecoroso, mas esperto como o capeta. Ele construiu a empresa de pavimentação do zero. Big D e eu éramos conhecidos como os comediantes da família, sempre fazendo piada pelos cantos durante os encontros familiares. Sempre nos divertindo. Mas aprendemos isso com o tio Bob, que não conseguia passar cinco minutos sem uma tirada, geralmente às custas da tia Jenn.

– Basta dar um taco para o Jeff – tia Jenn dizia, tentando ser séria –, que ele fica feliz. O garoto não precisa de muita coisa.

– Desde que não seja um taco que você fez – tio Bob dizia e ria.

– É, você faz a comida do Hong Kong parecer boa, tia Jenn.

– E eu não como lá nem que me paguem – Big D acrescentava.

– Eu nem entraria naquele lugar antes das dez da noite.

– E nada de bom acontece no Hong Kong depois das dez.

– Esse é o horário em que a tia Jenn chega.

Eu adorava o tio Bob – ele era como um pai para mim –, mas eu não queria trabalhar na empresa da família. Eu queria ter minha própria carreira. Então, depois de alguns anos, voltei para a faculdade, em

Lowell, na Universidade de Massachusetts. Fiz disciplinas de matemática e ciências, principalmente, com o objetivo de me formar em engenharia. Engenheiros ganham 70 mil dólares por ano.

Isso também não deu certo. Consegui financiamento estudantil para cobrir a maioria das minhas despesas, mas por algum motivo terminei devendo novecentos dólares e não consegui me matricular no semestre seguinte.

Eu não tinha novecentos dólares. Até aquele momento da minha vida, acho que nunca tinha tido novecentos dólares, e acredito que minha mãe também não. Poderia ter pedido o dinheiro ao tio Bob, e ele provavelmente teria me dado. Mas mamãe tinha me ensinado a ser autossuficiente. Você pode aceitar algo de uma pessoa que o ame, mas nunca pode pedir. Além disso, eu comecei a trabalhar meio período na rotisseria do Costco. Pensei que podia faltar um semestre na faculdade, enquanto trabalhava no Costco, e ver se conseguia economizar novecentos dólares.

Três anos mais tarde, eu continuava trabalhando na rotisseria do Costco. Essa não seria minha carreira, eu sabia disso, mas gostava do lugar. O trabalho era fácil, preparar e estocar caixas de comida, e eu adorava meus colegas, desde a minha supervisora, Maya, até o "Heavy Kevy", que gerenciava a loja. Apesar do apelido de "pesado", Kevin Horst tinha, na verdade, 1,93 metro de altura e uns 80 quilos. Ele estava em ótima forma e era impecável. Eu não conhecia Kevin muito bem, porque ele administrava quase duzentos empregados, mas eu sabia que não era possível colocar uma folha de alface fora do lugar, em uma salada, sem que Kevin percebesse.

Nunca economizei aqueles novecentos dólares para a faculdade. O Costco me mantinha abaixo de quarenta horas por semana, uma prática padrão no varejo, de modo que eu ganhava menos de dezesseis mil dólares por ano. Eu dividia um apartamento com Sully, meu melhor amigo desde o terceiro ano, e a namorada dele, Jill, e mesmo assim mal conseguia pagar as contas. Então Sully e Jill terminaram, e nós não conseguimos mais pagar o apartamento, de modo que voltei a morar com minha mãe.

Isso era típico da minha vida. Fácil. Por causa da minha infância, eu nunca me liguei aos espaços, e nunca acumulei muita coisa. Mesmo aos 26 anos, não possuía um computador, nem qualquer outra coisa em meu nome que não um telefone celular, um violão que comprei com um cheque de cem dólares dado pela minha avó, no meu aniversário de dezoito anos, e um Passat, da Volkswagen, com doze anos de fabricação. A cada duas semanas eu fazia a viagem de uma hora até Concord, Nova Hampshire, com o Passat, para visitar meu pai. Ele consertava transmissões de carros na AAMCO, e deixavam que ele usasse a oficina depois do expediente. Foi só por isso que conseguimos manter meu carro velho rodando.

Minha vida era ótima. Muito boa. Eu era feliz. Tinha meu próprio carro, meu quarto e dinheiro para ir de vez em quando até Boston. Eu mantinha meu grupo de amigos de escola, e assim saía todas as noites antes de minha mãe voltar do turno da noite. E como não possuía nada, ninguém me pedia nada. Isso me permitia ser quem eu era: um cara tranquilo. Feliz e despreocupado. Sempre tentando fazer com que todos se divertissem. Eu era jovem e não sabia aonde estava indo, mas sabia que não tinha pressa de chegar lá.

Então conheci a Erin.

Foi em maio de 2012, onze meses antes do atentado, e algumas semanas depois de eu jurar, pela milésima vez, que não voltaria mais ao Hong Kong. Eu tinha ido a Boston com alguns amigos para ver ALO, uma das minhas bandas favoritas. Depois fomos para uma festa, na casa de alguém, e Erin estava lá. Ela era agradável. Interessante. Linda. Nós nos demos bem de imediato. Depois ela me contou que o que mais gostou em mim foi que me achou bonzinho.

Nossa, Erin. Esse tipo de coisa machuca.

Infelizmente, Erin morava a uma hora de distância, em Brighton, um bairro de Boston que é o tipo de lugar onde as pessoas vão morar depois que se formam na faculdade e antes de ter filhos. Era uma viagem e tanto, mas eu soube, depois do nosso primeiro encontro – Flatbread Pizza em Sommerville seguido de *Prometheus* (pensando bem, não foi o filme mais romântico que eu poderia ter escolhido) –, que ela valia a pena.

Erin não era como as minhas amigas de Chelmsford. Ela nasceu no Alabama e cresceu em Amesbury, Massachusetts, em uma casa com painéis solares e fogão a lenha, e se formou na Universidade Lesley, uma instituição com maioria de mulheres em Cambridge, onde corria *cross-country* e conheceu Michele, minha futura colega de atentado. Erin tinha uma carreira. Ela era coordenadora de programa no departamento de anestesiologia do hospital Brigham and Women's, no centro, e planejava voltar a estudar para fazer uma pós-graduação em administração na área de saúde. O chefe dela queria promovê-la. Erin só precisava fazer o curso.

Infelizmente, nossas agendas eram uma confusão. O horário dela era típico, das oito da manhã às seis da tarde. Eu costumava trabalhar no último turno do Costco e só saía depois das 20h30. Isso significava que eu não conseguia chegar a Brighton antes das dez da noite, quando Erin já estava se aprontando para dormir, pois tinha que levantar às 6h30 para trabalhar. Como eu também trabalhava nos fins de semana, às vezes passávamos semanas sem ficarmos juntos durante um tempo razoável.

Mas nós fizemos funcionar. Eu passava algumas noites em Boston com Erin e as colegas dela: Remy, sua melhor amiga de infância, e Michele, sua melhor amiga de faculdade. Nós descobrimos nossos bares e cafés favoritos. Fomos até Washington, D.C. Fizemos uma viagem de barco inflável até Maine, algo que eu queria fazer havia anos. Quando a loja de bobagens no fim do quarteirão de Erin virou um delivery de frango frito, pareceu um sinal do destino.

– Ela é tão boazinha – Mamãe dizia toda vez que Erin passava a noite em Chelmsford.

Ah-ah, Erin, essa palavra também serve para você!

Mas é verdade. Erin é boazinha. Ela não é uma garota festeira, mas lhe dê algumas cervejas e ela começará a dançar. Acho que você ficaria constrangida se eu dissesse que é sexy, não é, Erin? Mas é verdade. Erin é uma boazinha sexy. Mas ela prefere uma refeição tranquila, em casa, e uma vida sossegada.

Em agosto, com o relacionamento esquentando, convidei Erin para a festa do aniversário de sete anos do meu sobrinho Cole. Isso era importante, porque o aniversário de Cole foi o evento do verão para minha família. Tia Jenn era mais velha quando teve Cole – ela era a terceira esposa do tio Dale – e o mimou bastante. Ela mesma admite. Quando é aniversário dele, ela contrata bufê de churrasco, brinquedo inflável e convida todo mundo. Normalmente há cerca de oitenta pessoas nas festas de aniversário do Cole, quase todas parentes.

Felizmente, eu estava trabalhando no Costco nesse sábado, então Erin e eu tivemos uma desculpa para chegar tarde, depois que a maioria dos convidados tinha ido embora. Aquela era, afinal, a primeira namorada que eu iria apresentar para a família. Antes não era necessário. A maioria das minhas namoradas anteriores já era conhecida da família desde sempre.

– Ótima garota – tio Bob disse, em um de seus raros momentos de seriedade. – Tem uma cabeça boa em cima dos ombros.

Com isso ele queria dizer: ela tinha um plano. Chegaria a algum lugar.

E chegaria mesmo. Erin trabalhou durante a faculdade, era bem-sucedida e seria ainda mais no futuro. Ela queria o mesmo para mim, e nunca me criticou por eu não ganhar muito dinheiro e morar com minha mãe. Ela não ligava para isso.

Mas ela acreditava em mim, queria que eu terminasse a faculdade. Erin pensava que eu tinha futuro como engenheiro.

– Quem sabe no ano que vem – eu dizia para ela. – Quando você começar a pós-graduação, eu volto para a faculdade. Nós podemos estudar juntos.

Eu falava a sério, exceto pela parte de estudar. Havia anos eu dizia para minha mãe que iria voltar para a faculdade, mas Erin me fez ver que eu não devia apenas falar. Se queríamos construir uma vida juntos, eu devia voltar a estudar.

Mas então, em algum momento daquele inverno, começamos a nos afastar. Talvez eu tenha ficado com medo do compromisso, não sei, mas comecei a evitar as viagens até Boston para visitá-la. Depois de seis meses, eu disse a mim mesmo que estava cansado de dirigir tanto. Eu cozinhava frango e costelas, e servia os clientes no Costco o dia todo. Depois do meu turno eu só queria ir para casa e relaxar. Tocar violão no meu quarto. Assistir a um jogo de hóquei do Bruins com Sully e Big D.

Erin ficou chateada por eu desmarcar os encontros.

– Eu mudei meus planos para ficar com você – ela disse.

– Me desculpe – respondi. – Estou cansado.

Nós falávamos sobre morar juntos, para que não tivéssemos mais que viajar para nos ver, mas isso implicava em eu pedir demissão, então a ideia não prosperou.

– Você não está comprometido comigo – Erin dizia, e não era uma reclamação. Era uma constatação.

– Você precisa fazer o está dizendo que vai fazer – ela me dizia. – Se faz uma promessa, precisa cumpri-la.

Isso era importante para Erin, ela gostava de fazer planos. Erin adorava uma rotina. Sempre foi uma corredora, mas naquele inverno estava treinando para a Maratona de Boston. O hospital Brigham and Women's precisava renovar a unidade de terapia intensiva neonatal, e assim um grupo de funcionários do hospital correria para levantar dinheiro.

– A sensação de ajudar é boa – ela disse. Mas isso também significava menos tempo para nós.

Naquele Natal, comprei no Costco uma bela câmera para Erin. Algumas semanas depois, comprei um violão para mim. Era um

Yamaha elétrico, em promoção na Guitar Center por duzentos dólares. Não consegui resistir, era uma pechincha.

Sempre adorei tocar violão. Nada muito a sério, só acho relaxante. Gosto de tocar com meu meio-irmão Chris, na varanda dos fundos da casa do meu pai, em Concord, ou ficar no meu quarto, tirando umas músicas. Eu conhecia uns caras que tocavam nos bares em Lowell – o centro da atividade musical na região –, então comecei a frequentar as noites de amadores com meu amigo Blair. Eu não tocava, era apenas um ouvinte, mas Blair gostava de gritar com as bandas. Nós tomávamos umas cervejas e às vezes exagerávamos. Nunca consumi nenhum outro tipo de álcool ou droga. Eu gosto de cerveja.

– É ótimo que você saia e se divirta com seus amigos – Erin disse. – Eu quero que você faça isso. Mas não o tempo todo.

Ela tinha razão. Quando comecei a evitar as visitas a Boston, era porque estava cansado. Mas agora eu evitava Erin para beber e escutar música com Blair.

– Não posso – eu disse quando ele voltou a ligar. – Tenho outros planos.

Mas... não sei. Não era suficiente. Quando Erin e eu estávamos juntos era ótimo, mas não bastava. Eu não parava de pisar na bola. Lembro de um dia em fevereiro, no meio do inverno, indo para a casa do meu pai em Nova Hampshire com a dúzia de cervejas de sempre debaixo do braço.

– Qual é a boa, Big Csilla? – (Pronuncia-se "Big Chilla". A filha dela, Little Csilla, tem o mesmo nome.)

Ela percebeu de imediato que havia algo errado.

– Cadê a Erin?

– Ah, nós terminamos.

– O que aconteceu?

– Deixei de cumprir muitas promessas.

Eu não gosto de falar de coisas pessoais, então era isso que dizia, e repetia, quando alguém da minha família perguntava. Nós terminamos.

Telefonei para Erin dois dias depois e disse que a amava. Ela respondeu que não era suficiente.

Eu não a vi de novo até 29 de março. Esse foi o dia da arrecadação de contribuições para a maratona, no Sissy K's, um bar em Brighton. Nós tínhamos conversado muito sobre o evento, e ela trabalhava nisso havia meses, de modo que eu sabia que isso era importante para ela. Por isso, eu fui, para demonstrar meu apoio. Até levei Big D e tia Jenn comigo. Havia um DJ e dança. Como eu poderia não levar tia Jenn?

Eu não me dei conta do quanto eu queria estar ali até ver Erin, que não estava me esperando, mas sorriu assim que entrei. Deu para ver que ela me queria ali, e foi então que percebi que o único lugar em que eu desejava estar era ao lado dela.

Não me lembro da nossa conversa. Quando ela me perguntou o que eu estava fazendo lá, acho que apenas respondi: "Eu disse para você que viria".

Nós fomos embora juntos e foi isso.

Duas semanas mais tarde, Erin me acordou às cinco da manhã. Era segunda-feira, 15 de abril de 2013, Dia do Patriota, e também dia da Maratona de Boston. Como planejado, levei Erin até Hopkinton, de onde os ônibus da organização levariam os corredores até a linha de partida. Faltavam horas para que o primeiro bloco de corredores, os de cadeira de roda, largasse, às 9h40. Erin estava no terceiro bloco, saindo às 10h40, mas já havia vinte mil corredores circulando, prontos para largar.

– É melhor você vencer – eu disse e me despedi com um beijo. Ela riu e eu voltei para o apartamento dela, direto para a cama.

Eu a vi de novo às 13h30, perto do quilômetro 30, em Newton. Remy, Michele e eu tínhamos dito para ela nos procurar ali, perto do início da Colina do Desgosto, a subida mais difícil do percurso. Eu estava com um cartaz que dizia: "Corra, Erin, Corra!". Remy e Michele carregavam leques imensos do Time Cegonha, a instituição para a qual Erin estava arrecadando fundos.

Nós abrimos caminho em meio à multidão que cercava os dois lados da rua até conseguirmos ver os corredores que passavam. Uma banda tocava no posto dos bombeiros no fim do quarteirão, e as pessoas dançavam e torciam. Dois soldados com mochilas passaram marchando, arrecadando dinheiro para os veteranos. Outro sujeito corria com fantasia de hambúrguer, não tenho a menor ideia por quê. Eu nunca tinha ido a uma maratona. Já tinha visto na televisão, mas não ao vivo. Estar lá me fez perceber como aquilo era especial. A corrida tinha 137 anos, a maratona continuamente disputada mais velha do mundo. Aquilo tinha uma importância imensa, e era nosso. Nosso feriado. Nossa tradição. Nosso orgulho. Percebi que não era apenas um evento esportivo; era uma comemoração. O inverno tinha acabado, o dia estava lindo e todo mundo celebrava e dançava.

Na verdade, Remy, Michele e eu estávamos nos divertindo tanto que quase perdemos Erin. Nós a vimos assim que ela passou por nós, e tivemos que ir atrás dela, gritando seu nome. Ela voltou e nos deu um abraço em grupo, sorrindo, embora estivesse exausta.

– Vejo você na linha de chegada – eu disse, beijando-a.

Erin anuiu.

– Vou estar lá.

Então ela se foi e começou a subir a ladeira da Colina do Desgosto. Aquilo pareceu tão trivial no momento, como a maioria das coisas comuns do mundo. Acho que normalmente é assim antes que o azar, ou o acaso, mude sua vida.

OS PRIMEIROS DIAS

- 2 -

A bomba explodiu às 14h49 de segunda-feira. Poucos segundos depois, o homem com chapéu de caubói estava pulando a barricada que isolava a linha de chegada e correndo na direção da carnificina. A segunda bomba foi detonada quando ele estava no meio da rua, mas isso não o deteve. Todos continuaram a correr para nos ajudar: policiais, voluntários da corrida, espectadores.

Estranhos se debruçaram sobre as vítimas no chão, garantindo-lhes que tudo ficaria bem, que a ajuda estava a caminho, que elas não estavam sozinhas. As pessoas começaram a tirar seus suéteres e cintos, para fazer torniquetes. Alguns fecharam as feridas com as mãos. O esquadrão antibombas de Boston começou a cortar mochilas e pacotes com facas, o que chamam de "cortar e marcar". Eles acreditavam que, como duas bombas foram disparadas, provavelmente haveria uma terceira para matar as pessoas que tentavam ajudar. É assim que os ataques terroristas funcionam. Era provável que um "cortar e marcar" em uma terceira bomba tirasse a vida do policial do esquadrão antibombas, mas salvaria várias outras.

A princípio disseram que tinha sido uma explosão elétrica, ou de gases do esgoto. Tampas de bueiro às vezes voam pelos ares sem aviso. Mas não demorou para que a suspeita de bombas se espalhasse. Publicações e *tweets* da cena. Fotografias de celular mostravam o sangue nas ruas. Boston é uma cidade pequena, com cerca de um sexto do tamanho de Nova York. Em poucos minutos, todo mundo estava nas mídias sociais tentando descobrir se os amigos estavam bem.

Ninguém conseguiu me encontrar. Familiares e amigos me ligaram e enviaram mensagens, mas não tiveram resposta. Ou a bomba destruiu meu celular ou o jogou longe. Lembro de tentar encontrá-lo quando eu estava no chão. Eu queria ligar para minha mãe e me despedir; não se preocupe, não estou sofrendo. Estou indo agora, minha vida foi boa.

Mas o celular sumiu. Não consegui falar com ninguém, e ninguém conseguiu me encontrar. Então eles desligaram as antenas, e todos os celulares ficaram mudos.

As primeiras imagens apareceram quase imediatamente depois. Eram tomadas demoradas da cena: a onda de choque sacudindo a câmera que filmava a corrida. A força da explosão derrubando um corredor prestes a cruzar a linha de chegada. A coluna de fumaça.

Então, a primeira fotografia de um rosto humano identificável: meu rosto. Era a foto que depois ficaria famosa, eu numa cadeira de rodas, com o homem de chapéu de caubói correndo ao meu lado. Todo mundo agora diz que a imagem é "icônica", mas na hora foi horripilante. Eu tinha um corte acima do olho e outro na bochecha; meu rosto estava pálido e sujo devido às queimaduras de pólvora. Minha camisa estava chamuscada e ensanguentada. E eu não tinha pernas.

Acima dos joelhos eu parecia vítima de uma tragédia qualquer. Poderia ter sido um incêndio doméstico, ou uma briga violenta, que me deixara ferido. Abaixo do joelho, não havia pernas. Não estavam despedaçadas; tinham sumido por completo. As únicas coisas que restavam eram pedaços de carne rasgada e um osso longo e fino que se projetava do meu joelho esquerdo.

Graças ao homem com chapéu de caubói, eu fui a primeira vítima a deixar a cena do atentado e a primeira a entrar no Centro Médico de Boston, a cerca de três quilômetros de distância. Em quinze minutos, estava na mesa de cirurgia, com médicos do pronto-socorro cortando as pontas despedaçadas das minhas pernas e cauterizando minhas lacerações. Isso salvou minha vida.

De qualquer modo, a fotografia foi mais rápida. Enquanto os médicos me costuravam, meu rosto começou a pipocar em sites pela internet. Alguém me reconheceu e publicou a foto na minha página do Facebook. A notícia começou a se espalhar entre meus amigos. Não demorou para que a fotografia começasse a ser exibida em telejornais.

Meu primo estava pavimentando uma rua com uma das equipes do tio Bob. Ele viu a notícia durante o intervalo no trabalho.

– Não conseguia respirar – Big D me contou mais tarde. – Eu simplesmente não conseguia respirar.

Tia Jenn estava no zoológico, aonde tinha levado Cole para comemorar o Dia do Patriota. Ela o levou para casa imediatamente e nunca o deixou ver a foto.

Sully clicou na minha página do Facebook e viu a versão recortada, que me mostra apenas da cintura para cima. Então clicou em outro site e viu minhas pernas. Ele gritou e caiu no chão, me contou depois.

Erika, minha meia-irmã, viu a imagem na televisão do restaurante em que trabalha como garçonete. Ela telefonou para meu pai na AAMCO.

– Pai, pai, você viu a fotografia? Jeffrey está no noticiário. Está machucado.

– Tem certeza? – meu pai gritou. Ele continuou gritando até encontrar a foto na internet, e então começou a chorar.

Eles viram também no Costco em que eu trabalhava. Estavam assistindo à cobertura do atentando na sala de descanso quando minha foto de repente apareceu. Meus colegas não conseguiram me encontrar, então "Heavy Kevy" ligou para o outro número no meu cadastro.

Era o da minha mãe. Ela estava terminando o turno do almoço e não tinha prestado muita atenção no atentado. Ela nem lembrava que eu tinha ido à corrida. Típico da minha mãe.

– Não, não estou sabendo do Jeff – ela disse para o Kevin. – Por quê?

– Ele estava na maratona.

Então ela se deu conta.

– Ah, não. Ele se machucou? Ele se machucou?

– Acho que sim.

– Ele está vivo? – ela gritou. – Diga, ele está vivo?

– Eu não...

– Como assim? O que aconteceu? Meu filho está vivo?

– Não sei a condição dele. Sinto muito. Mas está vivo. Acho que é melhor você ligar para os hospitais.

A essa altura, minha mãe estava histérica. Ela passou o telefone para uma amiga, foi para uma mesa vazia e começou a chorar.

Logo depois, tia Cathleen, mulher do tio Bob, ligou para ela.

– Estou indo pegar você – ela disse.

– O Jeff está bem? Por favor, diga que o Jeff está bem.

– Eu não sei – ela respondeu. – Ele está vivo. Tem uma foto. Nem consigo olhar. Bob disse que foi feio.

– Esse não é meu filho – mamãe disse, uma hora depois, quando finalmente viu a foto. Ela já se encontrava em casa. – Esse não é meu filho – repetiu. Meu rosto estava tão pálido e chamuscado que nem parecia eu.

– É ele, Patty – tia Cathleen disse, pondo a mão no ombro dela. – Olhe, é a camiseta favorita dele.

Aquela tarde foi um caos. Um caos completo. Tenho certeza de que foi assim na cidade toda, mas principalmente na minha família. Tio Bob ligou para médicos, tentando conseguir uma opinião profissional baseada na fotografia. As irmãs da minha mãe ligaram uma para a outra, em busca de informação e apoio. Elas telefonaram para todos os hospitais de Boston, sem parar, sem sucesso – ninguém conseguia me encontrar. Mamãe e tia Cathleen foram até a delegacia de polícia local, desesperadas por informações. Nem a polícia conseguiu ajudar.

– Espere. Nós temos alguém aqui com um nome parecido – disse, finalmente, alguém do Centro Médico de Boston.

Eu tinha dito meu nome para eles vinte vezes, na ambulância. Ainda assim, escreveram errado quando me registraram.

Cinco horas tinham se passado quando minha família conseguiu, enfim, chegar ao Centro Médico e saber o que tinha acontecido comigo. Cinco horas ouvindo notícias a meu respeito, sabendo que eu estava gravemente ferido, sem que conseguissem descobrir mais nada. Em outras palavras, cinco horas de medo.

Muita gente dos meios de comunicação ficou preocupada com a foto. As pessoas acreditavam que sua veiculação violava meu direito à privacidade, porque nunca consenti que fosse usada. Acreditavam que a versão integral era medonha demais, ainda que fosse o registro de um evento importante. Depois da precipitação inicial, e mesmo no começo, a maioria dos veículos de comunicação usou a versão cortada, alguns colocaram uma tarja preta sobre minha perna esquerda, cujo osso estava exposto. Outros, como o site do *Atlantic*, mostravam a fotografia inteira, mas borravam meu rosto para que eu não fosse reconhecido.

Mas a imagem explícita estava em circulação. Era o assunto de Boston e talvez do mundo. Durante o resto do dia, sempre que as pessoas se juntavam para comentar o atentado, elas falavam de mim: "Você viu o homem na cadeira de rodas? Aquele sem as pernas?".

Esse era o resumo que as pessoas usavam quando queriam manifestar seu horror. Naquelas primeiras horas, essa era a imagem que sintetizava a tragédia.

A fotografia não me incomoda. Eu só queria que minha família não tivesse descoberto dessa forma; preferia ter sido outra vítima anônima. A foto mudou minha vida.

Mas esse é o mundo em que vivemos. Muita gente tira fotos de coisas muito menos interessantes. Existem fotos de mim parado perto da linha de chegada antes da explosão da bomba, e também fotos de mim no chão. Charles Krupa, que tirou a foto icônica, trabalhava para a Associated Press. Não estou chateado com ele. Por que eu ficaria bravo com um jornalista que fez seu trabalho? Estou bravo porque alguns jovens detonaram uma bomba. Também estou bravo porque perdi minhas pernas, e porque muitas pessoas que se tornaram minhas amigas desde então também perderam suas pernas. Estou bravo porque três pessoas foram mortas, incluindo um garoto de oito anos.

Mas a fotografia? Ela só mostrou o que aconteceu. Uma bomba explodiu. Ela estava cheia de pregos e esferas de rolamento, que atravessaram corpos, rasgaram músculos e destroçaram ossos. Ela foi construída para fazer o máximo de estrago, e funcionou. Pessoas foram feridas de maneiras tão horríveis que só de olhar a gente fica com náuseas. Tudo bem que o mundo tenha ficado chocado, porque explodir uma multidão de gente inocente é mesmo chocante.

Mas não é disso que a foto trata. Não de verdade. Ela não mostra a bomba e não me mostra sendo ferido. Ela mostra o que aconteceu depois: gente corajosa correndo para ajudar. Elas salvaram muitas vidas. Três pessoas morreram no local, mas ninguém morreu no hospital, nem a caminho do hospital. Ninguém morreu de ferimentos provocados pela bomba nas semanas seguintes. 260 de nós foram feridos, e graças à coragem dos outros, todos tivemos a chance de seguir em frente: de amar e rir e inspirar, como antes.

É por isso que essa imagem não me incomoda. Porque ela não é o retrato da destruição, embora continue me sendo muito doloroso olhar para ela. A foto é o retrato da esperança. Porque sabe o rapaz sem pernas? Aquele queimado, cortado e mortalmente pálido? Ele sobreviveu.

E vai ficar ótimo.

- 3 -

A única pessoa que não viu a fotografia – imediatamente, pelo menos – foi minha namorada Erin. Quando nos abraçou no quilômetro 30, ela vinha mantendo o ritmo esperado de seis minutos por quilômetro. Isso a teria colocado na linha de chegada pouco antes da detonação da bomba.

Mas no alto da Colina do Desgosto, ela começou a sentir uma dor intensa no joelho. Caminhou durante algum tempo, sentindo como se lhe enfiassem uma agulha de tricô no joelho a cada passo. Erin disse que ficou triste ao pensar que não terminaria a corrida. Até chorou um pouco. Mas continuou insistindo, até que a dor diminuiu o bastante para ela voltar a correr.

Então ela trombou com um paredão no quilômetro 40, pouco antes do viaduto na Rua Beacon. Não estou falando de um paredão de dor, mas sim de corredores tão amontoados que ninguém conseguia seguir adiante. Erin apenas pensou, a princípio, que havia gente demais tentando alcançar a linha de chegada, que a corrida era mal organizada, e ficou preocupada com seu tempo de prova. Então os boatos começaram a vir da chegada até ela.

O caminho estava fechado.

Houve uma explosão.

Não, foi uma bomba.

A bomba explodiu perto da linha de chegada.

Não, explodiu na *multidão* junto à linha de chegada.

Ninguém sabia quantas pessoas tinham sido feridas. Ninguém sabia quantas pessoas tinham morrido. Não havia ninguém fornecendo informações. Praticamente todos os corredores eram esperados por alguém, quase ninguém estava com seu celular. Quem leva um telefone celular enquanto corre uma maratona?

Uma comoção teve início. As pessoas começaram a passar mal. Uma mulher desmaiou ao lado de Erin, que ficou para ajudá-la até uma enfermeira chegar. Então ela começou a andar. Todos fizeram o mesmo: apenas saíram da rua. Erin pensou em Remy, Michele e em mim na linha de chegada. Jill, a irmã mais nova dela, iria se encontrar conosco lá. Erin não sabia que Jill não tinha nos encontrado.

Por algum motivo, Erin ficou mais preocupada com Remy, sua melhor amiga desde o fundamental. Ela teve o pressentimento de que alguma coisa ruim tinha acontecido com Remy, e não percebeu que estava chorando até um casal simpático parar e perguntar se ela estava bem. Eles compraram uma garrafa de água para Erin e a deixaram usar o telefone celular. Ela tentou falar com Remy, depois Michele e então eu. Nenhuma resposta.

Erin telefonou então para Gail, sua irmã mais velha, que lhe disse que duas bombas tinham explodido no meio da multidão. A irmã mais nova tinha visto acontecer, mas não se feriu, estava do outro lado da rua. Ela ouviu dizer que Remy tinha se machucado, mas não sabia de mais nada.

Erin começou a entrar em pânico. Algo terrível tinha acontecido. Pessoas morreram. As amigas dela estavam no local do atentado – onde esperavam para vê-la; tinha pedido para que a esperassem lá – e pelo menos uma delas estava ferida. Mas Erin não podia fazer nada pela amiga; estava sem dinheiro, sem celular e sem meios de voltar para casa.

Ela vagou durante algum tempo, sem saber o que fazer. Pairava um silêncio estranho nas ruas. Tentou caminhar até a academia onde treinava, pois tínhamos combinado de nos encontrar ali caso nos perdêssemos na multidão, mas a rua estava fechada. Policiais bloqueavam as interseções que levavam ao centro da cidade. Ela devia estar tremendo, porque alguém lhe deu um cobertor. Erin caminhou durante algum tempo com um jovem da idade dela, que também não conseguia falar com os amigos.

Alguém a viu com o número da maratona e gritou "Parabéns! Mandou bem". Ela percebeu que as pessoas indo numa direção sabiam o que tinha acontecido, e muitas choravam, mas quem vinha do outro lado não fazia ideia.

Erin parou em frente ao Centro de Ciência Cristã na Avenida Massachusetts. As ruas estavam cheias de gente, mas assustadoramente quietas. Pensou em voltar andando para casa, mas era longe demais. Por outro lado, o trabalho dela, o hospital Brigham and Women's, ficava a apenas três quilômetros de distância, e acabou decidindo ir para lá. Erin só chegou ao seu escritório perto de cinco da tarde, duas horas depois que a bomba explodiu e seis horas após ter começado a correr a maratona.

O hospital estava fechado, e ela não portava o crachá. Os guardas não queriam deixá-la entrar, até que uma colega, enfim, a avistou. Então Jill apareceu; ela tinha caminhado desde a linha de chegada, na esperança de encontrar Erin.

Elas pegaram um táxi até o apartamento de Jill e começaram a dar telefonemas. Erin descobriu que Michele passava por uma cirurgia de emergência, mas que a condição de Remy era estável; não conseguiu saber nada de mim. Por algum motivo, não ficou preocupada, embora soubesse que eu devia estar perto da bomba. Mas se Remy tinha apenas se machucado, raciocinou, eu devia estar bem. Então Ashley, uma amiga, ligou para ela.

– Jeff está ferido – disse. – A fotografia dele está na primeira página do site da NPR.

Erin acessou o site. Era a foto cortada que não mostrava minhas pernas. Acho que ela entrou em choque; seu cérebro não aceitou que algo terrível tivesse acontecido. Ele está alerta, ela disse para si mesma. Isso significa que Jeff está bem.

Então Courtney, amiga de Remy que Erin mal conhecia, telefonou.

– Remy está bem – Erin contou para Courtney. – Ela estava perto da bomba, e agora está no hospital, mas vai ficar bem. Michele também foi ferida. Não ouvi falar do Jeff, mas tenho certeza de que ele está bem.

– Jeff não está nada bem – Courtney disse. – Ele perdeu as pernas.

Quando Gail, a irmã mais velha, ligou alguns minutos depois, Erin soluçava. Ela tinha visto a fotografia sem cortes.

– Eles estavam lá por minha causa – ela disse. – A culpa é minha.

– A culpa não é sua.

– Eu quis que o Jeff fosse. Eu disse para ele que isso era importante para mim, e agora ele não tem pernas.

– Não é culpa sua, Erin, pessoas más fizeram isso.

– Você tem que encontrá-lo, Gail. E se encontrar, ligue para mim.

Pouco depois, Big D telefonou e disse para Erin que eu estava no Centro Médico de Boston. Alex, namorado de Jill, levou-a ao hospital. As ruas estavam desertas, a não ser pelos policiais. Erin não sabia, mas até o local do atentado estava tranquilo. Os corpos continuavam na rua, pois precisavam ser examinados, mas tudo que era irrelevante tinha sumido. Ed Davis, o chefe de polícia, tinha aprendido essa lição em locais que sofreram atentados em Londres e Israel: limpe tudo depressa. Em Israel, os prédios foram reparados em questão de horas. É uma mensagem para os terroristas: vocês não podem nos deter. Nós vamos seguir em frente.

Para surpresa de Erin, até o Centro Médico estava tranquilo. As ruas em torno do hospital estavam fechadas; o guarda a orientou a procurar uma casa do outro lado da rua. Lá havia assistentes sociais, uma mesa com lanches e uma lista de vítimas. Alguém da equipe começou a contar para Erin o que tinha acontecido comigo. Ela pediu que a pessoa parasse, pois queria esperar até que meus familiares chegassem.

"Eles vão me odiar", ela pensou. "A culpa é minha."

Então eles começaram a chamar pelo nome das vítimas. Quem estivesse ali por aquela pessoa seria levado a uma sala reservada, onde um médico explicaria seu estado.

Havia cerca de vinte pessoas ali por minha causa, na maioria meus parentes, quando os médicos deram a notícia:

– Ele está vivo.

Graças a Deus, Erin pensou.

– Mas nós tivemos que amputar as duas pernas dele.

O ar sumiu da sala. As pessoas choraram e se abraçaram. E abraçaram Erin. Mamãe chorou no ombro dela. "Sinto muito", Erin sussurrou. Ninguém mais falou. Nem mesmo tio Bob, que normalmente não fecha a boca nem se lhe pagarem. Eles tinham visto a fotografia, sabiam que não tinha jeito, mas ainda assim mantinham a esperança.

As enfermeiras levaram todo mundo para a unidade de terapia intensiva, onde eu me recuperava da cirurgia. Elas deixaram minha mãe e meu pai entrarem no quarto primeiro. Os dois me contaram, depois, como meu aspecto era horrível: olhos roxos, cortes no rosto. Meus dois tímpanos estavam perfurados, e escorria sangue das minhas orelhas. Eu tinha queimaduras de segundo grau em quase toda a área das costas e outras menos sérias ao redor do olho direito. O calor foi tão intenso que meus cílios foram queimados. Eu estava entubado, com curativos e soro nos dois braços. Eles detestaram olhar para as cobertas, onde a forma do meu corpo terminava antes do que deveria. Aquilo era o pior que eles podiam imaginar.

Até por volta de meia-noite, quando minha pressão sanguínea caiu e meu corpo começou a inchar. Os médicos disseram que provavelmente havia hemorragia interna, que meus órgãos deviam ter sido afetados pela explosão, e me levaram para uma cirurgia de emergência. Deveria ter durado uma hora, mas o procedimento se arrastou e todos esperaram o pior. Por que uma cirurgia de uma hora dura duas? E depois três?

Ele devia estar lutando pela vida.

Mas não tinha morrido. Se tivesse, já teriam nos dito a essa altura.

Jeff é um lutador.

Jeff vai conseguir.

Ele nunca desistiria de nós.

De repente, a perda das minhas pernas não parecia mais tão devastadora. Havia uma possibilidade muito pior, que todos enfrentavam naquele momento.

Enfim, os médicos trouxeram a boa notícia: meus órgãos estavam bem. Não havia hemorragia interna. Meu corpo esteve retendo fluidos como resultado do trauma causado pela explosão da bomba. Eles tinham conseguido drenar o fluido e eu estava me recuperando. O pior tinha passado, os médicos disseram. Eu iria sobreviver.

Todos começaram a chorar, até meu primo Derek. Pelo menos isso foi o que eu soube depois, porque nunca vi meu primo Derek com lágrimas nos olhos, a não ser quando o Red Sox ganhou a World Series em 2004. Você chorou por mim, não foi, Big D?

– Ele ainda está conosco – mamãe disse, abraçando a sala toda. – Ainda está conosco.

Não sei o que aconteceu depois disso, mas eram quatro da manhã, então acho que todo mundo foi dormir.

-4-

Na terça-feira, Boston estava acomodada numa atmosfera serena que manteria pelo resto da semana. O trânsito estava leve. As conversas eram lentas. Como se a cidade tentasse ao mesmo tempo compreender o que tinha acontecido e respeitar a magnitude do evento. Na noite do atentado, três alunos da faculdade Emerson criaram camisetas azuis com letras em amarelo-vivo na frente: "Boston: Juntos somos mais fortes". A ideia estava começando a se espalhar, mas terça-feira ainda era cedo demais. Os terroristas tinham escapado, e, conforme o dia se desenrolava, ficava cada vez mais claro que a polícia não sabia quem eles eram. As pessoas não estavam com medo – não nesta cidade –, mas olhavam por cima do ombro e desconfiavam de pacotes. Um santuário improvisado começou a se formar na Praça Copley, a dois quarteirões do local do atentado. As pessoas cobriram uma cerca de metal com tênis de corrida e amarraram pequenas tiras de pano na cerca da igreja da Trindade como símbolo de paz. Em poucas horas, havia centenas de tiras brancas esvoaçando na brisa de primavera. Três pessoas diferentes me disseram a mesma coisa:

– Ninguém buzinou, Jeff, a semana inteira.

Nesta cidade, isso era um milagre.

No Centro Médico de Boston, o clima era diferente. Sem suspeitos para perseguir, a imprensa se voltou para as vítimas. Havia caminhões com antenas parabólicas no estacionamento e repórteres à espreita no saguão. Depois da minha segunda cirurgia, a família de Erin a levou de volta para seu apartamento, para descansar, mas ela não conseguiu comer ou dormir. Ficou em casa por apenas algumas horas, antes de sair para passar a manhã com Michele. Os médicos pensaram que Michele perderia uma perna, mas estavam otimistas, acreditavam que a cirurgia de emergência podia tê-la salvado.

Então ela foi visitar Remy, cujo grande ferimento por estilhaços estava sendo tratado no hospital Faulkner. Quando Erin chegou ao Centro Médico, não conseguia andar: ela tinha corrido uma maratona, andado mais oito quilômetros e passado um dia e meio sem comer nem dormir. Estava estressada, traumatizada e sobrecarregada de culpa. Seu corpo tinha se entregado. Sua irmã Gail e a mãe tiveram que carregá-la escada acima até o estacionamento.

– Quem é você? – os repórteres gritaram quando a viram passar carregada pelas portas. – Quem você veio ver? Pode nos dar uma declaração?

A unidade de terapia intensiva não estava muito melhor. Dezenas de vítimas tinham sido levadas para o CMB, muitas em estado crítico, e os parentes ainda chegavam de cidades fora da Nova Inglaterra. A UTI parecia um aeroporto cujos voos tinham sido cancelados; as pessoas estavam bravas, no limite, consultando seus celulares, dormindo pelos cantos ou se remexendo nas cadeiras. Havia bondade e compaixão entre as famílias, um sentimento de amor causado por estarem todas juntas naquilo, mas pairava uma desconfiança. Embora não fosse permitida a presença da imprensa no saguão da UTI, alguns repórteres se infiltraram, de modo que o hospital começou a usar nomes falsos para evitar vazamentos de informações. Fui apelidado "Norte X". Não tenho ideia por quê. A maioria das outras vítimas recebeu codinomes de carros. Michele, que estava em outro hospital, era "Porsche". Porsche!

Isso sim é uma identidade secreta.

Mas os vazamentos continuaram acontecendo. A essa altura, eu tinha sido identificado como "o homem sem pernas na cadeira de rodas", e minha família toda começou a receber ligações. Até meus amigos e os familiares de Erin foram localizados e receberam pedidos de entrevistas.

Minha família não sabia o que fazer. Eles deviam falar sobre mim com a imprensa? Deviam falar sobre eles mesmos? O mundo tinha visto a fotografia. Isso significava que as pessoas tinham direito a informações? Seria mais fácil fazer uma declaração oficial, ou minha família já tinha fornecido informações que bastavam? Todos, desde o *Lowell Sun*, nosso jornal local, até Matt Lauer (NBC) e Anderson Cooper (CNN), estavam tentando contato. Todos queriam saber como estava o homem sem pernas da fotografia.

E como *eu* estava, afinal?

Essa era a pergunta mais preocupante. Eu permanecia inconsciente desde que me anestesiaram na mesa de cirurgia. Chamei Erin uma vez, em delírio, mas fora isso não tinha falado ou feito nada. Os médicos não sabiam o que esperar quando eu acordasse, mas estavam certos de uma coisa: eu não me lembraria do que tinha acontecido. A explosão tinha sido tão forte, e o trauma no meu corpo, tão devastador, que mesmo se alguma lembrança sobrevivesse, demoraria semanas para que meu consciente conseguisse enfrentá-la e organizá-la.

Eu não saberia que tinha sofrido um atentado a bomba.

O que significava que não saberia que tinha perdido as pernas.

Alguém teria que me contar, mas nem minha mãe nem meu pai seriam capazes. Mamãe estava quase catatônica de tristeza. Sempre que ia até meu quarto, seu corpo todo tremia de tanto chorar. Erin me contou que ela mal falava, a não ser para perguntar, de vez em quando:

– Como? Como pôde acontecer conosco?

– Eu não sei – Erin respondia. – Mas aconteceu, e agora temos que lidar com isso.

Meu pai foi para o outro lado. Estava quase maníaco, gritando com as enfermeiras, furioso com os médicos por não salvarem minhas pernas. Não demorou para ele começar a brigar com a tia Jenn, que tinha assumido o papel de protetora e porta-voz da minha mãe. Cada um deles esperava que Erin ficasse do seu lado.

Eles brigaram por causa da imprensa. Meu pai tinha dado algumas entrevistas, não por vontade de aparecer, acredito, mas por sua incapacidade de parar de falar. Mamãe não gostou disso.

– Quem ele é para falar de Jeff? – ela perguntou.

Ele só é meu pai, mãe.

– Acho que nós devemos manter o drama sob controle – Erin disse.

Eles brigaram por causa das doações. Dois estranhos no Colorado criaram uma página no Facebook em minha homenagem e as doações começaram a surgir. Dois amigos do Costco, Jon e Aubrie Park, criaram pulseiras "Mais forte com Bauman", que vendiam por um dólar. A princípio, eles esperavam vender algumas centenas, mas milhares já tinham sido compradas.

– O dinheiro é do Jeff – Erin disse. – Jeff vai decidir o que fazer com ele.

Eles brigaram sobre onde eu iria morar depois que saísse do hospital.

– Ele nem está consciente, ainda – Erin disse, exasperada. – Nós precisamos nos concentrar no que o Jeff vai precisar agora, quando acordar, não daqui a um mês.

No fim, ficou decidido que Erin iria me contar o que tinha acontecido. Ela era a pessoa que eu tinha chamado no delírio. Todos sabiam o quanto eu gostava dela, o quanto confiava nela. Além do mais, ela era a única neutra.

Sei que isso foi um fardo, mas conhecendo Erin, sei que ela o aceitou sem reclamar. Pelo menos minha família não a culpou nem a rejeitou, como ela receava. Erin passou várias horas comigo naquele dia, mas não deve ter sido fácil, devido às minhas condições e às dela também. Estava exausta e emocionada. Eu estava tão cheio de hematomas e queimaduras que não parecia o mesmo, e, além do mais, meu corpo estava... curto. Todo mundo se preocupava com meu estado mental.

– Se Jeff quiser enfrentar isso comigo – Erin disse para a irmã na noite anterior, enquanto as duas descansavam na recepção do hospital –, então eu aguento qualquer coisa. Mas ele tem que querer. Isso eu não posso fazer por ele.

Como eu reagiria quando acordasse e descobrisse o que tinha acontecido? Ficaria desesperado? Ficaria furioso? Ainda seria eu mesmo?

Por volta de cinco da tarde, Erin decidiu sair. Michele estava acordada, recuperando-se de outra cirurgia, e Erin e Gail atravessaram a cidade para passar algumas horas com ela.

E, é claro, foi exatamente então que decidi acordar.

- 5 -

A primeira coisa de que me lembro é o rosto do meu amigo Sully. Ele estava de pé ao lado da cama, olhando para mim. Virei o rosto e vi Jill, ex-namorada dele, do outro lado. Honestamente, eles não pareciam estar bem.

Era fim de tarde de terça-feira, quase trinta horas depois do atentado. De acordo com os médicos, eles não esperavam que eu acordasse antes de quarta-feira. Então é claro que Sully quis o crédito.

– Eu gritei "BAU-MAN, acorde", ele conta para as pessoas, todo orgulhoso, principalmente depois de beber. – Eu gritei, assim mesmo: "BAU-MAN! BAU-MAN! Acorde!". E ele acordou.

O que me acordou, na verdade, foi Jill mexendo no meu cabelo. Eu estava deitado e senti algo leve tocando minha cabeça, então abri os olhos.

Meu corpo todo doía. Eles me deram morfina para o pior da dor, mas ainda assim eu sentia como se tivesse tomado uma daquelas surras de cinema, quando o vilão dá uns chutes extras no estômago do adversário, só para garantir, mesmo o outro já estando derrotado. Doeu quando virei a cabeça. Não consegui nem mesmo organizar os pensamentos, tamanha era a dor.

Tentei engolir, mas não consegui. Minha garganta estava seca, mas não consegui mexer a língua. Entrei em pânico, pensei que estava engasgando. Então notei o tubo enfiado na minha garganta.

Fitei Sully e Jill. Eles me encaravam, esperando algo. O que eu podia dizer? Nada, não com o tubo na minha boca. Levantei o braço e fiz um gesto de escrever. Acho que foi Jill quem me deu o lápis e o bloco de papel.

Eu escrevi: *Tenente Dan.*

Sully riu alto.

– Só o Bauman, mesmo – ele disse. Tenente Dan era o oficial comandante de Forrest Gump no filme. Ele perdeu as duas pernas no Vietnã.

Gesticulei na direção da parte de baixo do meu corpo.

– Sim – Sully disse, triste. – Você perdeu as pernas.

Indiquei o papel de novo. Precisava dizer mais uma coisa. Eu escrevi...

Ah, como eu queria saber o que escrevi, porque todo mundo se lembra de algo diferente. Foi noticiado muitas vezes, primeiro pela Bloomberg News, depois pelo *Boston Globe* e outros, que escrevi *Mochila. Vi o cara. Olhou bem pra mim.* Isso é o que lembra Chris – meu meio-irmão por parte de pai –, e foi ele que falou com a imprensa. Os membros da família do lado da minha mãe discordam. Eles disseram que fiz desenhos, embora não concordem quanto ao que eu teria desenhado.

Sully lembra que eu apontei para os meus olhos. Então desenhei uma mochila. Uma bomba. E um rosto. Eu fiz o sinal de *vi* outra vez com os dedos.

E ele entendeu.

Ele saiu para o corredor com as minhas anotações, as mãos tremendo. Esse é o único detalhe com que todos concordam: quando Sully saiu do meu quarto, ele estava branco e tremendo. Não disse uma palavra. Ele apenas entregou o papel para tio Bob (ou, em algumas versões, para meu pai). Minha família tinha acabado de sair de uma reunião com uma funcionária do FBI de assistência às vítimas, uma mulher mais velha, supereficiente, chamada Renee Morell, que tinha explicado como o FBI ajudaria os parentes com quartos de hotel e vales-refeições.

Tio Bob (ou talvez meu pai) passou as anotações para a Sra. Morell, que ligou para o escritório local do FBI. Ou talvez tio Bob tenha ligado para o FBI, cujo número estava afixado no corredor.

Até recentemente, eu pensava que os agentes estavam esperando por mim. Eu tinha contado para o socorrista, na ambulância, ter visto o terrorista, e para mim isso parecia ter acontecido alguns segundos atrás. Era óbvio, eu pensava, que alguém estaria esperando para tomar meu depoimento. Foi por isso que eles só demoraram um minuto para chegar.

Descobri mais tarde que demoraram quase uma hora, só não me lembro disso. Nem me lembro de escrever o bilhete. Lembro de escrever "Tenente Dan" e ver o rosto do Sully passar do medo ao riso e me sentir... bem. Como eu mesmo. Então meu tubo foi retirado e dois agentes do FBI, mais o comissário da Polícia Estadual de Massachusetts, apareceram do lado da minha cama. Eles fecharam a cortina atrás de si, no melhor estilo *Law & Order*, puxaram umas cadeiras e começaram a fazer perguntas.

Eles perguntaram o que eu tinha visto.

– Eu vi o cara.

Então pediram uma descrição.

Boné de beisebol escuro. Jaqueta escura, talvez de couro. Óculos escuros.

– De que tipo?

Humm... aviador.

A jaqueta estava aberta. Ele vestia uma camiseta cinza. E carregava uma mochila. Marca JanSport.

– Uma JanSport? Você lembra disso?

Com clareza.

Eles me pediram uma descrição física.

Mais alto que eu. Barba por fazer. Pele clara.

– Ele era branco?

Sim, branco.

O que, nele, chamou sua atenção?

– Ele não estava para brincadeira.

Foi a primeira vez que eu disse isso, mas a frase ficou comigo. É o que me vem à cabeça quando penso em Tamerlan Tsarnaev. Ele era um cara mau. Não mau do tipo indiferente, mas furioso. Perturbado. Era só vê-lo para saber que não era alguém com quem se devia brincar. Ele quebraria seus dentes se você esbarrasse nele. Ele não estava para brincadeira.

– Ele não foi até lá para se divertir – eu disse ao FBI. – Estava lá por um motivo.

Contei que nos encaramos e então ele sumiu, mas a mochila continuou ali, no chão. A JanSport.

– É só me procurar – eu disse. – Se vocês têm vídeo da cena, procurem por mim. Ele está ao meu lado.

No fim, escrevi uma descrição. Isso é tudo do que tenho certeza. Acho que a conversa transcorreu como acabei de descrever. Lembro-me de todas essas coisas. Eu consigo vê-los. Mas foi assim mesmo que contei para o FBI? Como posso ter certeza? Não acho que tenham gravado a conversa, e não sei o que aconteceu com minha descrição escrita ou com o papel original. Imagino que estejam nos arquivos do caso, em algum lugar.

– Obrigado – um dos agentes disse no final. – Podemos voltar mais tarde?

Eu anuí e eles saíram. A essa altura, eu estava esgotado, mas feliz. Tinha feito tudo que podia, e a sensação era boa, como se eu fizesse parte do time. Virei para o meu pai, que estava sentado em silêncio no canto.

– Você acha que eu ajudei?

– Claro que ajudou – ele respondeu. – Antes de falarem com você, acho que eles não tinham ideia de quem estavam procurando.

Isso não fez nenhum sentido para mim. Aquele sujeito estava no meio de uma multidão e havia câmeras por todo lado. Como não podiam saber quem era? Como eu podia ser o único a reparar nele?

Meu irmão Tim disse, mais tarde, que ouviu os agentes do FBI conversando perto do elevador.

– O que você acha? – um deles perguntou. – O rapaz está tomando um monte de analgésicos.

– É a melhor informação que nós conseguimos – o outro respondeu.

Os agentes voltaram algumas horas depois. Dessa vez, eles levaram uma pilha de fotografias. Era tarde da noite e o hospital estava tranquilo. Fiquei sentado na cama com uma lanterna por vinte minutos, estudando cada rosto. Devolvi as fotos para eles. Nenhum deles era o cara que eu tinha visto. Se os agentes ficaram decepcionados, não demonstraram.

– Eu quero ver a Erin – disse depois que eles saíram.

Erin tinha acabado de entrar no quarto da Michele quando recebeu a ligação avisando que eu estava consciente. Quando ela voltou, o FBI estava me interrogando. Então minha família quis me ver. E depois o FBI voltou.

Foi por volta de meia-noite que, finalmente, conseguimos um tempo só para nós. Gail, a irmã de Erin, lembra de olhar pelo postigo da porta e nos ver sussurrando, sentados na cama, as cabeças próximas. Havia dois seguranças parados junto à minha porta, mas fora isso, o hospital estava tranquilo, até que uma enfermeira apareceu para ver como eu estava.

– Você pode dar um minuto para eles? – Gail perguntou.

Ela deu. A enfermeira nos deixou sentados juntos, com meus fios e tubos pendurados à nossa volta. Não sei o que eu disse. Eu tinha sido explodido; Erin estava sem cuidados básicos havia dois dias. Espero ter dito "eu te amo".

– Obrigado por estar aqui – eu devo ter falado.

Eu não queria estar em outro lugar. Foi o que Erin me disse mais tarde. Ela falou que, quando me viu sorrir, soube que eu continuava sendo dela. E soube que era ali que ela desejava estar. Comigo.

* * *

Não dormi naquela noite, de modo que estava acordado quando os agentes do FBI apareceram cedo, na manhã de quarta-feira. De novo eles me entregaram uma pilha de fotografias, sem explicação. De novo estudei cada rosto. Nenhum deles se parecia com o cara que eu tinha visto, e só alguns se encaixavam na descrição que eu tinha feito. Acho que eles estavam procurando cúmplices. Perguntaram se eu tinha notado alguma daquelas pessoas na multidão. Respondi que não. O cara estava sozinho.

– Nós gostaríamos de trazer um desenhista para fazer um retrato falado.

– Claro – respondi.

– Mas só depois da cirurgia – a enfermeira acrescentou.

A amputação original das minhas pernas tinha sido um procedimento de emergência. Eles cortaram ao redor do joelho e fecharam as feridas para salvar minha vida. Agora eu precisaria de uma amputação formal, para nivelar minhas pernas e moldar os tocos para as próteses. Pernas do mesmo tamanho significam esforço igual dos dois lados do corpo. Ao longo do tempo, isso ajudaria a evitar dores nas costas e nos quadris, problemas comuns de pessoas com pernas artificiais. Quanto melhor transcorresse a cirurgia, explicou meu médico, o Dr. Jeffrey Kalish, mais fácil seria para que eu voltasse a andar.

E isso era tudo que eu queria, voltar a andar.

A cirurgia demorou várias horas, enquanto o Dr. Kalish separava cada camada de pele, tecido e músculo das minhas pernas. Ele deixou cada camada um pouco mais curta que a de cima, criando uma projeção para dentro com as camadas externas mais longas. Por fim, ele serrou as extremidades dos fêmures, prendendo os músculos, as artérias, o tecido adiposo e os nervos ao redor deles. A pele veio por último, fechando as extremidades e envolvendo tudo. Como uma salsicha. Quando acordei, naquela tarde, estava dez centímetros menor e minhas pernas pareciam estar pegando fogo. Curativos ensanguentados envolviam as extremidades, mas não havia sutura. Os cortes seriam deixados abertos por alguns dias, para que sangue e fluidos pudessem ser drenados.

Quando o desenhista do FBI chegou, pouco depois, as enfermeiras não gostaram nem um pouco.

– O Jeff decide – disseram para os agentes enquanto olhavam para mim, evidentemente tentando me convencer a mandá-los embora. Elas queriam pegar os terroristas tanto quanto qualquer pessoa, mas minha condição era delicada. Eu acabava de despertar de uma cirurgia importante, tinha feridas que sangravam. Estava suscetível a infecções, infartos e uma centena de outros termos médicos assustadores.

Detesto termos médicos assustadores.

Mas queria trabalhar com o desenhista. Eu queria fazer minha parte. E nós trabalhamos por muito tempo: falando, desenhando, apagando. Parando quando eu tentava lembrar o rosto do assassino, o cara que me encarou, com um objetivo, secretamente empolgado porque iria tirar minha vida. O processo demorou duas horas, mas no fim fiquei admirado. O desenho parecia exatamente com o cara que esteve parado ao meu lado.

Naquela noite, a imprensa noticiou, a polícia encontrou um suspeito no vídeo de segurança de uma loja perto da cena do atentado, acompanhado de um possível cúmplice. Disseram que minha descrição foi essencial, porque os analistas do FBI vasculhavam centenas de horas de vídeo, que continham milhares de rostos. Era vital afunilar a busca.

Não sei se isso é verdade. Não sei o quanto de fato ajudei, porque aqueles agentes do FBI nunca mais voltaram. Encontro com o FBI todos os meses, como muitas outras vítimas, para que me contem sobre o caso e me façam perguntas se for necessário, mas não me contam muita coisa.

Mas converso com policiais municipais e estaduais o tempo todo. Eu os encontro em eventos beneficentes, ou quando eles me veem na rua e vêm me cumprimentar.

– Nós soubemos o que você fez – eles dizem. – Identificando aqueles caras.

– Não foi nada – digo. – Só estava tentando fazer minha parte.

– Não, Jeff – eles dizem. – Não foi "nada". – Às vezes sinto que eles querem me contar alguma coisa, mas não podem. Eu compreendo. É uma investigação em andamento. Só podem revelar as informações essenciais, e eu sou um civil. Não preciso saber. – Você deveria se orgulhar – eles insistem. – Você contribuiu muito para isto. Você fez a bola rolar.

– Tudo bem, tudo bem – digo, rindo. – Mas vocês é que são os heróis. Vocês pegaram os caras.

– Não – eles sempre dizem. – Não somos heróis. Só fizemos o nosso trabalho.

- 6 -

As pessoas sempre perguntam como me senti naqueles primeiros dias. Culpado, por não ter feito nada para impedir o atentado? Eu sentia raiva? Sentia medo? Eu tinha a força de Boston?

Não, eu me sentia feliz por estar vivo.

Além disso, sentia muita dor. Era uma dor física intensa, do tipo que não te deixa energia para qualquer outra coisa. A sensação era igual a quando a gente precisa mesmo ir ao banheiro, quero dizer, quando é uma emergência e a gente pensa que talvez não chegue a tempo. Não é possível se concentrar em mais nada, certo?

Minha dor era assim. O hospital tinha me colocado em um ciclo de quatro horas de analgésicos, mas mesmo quando o remédio estava mais forte, doía. Em todos os lugares. No braço, perfurado por estilhaços. Na barriga, onde me cortaram para operar. Com os dois tímpanos perfurados, minha cabeça estava sempre zunindo. As queimaduras nas costas estavam tão sensíveis que era desconfortável me deitar sobre elas, mas era ainda mais desconfortável me mexer. Não conseguia ainda virar de lado, mas toda vez que me mexia, mesmo que só alguns centímetros, sentia como se minha pele estivesse saindo.

E toda vez que minhas pernas tocavam algo – os lençóis, os tubos intravenosos, uma na outra – uma dor aguda atravessava meu corpo. Os nervos das minhas pernas ficaram sensíveis com o trauma, sempre prontos para disparar. Na maior parte do tempo a dor era aguda, como agulhas na carne, mas às vezes ela aumentava sem aviso, até parecer que alguém estava batendo nas extremidades das minhas pernas com um taco de beisebol. Café me dava cãibra nas pernas, então só tomei uma vez no hospital. Certos sons e cheiros provocavam convulsões nas coxas, fazendo a dor subir pelo meu tronco e descer pelos meus membros fantasmas.

Eu tentava ignorá-la. Ao meu alcance havia um botão para me injetar morfina, mas eu tentava não o utilizar. Conversava com a minha família, tentava assistir ao noticiário, mas todos só falavam do atentado. E toda vez que mencionavam o assunto, cedo ou tarde mostravam imagens de explosões e sangue, e então exibiam aquela fotografia em que estou na cadeira de rodas.

Então eu assistia muito à ESPN, afogando as horas em resultados de jogos e reprises. A temporada de hóquei estava acabando, mas a de beisebol tinha acabado de começar. O Red Sox jogava em Cleveland. Vi o Victorino correr algumas bases e Aceves surtar na sexta entrada, mas eu assistia àquilo como se estivesse em outro planeta. Estava cheio de remédios; eu me sentia melhor quando flutuava sobre o mundo.

Eu sabia que precisava manter a atitude positiva, principalmente perto da minha mãe. Essa era minha prioridade. Mamãe sempre enfrentou dificuldades, se preocupou comigo durante toda minha vida, mesmo quando eu era um garotinho. Eu não precisava ver seus olhos vermelhos e seu rosto franzido para saber que aquela situação estava acabando com ela. Então nunca falava da minha dor. Eu a chamava logo depois de tomar os analgésicos, pois era menos provável que fizesse caretas de dor ou tivesse um ataque de pânico. Eu procurava não reclamar.

– Eu sabia que você podia reagir de duas maneiras – mamãe me diz, as mãos ainda tremendo. – Você podia... – ela se interrompe. Mamãe não quer dizer que eu podia ficar *deprimido*, porque ela não gosta da palavra, mas é isso que quer dizer. – Você podia estar sofrendo muito, Jeff. Ou podia ser Bauman.

Esse é o nome que ela usa para mim. Mamãe me chama de Bauman ou Bo. Jeff é o nome do meu pai.

– Não sei se você lembra...

– Não lembro, mãe – digo, sabendo o que ela vai dizer.

– ...nós estávamos todos à sua volta.

– Eu sei. É de meter medo.

– E você abriu os olhos. Foi no começo, terça-feira, eu acho. Então não estávamos esperando e não sabíamos o que dizer. Seus olhos foram de uma pessoa para outra, e ninguém sabia se você tinha nos reconhecido. Até que você tentou falar, mas não conseguiu. Então deve ter sido na terça, não é? Enfim, eu me abaixei para que você pudesse sussurrar no meu ouvido. "O que é isto", você disse, "um velório? Vão se sentar".

Mamãe geralmente chora quando conta essa história. Já a escutei cinco vezes, e acho que em quatro ela terminou chorando. Tamanha é a importância dessa história para ela.

– Foi quando eu soube – ela diz. – Que você ainda era o meu Jeffrey. Que não ia ficar... triste. Que você era forte como um Bauman.

Não sei não, essa história da minha mãe. Existem certas partes que não se encaixam. Para começar, eu estava na unidade de terapia intensiva, de modo que só duas pessoas podiam ficar comigo de cada vez. Sei que minha família violava essa regra constantemente (nós não somos os melhores para obedecer regras), mas seria possível que toda a família estivesse lá?

Além disso, quando acordei, estava entubado. Como eu poderia ter sussurrado aquelas duas frases para ela?

Mas isso não quer dizer que eu não acredite nela. De fato, sei que é verdade, que aquele momento *deve* ter acontecido, porque é muito importante para ela. Eu conheço minha mãe, sei que a preocupação teria acabado com ela. Mamãe chora, agora, listando as coisas que não posso mais fazer: jogar hóquei (parei de jogar com treze anos), andar de bicicleta (nem mesmo tenho uma), correr uma maratona (isso nunca iria acontecer). Posso imaginar como ela se sentiu quando se preocupou que eu nunca mais sorrisse e fosse feliz.

Além disso, meu irmão Tim conta uma história parecida. Na versão dele, todo mundo estava lá, e ele apertava minha mão, perguntando se eu sabia quem ele era. Foi quando eu fiz a piada.

Então talvez isso tenha acontecido na quarta-feira, depois da minha terceira cirurgia. Ou quem sabe na segunda-feira à noite, antes da segunda cirurgia. Talvez eles tenham me tirado o tubo por alguns instantes, antes de abrirem minha barriga para fuçar dentro de mim.

Isso não tem importância. Não importa se a situação não aconteceu exatamente daquele modo. Todos têm uma história daqueles dias para contar, que juram ser verdade, apesar de as histórias nunca baterem. Alguém diz que aconteceu na terça-feira, enquanto outra pessoa jura que foi na semana seguinte.

Ou então dizem: "Eu me lembro porque estava lá", quando outra pessoa tem certeza, *certeza*, de que estava sozinha comigo.

Não me lembro da minha piada sobre o velório, mas parece fazer sentido, porque era assim que eu estava tentando ser: o mesmo Jeff. Despreocupado. Sorridente. Fazendo piada com tudo, até com as piores coisas.

Era difícil. Mamãe ficava se remexendo sempre que estava no quarto, como se não soubesse o que fazer consigo mesma. Como se estivesse com medo de ficar perto de mim. Tia Jenn era quem mais falava. Mamãe ficava atrás, me encarando de um modo que dizia, ao mesmo tempo, *eu te amo mais que qualquer coisa* e *eu fico tão triste quando olho para você*.

Ela sentia pena de mim. Eu não queria que ninguém sentisse pena de mim.

E ela ficava me perguntando como eu estava.

Eu detestava essa pergunta.

O que ela queria que eu dissesse? *Estou adorando isto aqui! Estou ótimo!*

A maioria dos meus familiares era assim. Eles me davam atenção demais, perguntando se eu estava bem cada vez que franzia o rosto, imaginando o que poderiam fazer por mim. Até meu irmão Tim me tratava como um inválido.

– Jeff, você está bem, mano? Quer que eu chame a enfermeira? Um pouco de água? Sua perna está doendo?

Sim, seu mané, minha perna dói! A sensação é de que minhas pernas são palitos de picolé que algum moleque babaca quebrou no meio.

Eu me sentia melhor com Erin. Com ela, não havia pressão. Podíamos ficar juntos no quarto, falando quase nada, e ainda assim nos sentirmos felizes.

Nunca duvidei dela. Estávamos juntos havia apenas um ano. Menos de um mês antes do atentado, nós tínhamos terminado. Ela nunca teria me deixado esquecido no hospital, mas poderia ter se afastado. Ela gostava de rotina. Erin tinha um plano para sua vida. Um namorado sem pernas, que precisava do apoio emocional e físico dela – quem mais iria ajeitar minha camisola do hospital? –, não fazia parte de seus planos.

Ainda assim, a primeira coisa que eu fazia, sempre que acordava, era perguntar da Erin.

E ela estava lá.

Foi Erin quem me disse que a investigação estava empacada. Ela me contou da pressão dos jornalistas. Disse que quando saía do hospital, os repórteres enfiavam as câmeras no rosto dela. Um programa de TV inglês pegou uma fotografia de nós dois juntos no Facebook dela. Agora todos os canais estavam mostrando a imagem. Era a clássica foto de "antes" do homem sem pernas.

– Seu pai não para de falar com a imprensa – Erin disse, triste. Acho que ela pensava que, se todos ficássemos quietos, aquela atenção sumiria.

– É ele que sabe – eu disse.

Ela me contou de outras famílias na unidade de terapia intensiva, como os Odom, que eram da Califórnia. O genro do Sr. Odom jogava no Revolution, o time de futebol de Boston. A filha dele estava correndo na maratona, e sua esposa sobreviveu ilesa ao atentado, mas um estilhaço grande praticamente decepou a perna do Sr. Odom na altura do quadril. A mulher e a filha ficaram no hospital, acompanhando-o, desde então.

– Gail, a filha, foi até a farmácia para a Sra. Odom – Erin me contou. – O Sr. Odom está sendo mantido vivo por aparelhos. Elas nunca imaginaram ficar tanto tempo em Boston.

Essa informação me deixou incomodado, mais do que minhas próprias pernas. Não gostava de pensar na situação geral – todas as mortes e a destruição. Eu não sabia o que dizer.

– Você está com um penteado afro – Erin disse, tocando meu cabelo.

– Está brincando – eu disse.

– É verdade.

– Me arrume um espelho.

Ela me trouxe um, e não consegui acreditar em como eu estava abatido. Um chute circular ao estilo de Jason Statham no olho direito. Queimaduras na testa. O calor da explosão tinha chamuscado meu cabelo, deixando-o armado.

– Eu acho que ficou bom, Erin – falei. – Eu deveria manter este corte. A que altura você acredita que ele chega?

Aliás, achei mesmo que o cabelo tinha ficado bom. Creio que Erin concordou que eu estava atraente, apesar do olho preto.

– Vai ficar bom quando suas sobrancelhas crescerem – ela sussurrou.

– Sobrancelhas afro! Será que isso é possível?

Ela tocou meu braço esquerdo, a única parte do meu corpo que não doía, e aproximou a cabeça da minha.

– Me desculpe – disse.

– Não diga isso – respondi.

Ela apagou a luz e me abraçou.

– Cuidado com as pernas – falei.

Coloquei meu braço ao redor dela, e Erin ficou em silêncio por um bom tempo. Senti sua respiração tão lenta que pensei que pudesse ter dormido. Nenhum de nós dois tinha tomado banho desde o atentado, e não sei dizer se um de nós tinha dormido.

– Você está famoso, sabia? – ela disse, enfim.

– Não quero ficar famoso por isso.

– Foi o que eu pensei – ela suspirou.

Comentei antes como Erin e eu somos diferentes, mas no que é importante, nós somos iguais.

Ela me beijou na testa. Minhas pernas latejavam.

– Eu só quero que me deixem na minha – eu disse.

Mas então pensei: não, você não. Quero você comigo.

- 7 -

Quinta-feira, 18 de abril, será lembrado em Boston como o dia em que a caçada aos terroristas começou. A data pode se tornar um novo feriado, parte da lenda do Dia do Patriota, junto com a maratona, a cavalgada de Paul Revere e a batalha na ponte Old North. Pelo menos por alguns anos, até que a lembrança do atentado comece a se apagar.

Mas a quinta-feira não começou assim, pelo menos para mim. Ela começou com *Pop-tart* caseira.

Enquanto eu estava sendo operado, na quarta-feira, o gerente da loja Costco em que eu trabalhava, Kevin "Heavy Kevy" Horst, apareceu no hospital com um pacote de suprimentos e uma pilha de formulários. Acompanhada das irmãs, tias Jenn e Karen, mamãe se encontrou com ele no saguão. Depois do ataque da imprensa na terça-feira, o hospital não estava deixando ninguém sem credencial se aproximar da UTI.

Kevin sentou com elas e explicou meus benefícios: incapacidade, o Programa de Assistência ao Empregado, o benefício de "invalidez" do seguro de vida.

Eu tive sorte. O seguro-saúde do Costco era de primeira. Fui mais feliz que muitas das outras vítimas, que lutavam não só para pagar as contas, mas também com as seguradoras, que não queriam assumir os longos tratamentos, ou os problemas de saúde que muitos de nós enfrentaríamos por toda a vida. Alguém me contou, depois, que os investidores vinham atacando o Costco havia anos, por causa de sua política de benefícios, insistindo que oferecessem um plano de saúde menos dispendioso (e muito pior). Acho que os centavos a menos no preço das ações valeram a pena. O Costco sempre se recusou a mudar.

Um ano antes, eu não dava a menor importância para isso. Na verdade, alguns meses antes do atentado, tinha tentado desistir do seguro de vida. Eu era jovem e saudável. Nunca tinha ido ao médico para fazer um checape. Por que precisava contribuir toda semana para algo que eu não usava? Aqueles cem dólares a mais por mês seriam bem-vindos.

Maya, a gerente do meu departamento, me convenceu a não fazer isso.

– É importante – ela me disse. – Pode ser que você não consiga entender isso agora, mas um dia entenderá.

Pensei que não valia a pena discutir, então desisti dessa ideia. Essa acabou se revelando a melhor decisão que já tomei. Mesmo com um bom seguro-saúde, minhas contas hospitalares ficaram altas. Minhas pernas artificiais custaram cem mil dólares cada, e meu seguro só pagou metade. Tive a sorte de algumas entidades beneficentes, como a Wiggle Your Toes (Mexa seus dedos), que fornece membros para amputados recentes, cobrirem os custos iniciais. Mas e quando as pernas ficarem velhas? Ou quando precisarem de conserto? Ou quando eu sofrer complicações no próximo ano, ou no seguinte, devido ao trauma que meu corpo sofreu? Se tivesse que adivinhar, diria que um milhão de dólares em despesas médicas me aguardam no futuro.

Essa é uma das razões pelas quais sou tão grato a todos que fizeram doações para mim. Tento não pensar no futuro, mas mamãe pensa o tempo todo. Vocês pouparam a ela uma vida de preocupações.

– Obrigada – mamãe disse a Kevin quando a tia Jenn, enfim, parou de fazer perguntas. – Obrigada. Eu não tinha ideia de que vocês cuidavam tão bem dele.

Kevin então começou a listar as outras coisas que tinha feito por nós. O estacionamento do hospital era caro, então Kevin conseguiu três lugares para minha família estacionar de graça a menos de um quarteirão de distância. A academia dele forneceu passes para que minha família pudesse se exercitar ou relaxar. Ele foi até restaurantes das redondezas e perguntou:

– Se eu comprar vales-refeições para a família do Jeff, vocês dão um desconto?

– Não – os gerentes responderam –, nós vamos lhe dar quantos vales você precisar.

O FBI tinha providenciado hospedagem em hotel para meus parentes próximos, mas outros amigos e familiares não tinham onde ficar em Boston. Uma amiga de Kevin ofereceu seu apartamento por algumas semanas, para que essas pessoas não precisassem ficar indo e voltando de Chelmsford. A família de Erin, que morava a mais de uma hora de carro, ficou hospedada lá várias vezes.

No meio disso tudo, meu pai apareceu no saguão, agitado como sempre.

– Isso tudo é muito bonito – ele disse, depois de ouvir Kevin contar tudo que tinha feito. – Mas eu quero saber de uma coisa: se Jeff sair dessa, vocês vão recontratá-lo?

– Nós não podemos recontratá-lo – Kevin respondeu. – Ele continua trabalhando para nós. Nós não vamos demiti-lo.

Papai apertou a mão de Kevin e começou a chorar.

Na manhã seguinte, Kevin apareceu no meu quarto com aquele doce parecido com uma Pop-Tart. Tinha sido feito por um restaurante próximo chamado Flour, que devia ser o favorito do Kevin, porque ele falava do lugar o tempo todo.

– Você não precisa fazer tudo isso – eu disse.

– O Costco me deu folga para que eu cuidasse de você – Kevin respondeu. – É o mínimo que eu posso fazer.

Ele me entregou um novo telefone celular. Era muito melhor do que o meu anterior, que perdi no atentado. Eu precisava prender as partes do velho com fita adesiva.

– Dos seus amigos do trabalho – ele explicou. – Todos nós colaboramos para comprá-lo pra você.

– Obrigado, senhor – eu disse, dirigindo-me a ele do mesmo modo respeitoso que usava no trabalho.

– Por favor, me chame de Kevin.

– Sim, senhor.

***

É claro que essa foi a *minha* manhã de quinta-feira. Para o resto de Boston, e talvez do país, quinta-feira começou com a cerimônia inter-religiosa na Catedral da Santa Cruz, perto do local do atentado. Essa foi a primeira manifestação pública de pesar, e Boston compareceu. A essa altura, a cidade tinha se unido. A frase "Juntos somos mais fortes" estava por toda parte. Nas roupas. Nos painéis luminosos dos ônibus. Na frente do Museu de Belas Artes. As ruas ao redor da catedral estavam tomadas por todo tipo de gente, de autoridades com roupa formal a gangues de motoqueiros. Mais de uma hora antes de a cerimônia começar, a fila para entrar na catedral dava a volta no quarteirão.

Um representante do presidente Barack Obama foi ao hospital oferecer um convite para todas as famílias das vítimas. Mamãe queria que Erin fosse, mas ela recusou.

– Peça ao presidente Obama que me desculpe – Erin disse –, mas não consigo lidar com isso agora. Estou acabada.

Outros membros da família queriam ir, mas não havia entradas suficientes. Eles teriam que esperar na fila. Kevin não quis saber.

– Não se preocupem – ele disse. – Nós vamos cuidar de vocês.

Ele começou a dar telefonemas. Em menos de vinte minutos, tinha conseguido dez lugares na frente do altar para minha família.

O gabinete do governador tinha autorizado. Essa foi a primeira vez que me dei conta de que o nome Jeff Bauman significava algo para o povo de Boston, e que a cidade iria cuidar de nós.

– Obrigado, senhor – eu disse, por costume. Ele era o chefe da minha chefe.

– Por favor, Jeff – ele pediu –, você não precisa me chamar de senhor.

Assisti a parte da cerimônia, que foi transmitida ao vivo para todo o país. O presidente Obama falou das vítimas. Os líderes religiosos da cidade, de todas as fés, pediram paz e amor para enfrentar a agressão e o ódio. Como os outros, pensei em Martin Richard, o garoto de oito anos que morreu na explosão. Existe uma foto famosa dele sorrindo, tirada no ano anterior, com um dos dentes da frente faltando, em que ele segurava um cartaz escrito à mão: "Chega de machucar os outros. Paz.".

– Foi muito bonito – disse o tio Bob, que foi andando do hospital até a catedral. – Uma cerimônia linda.

– Mas foi cedo demais – tia Cathleen acrescentou.

Algumas horas depois, recebi meu primeiro visitante-surpresa. Tarde da noite, meu pai estava andando no saguão do hospital, lutando com seus sentimentos. Com isso quero dizer que andava de um lado para outro, falando sozinho e chorando. A essa altura, o governo de Massachusetts tinha colocado policiais estaduais na porta do hospital, para proteger a privacidade das vítimas. Carlo Matromate, um desses policiais, gostava de conversar.

– Com quem você está aqui? – ele perguntou.

– Meu filho. – Papai lhe contou meu caso.

– Como ele está? – Carlo perguntou.

– Abatido – meu pai respondeu. – Ele tenta não demonstrar.

– Vou lhe dizer uma coisa – o policial disse. – Antes eu trabalhava de segurança e conheço alguns jogadores dos Patriots. Você acha que isso poderia animá-lo?

– Tenho certeza que sim – meu pai respondeu. – Jeff adora os Patriots.

Na quinta-feira, então, por volta de meio-dia, entrou no quarto um policial acompanhando Julian Edelman. Veja, ele não é o astro típico. Julian estudou numa faculdade pequena. Foi dos últimos escolhidos no *draft*. Foi conquistando seu espaço nas devoluções de *punt*, tornando-se o melhor de todos os tempos na posição. Todo mundo em Boston adorava Julian Edelman. Ele era o cara humilde que não parava de lutar. Um cara durão.

E lá estava ele, no meu quarto de hospital, dizendo que eu era durão. Dizendo para eu continuar lutando, porque a cidade inteira torcia por mim.

No começo foi... uau. O que posso dizer? Mas depois de alguns minutos, foi... bem, Julian Edelman era um cara normal. Um cara bom de se conversar. Ele me trouxe uma bola da NFL, que tinha interceptado e levado para um *touchdown* quando foi improvisado em uma posição na defesa durante metade da temporada. Nós estávamos jogando no quarto quando *bum*, entrou Bradley Cooper. Não sou fã dos filmes *Se beber, não case!*, mas adoro *O lado bom da vida*. Meu pai é da Filadélfia, então reconheci aqueles personagens. E então, Pat Solitano estava lá, parado no meu quarto, com a mão estendida, dizendo:

– Oi, Jeff. Sou Bradley. É uma honra conhecê-lo.

Ouvi dizer depois que ele estava filmando na cidade, e que compareceu à cerimônia inter-religiosa. Depois ele foi caminhando até o hospital para visitar alguém que conhecia, que por acaso estava no mesmo andar que eu. De algum modo Kevin descobriu que Bradley estava lá e ficou esperando por ele junto ao elevador. Por motivo de segurança, somente um conjunto de elevadores podia parar no quinto andar.

– Oi, Sr. Cooper – Kevin disse quando o encontrou. – É muito bom conhecê-lo. Nossa. Eu não sei se você já ouviu falar de Jeff Bauman. Ele é o homem na cadeira de rodas. Perdeu as duas pernas no atentado.

– Sim, eu sei quem ele é.

– Ele é seu fã, e tenho certeza de que gostaria de conhecê-lo.

– E você, quem é?

– Eu sou... ahn, sou irmão dele. Jeff está neste andar.

– Bem, então vamos até lá.

E foi assim que acabei jogando bola, dentro de uma unidade de terapia intensiva, com Bradley Cooper e Julian Edelman. Julian tirou uma foto com nós três e Carlo, o policial estadual. Ele a compartilhou na internet nesse mesmo dia, e agora o mundo todo tem uma cópia.

Meu detalhe favorito nessa foto é minha avó. Ela está de vermelho, na frente, olhando para mim, como se não soubesse que estão tirando uma foto, embora o resto de nós esteja posando. Estou até com o polegar para cima. Não vejo muito essa minha avó, porque ela é mãe do meu pai e mora perto da Filadélfia, mas eu a amo. Quando ela descobriu o que tinha acontecido, sentiu que precisava estar comigo, realmente *precisava*, embora não viajasse mais. Minha tia a levou até Boston, desde o sul de Jersey, no dia anterior. Tenho certeza de que elas brigaram durante as dez horas da viagem.

– Quem eram essas pessoas? – vovó perguntou, depois que todos se foram.

– Julian Edelman e Bradley Cooper, mãe – meu pai respondeu.

– Oh. – Silêncio. – E quem são?

– Bradley Cooper é um ator de cinema, mãe. Ele estava em *O lado bom da vida*.

– Ah, sim. Ouvi falar dele – ela disse, embora fosse evidente que não o conhecesse. Ela fez uma pausa. – Ele é bonito. Eu devia ter arrumado meu cabelo.

Algumas horas depois, contei para Erin o que tinha acontecido.

– Acho que existe um lado bom de ser famoso, hein, Erin? – eu disse, girando a bola.

Então olhei para o lugar nos lençóis onde minhas pernas deveriam estar. Não, pensei, isto continua sendo ruim.

-8-

Naquela tarde, a maioria dos meus parentes saiu do hospital. À noite haveria uma vigília à luz de velas no centro comunitário de Chelmsford, para homenagear as vítimas do atentado, e minha família queria estar lá.

Pouco depois que eles saíram, o FBI anunciou uma coletiva de imprensa às 17 horas. Nessa coletiva, eles exibiram cinco fotografias tiradas de câmeras de segurança na Rua Boylston e pediram ajuda para identificar os homens mostrados. Como o resto de Boston, eu não sabia que isso iria acontecer. O FBI nunca retornou para pedir que eu comentasse as imagens. Eu não sabia, até aquele momento, que havia dois suspeitos.

Mas quando vi o suspeito nº 1, eu soube que era o cara certo. Aquela mochila, a jaqueta. Meu estômago revirou. Era ele.

O comissário de polícia, Ed Davis, depois chamaria a liberação das imagens de "o divisor de águas da investigação". A cidade estava esperando um modo de poder ajudar, e o FBI, finalmente, forneceu um. Milhares de informações começaram a chegar. Um amigo de Dzhokhar Tsarnaev, irmão mais novo de Tamerlan, enviou-lhe uma mensagem de texto, debochando dele por se parecer com um dos suspeitos. Dzhokhar, que estava treinando na academia e frequentando as aulas da faculdade como qualquer outro estudante, respondeu, basicamente: "Haha. Essa foi boa. Só para avisar: estou indo embora da cidade e nunca mais vou voltar".

Enquanto isso, os meios de comunicação começaram a analisar as fotos sob as vistas de toda a Boston. Os suspeitos eram do Oriente Médio? Em caso positivo, eram muçulmanos? Aquele ataque tinha sido planejado, como os de Londres, Madri e Mumbai? Esses homens estavam ligados a uma organização maior ou eram lobos solitários?

E quão certo estava o FBI de que esses caras eram os responsáveis?

À noite, as mídias tradicionais e sociais apontavam para vários e falsos suspeitos, incluindo um estudante que tinha cometido suicídio semanas antes (o corpo dele foi encontrado depois), e, na primeira página do *New York Post*, um técnico de atletismo de Boston e um corredor do ensino médio. Era uma reação natural. Depois de cinco dias de espera, todo mundo estava energizado. Finalmente, havia algo de que falar.

Eu não queria fazer parte disso.

– Que horas é o jogo do Sox? – perguntei para Derek, que iria passar a noite comigo. Eu detestava ficar sozinho, principalmente à noite, porque não conseguia dormir. Ficava com medo. Então pelo menos duas pessoas ficavam comigo.

Em geral, era a geração mais nova: Sully, Big D e Chris. Às vezes Erin e Gail. Naquela noite ficaram Big D e meu irmão mais velho, Tim. Eu digo "irmão", mas tecnicamente Tim é meu meio-irmão. Ele é de outro relacionamento do meu pai, antes de ele conhecer mamãe. Só o conheci quando eu já estava com 21 anos, quando ele telefonou, do nada, para minha mãe. Digam o que quiserem dela, mas mamãe tem um grande coração. Quando soube que Tim precisava de ajuda, ela o acolheu. E daquele momento em diante, nós dois nos tornamos próximos. Temos assistido beisebol e bebido juntos desde então.

Vida normal – era essa a sensação com aqueles caras. Se tivéssemos cerveja nas mãos, a noite seria como centenas de outras que passamos juntos. O Sox tinha virado uma porcaria nos últimos dois anos, entrando em colapso em 2011 e perdendo as finais no último dia da temporada. Depois demitiram o técnico, diminuíram os salários e terminaram em último lugar, em 2012, com a pior campanha de um time de beisebol de Boston desde 1965.

Eles contrataram um técnico novo e jogadores novos, mas nenhum astro. O time começou bem, claro, mas ninguém esperava muita coisa. Beisebol é um jogo lento, com um campeonato extenso e demorado. Há jogos quase todas as noites durante seis meses – 162 partidas em 182 dias. O começo da temporada é cheio de expectativa e falsas esperanças. É o modo perfeito de matar algumas horas.

E era isso que eu queria, ainda mais com os terroristas aparecendo em todos os noticiários. Eu só queria esquecer as enfermeiras, que estavam sempre me cutucando e analisando; a dor repentina e latejante nas minhas pernas, que me fazia querer gritar; o som perturbador de passos no corredor; e o cheiro da bomba, uma mistura de fogos de artifício e carne queimada, que parecia nunca desaparecer. Adormeci naquela noite do único modo possível: ao som da repórter Jenny Dell trazendo informações do jogo e de Tim e Big D discutindo por algo que aconteceu em 2009. O Sox estava vencendo... "Salty" Saltalamacchia fez um *home run*... Uehara foi eliminado... Bailey entrou...

Acordei, como era frequente, levantando-me de supetão com o coração disparado. Estava escuro, mas um brilho tremeluzia. Big D e Tim estavam perto da televisão com o volume baixo, assistindo às notícias. Tinha havido um tiroteio, um roubo de carro e um assalto.

– São eles – eu disse.

– Não – Big D retrucou. – Estão dizendo que não tem relação.

– São só uns bandidos – Tim acrescentou.

Mas eu sabia que eram os terroristas. Eu sabia. Embora nunca tivesse pensado em como eles seriam presos, assim que ouvi que aquelas pessoas estavam atirando na polícia, eu soube que seria desse modo que os terroristas seriam pegos.

Mais tarde, naquela noite, tive meu primeiro pesadelo. Não consigo lembrar como foi, mas acordei gritando por Big D.

– Estou aqui, Jeff. Estou aqui – Tim disse. Ele estava jogado em uma cadeira junto à porta. – Não precisa se preocupar, amigo. Nós estamos aqui.

- 9 -

Enviei uma mensagem de texto para o Kevin às 6 horas da manhã seguinte: "Já acordou?".

Ele estava acordado. Todo mundo estava. As mídias sociais explodiram quando a notícia do tiroteio em Watertown, um subúrbio a poucos quilômetros do centro, começou a se espalhar, depois da meia-noite. Kevin estava de pé desde as 4 horas, colado na televisão e em sua conta de e-mail, assim como a maior parte de Boston. Um policial tinha morrido; outro estava em condições críticas. Um suspeito tinha morrido em confronto com a polícia, mas o segundo conseguiu escapar. Acreditava-se que ele estava escondido em algum lugar de Watertown, embora Cambridge também estivesse interditada pelas autoridades. O suspeito tinha ido de Cambridge a Watertown em um carro roubado.

– Acreditamos que se trata de um terrorista – Ed Davis, o Comissário de Polícia, relatou aos repórteres por volta de 4h30 da sexta-feira. – Acreditamos que se trata de um homem que veio para matar.

"Pop-Tart?" – Foi a mensagem que enviei para Kevin.

Ele apareceu meia hora depois com várias caixas de doces para todos. O restaurante Flour não abriria nesse dia, dada a situação na cidade, mas a confeitaria já tinha produzido os doces da manhã. O gerente assistente tinha dado a Kevin tudo que ele conseguisse carregar.

Kevin permaneceu no hospital naquela manhã, conversando, enquanto ficávamos de olho nas notícias. Acho que ele estava tentando me distrair da caçada humana. Lembro que conversamos de música, algo de que sempre falávamos na loja. Eu disse para ele que adorava Bob Dylan e Radiohead. Ele sabia que eu tocava violão e me perguntou de James Taylor, que morava em Massachusetts.

– Erin adora James Taylor – eu disse. – O JT original.

Quando tio Bob chegou com os filhos, Kevin foi para casa.

"Obrigado, senhor", escrevi para ele.

Pouco tempo depois, o FBI liberou uma foto do segundo suspeito: Dzhokhar Tsarnaev. De repente, após esperar por cinco dias, Boston encarava a face do mal, o sujeito que tinha enfiado esferas de rolamento em panelas de pressão com a intenção de despedaçar pessoas. Não sei o que o resto de Boston estava pensando. Depois de cinco dias, era assombroso vê-lo diante de nós, com tanta clareza. Durante algum tempo, ninguém falou.

– Merda – Big D enfim disse. – É um garoto.

Não demorou muito para que a imprensa conseguisse a fotografia do outro suspeito: era o irmão mais velho de Dzhokhar, Tamerlan.

– É ele – eu disse assim que o vi.

Não havia muito mais para se dizer. Tamerlan Tsarnaev tinha explodido minhas pernas. Era ele. Agora ele estava morto, e seu irmão, encurralado. Pensei que eu ficaria feliz, mas me sentia apenas entorpecido.

– Troca de canal – pedi. – Vamos ver outra coisa.

Então Erin telefonou para Tim. Ela estava com Gail e sua amiga Ashley. As três estavam no apartamento de Erin em Brighton, bairro que fica ao lado de Watertown, do outro lado do Rio Charles.

– Estão dizendo que Jeff identificou os terroristas – ela disse. – Que ele foi o único que os viu. E se o irmão for atrás do Jeff? Ele não tem nada a perder. E sabe que sou namorada do Jeff. Isso apareceu na imprensa. E se ele vier atrás de mim?

Erin admitiu, depois, que estava paranoica. Que não fazia sentido que Dzhokhar fosse atrás dela. Mas naquelas primeiras horas, com um policial morto e outro gravemente ferido, qualquer coisa parecia possível. Não pareceu loucura Erin se sentir um alvo, porque por mais que tentasse esconder meu medo, eu também me sentia um alvo, embora estivesse dentro de um hospital vigiado, com dois guardas diante da minha porta.

Ninguém deveria estar sabendo que eu ajudei o FBI. Minha família tinha concordado que nunca revelaríamos essa informação. Sem pernas, me sentia vulnerável. Quem sabia a extensão daquela conspiração? A imprensa falava de dois suspeitos, mas e se eles fizessem parte de um grupo maior? E se eles tivessem amigos?

Eles eram dois jovens idiotas. Quem os tinha convencido a fazer aquilo? Tamerlan era um psicopata, claro, mas quem o ensinou a matar?

Continuo sem me convencer, até hoje, que eles agiram de modo isolado. Receita de Bomba é como chamam esse tipo de ataque. O sujeito pega a receita na internet e faz uma bomba. Aconteceu assim em Londres e Madri. Acontece assim no Iraque e no Afeganistão o tempo todo.

Mas não foi assim tão simples. A bomba que explodiu minhas pernas foi detonada pelo painel de controle de um carrinho de controle remoto. A parte do carro estava dentro da bomba; Dzhokhar ficou com o controle remoto. Aquela foi a única peça, o FBI me contou, que os terroristas não conseguiram fabricar. Eles encontraram o homem que modificou o aparelho, alguém da Costa Oeste. Ele disse que não sabia para que o controle seria usado, e acho isso possível.

Mas ainda assim, fico incomodado, como se, talvez, a conspiração fosse maior do que nós sabemos.

E se não era, se qualquer idiota pode fazer uma bomba, como isso pode ser melhor? Só quer dizer que é mais fácil aparecerem imitadores.

Então eu gostaria, mesmo, que Chris não tivesse vazado a notícia do meu envolvimento.

Não culpo Chris. Adoro aquele garoto. Ele afirma não saber que as duas mulheres com que estava conversando eram jornalistas, que simplesmente as conheceu fora do hospital e começou a falar. Chris é meu irmão mais novo e me admira. Ele foi forte. Um dos meus camaradas.

Ele nunca tinha passado pela experiência de uma tragédia antes. Sei que ele estava exausto e preocupado. Lembro de tentar fazer com que ele risse. Eu punha minha máscara de oxigênio, inspirava profundamente e dizia, na minha melhor imitação de Darth Vader: "Chris, eu sou seu pai. Agora vá pegar um *cheeseburger* com fritas para o papai". Chris deveria estar comigo na maratona, mas eu o convidei tarde demais. Ele não conseguiu tirar o dia de folga no McDonald's, onde trabalha. Ele acredita que poderia ter alterado os eventos, se estivesse lá. É assim que se pensa quando se tem vinte e dois anos.

Então ele vacilou e uma reportagem afirmando que eu tinha identificado os suspeitos apareceu no Bloomberg News daquela manhã. Isso foi no meio da caçada humana, e todo mundo – todo mundo – repetiu essa notícia. Nós colocamos em um canal de notícias depois que Erin ligou, e meu rosto não parava de aparecer. Bauman. Sem pernas. Jeff Bauman. Identificou os terroristas. Tsarnaev. Bauman. Tsarnaev. Eles não paravam de mostrar a foto de Erin comigo que tinham pegado no Facebook. Bauman, o herói. Bauman e a namorada. Nós já falamos que ele perdeu as pernas?

Erin ligou meia hora depois, enquanto Tim esperava, no telefone, para falar com a polícia de Brighton. Erin tinha falado com um agente do FBI que disse para ela não se preocupar; o terrorista estava fugindo, ela não corria perigo. Ela telefonou para o pai, que lhe disse para ficar onde estava, que ele iria para lá. Ela parecia mais tranquila, embora mais tarde tenha admitido que estava escondida debaixo das cobertas.

"Seja forte", escrevi para ela.

Então, lentamente, a tensão foi diminuindo e tudo se acalmou. As horas passaram e nada aconteceu. A quinta-feira foi muito agitada no Centro Médico de Boston. Jornalistas, familiares e celebridades estavam por toda parte. Tinha circulado a notícia de que Oprah iria ao hospital no dia seguinte, que ela queria conhecer os sobreviventes. Mamãe saiu de seu casulo ao saber disso. Ela adora a Oprah.

Mas nem mesmo Oprah conseguiu romper a interdição, e na sexta-feira o hospital ficou sossegado. Sem mamãe, minhas tias e meu pai, a atmosfera era tranquila, e passei o dia pegando no sono. E continuava detestando ficar sozinho, mas talvez as enfermeiras estivessem certas desde o início; talvez eu precisasse mesmo de mais tempo para descansar.

Ou, talvez, o modo como Tamerlan Tsarnaev morreu tenha me tranquilizado.

Meu maior medo nunca foi que não pegássemos os terroristas. Eu tinha fé absoluta na polícia. Por isso não acho que minha informação tenha sido tão importante. Aqueles caras nunca iriam escapar depois do que fizeram; não se explode uma bomba na maratona e simplesmente vai embora. Não nesta cidade. O melhor que eu posso dizer é que a minha informação talvez tenha acelerado o processo.

Meu maior medo era que os terroristas negassem o que fizeram. Se Tamerlan Tsarnaev tivesse se rendido pacificamente e declarado sua inocência, a coisa teria virado um circo. Eu apareceria na TV. Teria que passar um ano, no mínimo, me encontrando com o FBI, sendo interrogado por advogados de defesa. Teria que testemunhar no julgamento dele. Eu vi aquele homem no local do atentado? Sim. Eu o vi com a mochila? Sim. Vi a mochila explodir? Não, não vi.

Sei que o FBI tinha partes da mochila que provavam que ela continha a bomba. Sei que a bomba foi detonada remotamente pelo painel de um carro de controle remoto, de modo que seria impossível que eu visse tanto a bomba quanto o dispositivo de detonação. Mas essa peça me incomodava. Como eu podia ter certeza de que aquele cara era o assassino, e não alguém com sorte o bastante para sair dali no momento exato?

Tamerlan tinha resolvido o problema para mim. Quando ele matou o policial Sean Collier, do Instituto de Tecnologia (MIT), revelou-se um assassino. Um canalha de sangue frio. Um homem com um objetivo. Ele estava disposto a morrer pelo que quer que pensasse estar fazendo, por qualquer propósito que acreditasse estar servindo, e foi o que fez.

Dormi melhor na sexta-feira, não porque Tamerlan Tsarnaev teve o que merecia. Não acredito em vingança. Dormi melhor porque ele tinha provado quem era.

Continuei dormindo e acordando até Kevin me ligar por volta de 3 horas da tarde. A ordem de interdição tinha sido estendida para toda a cidade, e ninguém pôde sair do hospital o dia todo. Então Kevin conseguiu tirar meus parentes por um beco e levá-los até um restaurante japonês que tinha concordado em abrir só para eles, e que lhes serviu uma bela refeição.

Na volta, os cinco pararam no meio da Rua Washington, uma das mais movimentadas de Boston, e tiraram uma foto. Eram 4 da tarde de sexta-feira. Não havia mais ninguém na rua.

"Obrigado, Kevin", escrevi para ele depois que os filhos do tio Bob me contaram o que ele tinha feito.

"Não tem de quê", ele respondeu. "E obrigado por me chamar de Kevin."

***

Erin chegou por volta de 4h30. Ela tinha saído do apartamento antes do cancelamento do toque de recolher, com permissão do FBI. Era um trajeto de oito quilômetros, mas ela não viu mais do que quatro ou cinco pessoas nas ruas.

Como eu, parecia estar energizada pelo dia – para não falar de seu primeiro banho decente em uma semana. Erin tinha se recomposto e, apesar da tensão da caçada humana, usado a folga forçada para organizar minhas coisas.

Ela tinha pedido para sua amiga Kat, que trabalhava com relações públicas, mediar nossa relação com a imprensa. Nós não lhe pagaríamos nada, mas Kat, que nem me conhecia, concordou no mesmo instante.

Tia Jenn foi nomeada minha representante junto à página "Jeff Bauman" no Facebook, criada por um casal do Colorado que eu não conhecia. A página possuía cem mil seguidores, então tinha se tornado a principal fonte para novidades e doações. Havia tanta gente acompanhando minha história, na verdade, que outros estranhos começaram a publicar links e fotografias. Tia Jenn queria me ajudar, garantir que ninguém se aproveitasse de mim, então monitorar a página era a tarefa perfeita para ela.

Tio Bob conversou com seus amigos advogados a respeito de criar uma entidade beneficente oficial para lidar com o dinheiro. Quando eu estivesse melhor, os advogados criariam um fundo em meu nome. Até lá, o dinheiro seria mantido em uma conta bancária monitorada.

Agora Erin só tinha mais uma coisa com que se preocupar: eu. O segundo suspeito ainda não tinha sido pego, mas havia boatos, nas mídias sociais, de um tiroteio (que não aconteceu, soubemos depois). Ficamos sentados na minha cama assistindo juntos à cobertura, até que, pouco antes das 22 horas, anunciaram a captura com vida do segundo suspeito.

Deu para escutar a comemoração, mesmo dentro do meu quarto, no quinto andar do hospital. Assim que a notícia foi dada, as pessoas começaram a sair de suas casas para ocupar os espaços públicos, extasiadas por recuperarem sua cidade. Erin e eu assistimos ao vivo na televisão: uma vigília silenciosa na Rua Boylston, estudantes faziam festa na Universidade Northeastern agitando bandeiras e abraçando policiais. O parque Boston Common tomado por pessoas comemorando e aplaudindo. Em Dorchester, onde o garoto Martin Richard viveu, os moradores soltaram fogos de artifício.

– Acabou – Erin disse e fez uma pausa. – Pelo menos esta parte.

Eu pus meu braço ao redor dela. A essa altura a parte superior do meu corpo tinha melhorado o bastante para que pudéssemos nos encostar um no outro.

– Não se preocupe, Erin – eu disse para ela, enquanto a TV mostrava sinos de igreja badalando em Watertown. – Nossos filhos vão ter pernas.

- 10 -

No dia seguinte, o Red Sox voltou a jogar em Boston pela primeira vez desde o atentado. O jogo foi à tarde, num sábado perfeito e ensolarado. O público chegou cedo, para a cerimônia pré-jogo de homenagem às vítimas e aos socorristas. A frase "Boston: Juntos somos mais fortes", vista em toda a cidade, ganhou uma nova variação. Ela aparecia em camisetas e cartazes por todo o estádio Fenway. Mas foi somente depois de entregarem o microfone para David "Big Papi" Ortiz, maior astro do Red Sox nos últimos dez anos, que o sentido dessa frase ganhou sua verdadeira dimensão. Foram apenas algumas linhas, improvisadas ali mesmo, mas que ficaram conhecidas como O Discurso:

"Na camisa que vestimos hoje não está escrito Red Sox. Está escrito Boston. Nós queremos agradecer ao prefeito Thomas Menino, ao governador Deval Patrick, a todo o Departamento de Polícia, pelo ótimo trabalho que fizeram na semana passada. Esta é nossa cidade, porra! E ninguém vai mexer com a nossa liberdade. Continuem fortes."

Nossa cidade. Nossa liberdade. Nós somos Boston, unidos, e somos fortes. Foi o final perfeito para uma semana terrível, as pessoas disseram, mas não vi O Discurso, pelo menos não ao vivo. Eu o vi inúmeras vezes na internet desde então, mas no momento em que David Ortiz pronunciou essas palavras, eu estava com uma fisioterapeuta, aprendendo a vestir minha cueca.

Role para o lado, ela me ensinou. Então role para o outro. E volte. Habilidades básicas. É como são chamadas. Fui transferido para a UTI secundária, então precisava de habilidades básicas. Enquanto o Red Sox ficava atrás do Kansas City Royals no placar, eu praticava me erguer com ajuda da grade da cama e puxar a cueca pelos últimos centímetros, até minha cintura.

Enquanto os Sox reagiam com um *home run* na oitava entrada, eu me esforçava para sair da cama. Isso envolvia uma ferramenta especial: uma tábua. Que não era nenhuma tábua especial, mas uma prancha lixada e envernizada. Eu a colocava entre a borda da cama e o braço da poltrona, então me posicionava, apoiando os braços nela. Isso criava força suficiente para eu levantar meu corpo e transferi-lo para a poltrona.

Foi difícil, confiar nos meus braços daquela maneira. Se eu caísse, não haveria nada para me segurar. Cairia direto no chão, com o quadril primeiro, se tivesse sorte, de cara, se não tivesse. E foi o que aconteceu. É óbvio que isso aconteceu. Quando a gente se esforça, às vezes cai. E a dor era fulminante. Bater minhas pernas no chão era como dar uma marretada em nervos expostos.

– A sensação é ótima – eu disse, quando passei para a cadeira pela primeira vez. – Quero mais.

Dez minutos depois, estava estirado de costas na cama de novo. A dor era tão intensa que pensei que nunca mais iria querer me levantar.

– Isso é normal – a especialista me disse. – Suas pernas estão machucadas demais; sentar vai ser dolorido durante algum tempo.

– Quanto tempo é isso?

– Por volta de um mês.

Sem chance. Eu não ia esperar um mês. Comecei a praticar minhas transferências, e pratiquei até a tábua quebrar e uma farpa ir parar na minha bunda. (Não, eu não estava vestindo cueca.) Às vezes a gente apanha das novas tecnologias! Felizmente, o hospital tinha outra tábua.

No domingo, eu já estava pensando no próximo passo: ir ao banheiro. Estava cansado de fazer o "número dois" na comadre e o "um" no papagaio. Então o hospital colocou uma privada portátil ao lado da cama.

Eu a usei uma vez.

Se eu consigo fazer isso, pensei, posso me sentar numa privada de verdade.

Se consigo me sentar numa privada, pensei depois da minha primeira visita bem-sucedida, posso me sentar numa cadeira de rodas.

Naquela noite, meu pai e minha madrasta me trouxeram um presente: shorts folgados e camiseta de ginástica. Roupas fáceis de serem colocadas por um cara sem pernas.

– Nós achamos que isto pode ajudar – Big Csilla disse.

– Ah, sim – eu disse, quase arrancando as peças da mão dela. Por que eu não tinha pensado nisso antes?

Na segunda-feira, eu estava empolgado.

– Vamos dar uma volta – eu disse para Chris e Tim, que tinham ficado comigo na noite anterior.

Nós contrabandeamos uma cadeira de rodas para dentro do quarto. Não sei se aquilo foi contrabandear, na verdade. Só não falamos com as enfermeiras. Pus a tábua entre a cama e a cadeira e me transferi. Uma operação perfeita, sem problemas.

Saí rodando do quarto e acenei para as enfermeiras no posto. Estou de volta ao mundo, pensei.

Eu nunca tinha visto o corredor. Era muito mais quieto do que eu esperava. Imaginei que o interesse tivesse diminuído, que a imprensa tivesse saído em busca da próxima notícia. Vi Big D na sala de visitantes, mas como ele não me viu, passei rodando lentamente por ele, sem dizer nada. Quando ele percebeu, seu queixo foi parar no chão.

Kevin, que estava sentado com ele, começou a chorar.

– Como você está se sentindo? – Kevin perguntou.

– Eu sinto como se pudesse voar.

Tinham se passado exatamente uma semana e dois minutos desde o atentado, de acordo com Kevin, e isso parece algo que ele teria reparado. Ele e Big D estavam discutindo meu futuro (imagino que Kevin era quem mais falava), e quando me viram passar na cadeira de rodas, todo sorridente, parecendo feliz, Kevin perdeu o controle. Ele comparou a sensação à de ver seu filho andar pela primeira vez.

Kevin é gay, e está em um relacionamento estável, sem planos de adotar uma criança. Às vezes, sinto como se ele tivesse me adotado.

Nós conversamos durante algum tempo, eu e Big D provocando o Kevin por ser tão emotivo. Sempre fomos assim nos momentos dramáticos; nós os desmontávamos com bom humor. Mas também estávamos bastante emocionados.

Felizmente, um homem nos interrompeu. Ele queria apertar minha mão.

– Eu estava lá – ele disse. – Vi você estirado no chão. – Ele fez uma pausa. – Não consigo acreditar que agora estou falando com você.

Ele não pronunciou uma frase, mas sei o que queria dizer: *Pensei que você fosse morrer.*

O nome dele era Kevin Corcoran. Ele estava parado do meu lado, com a mulher e a filha, quando a primeira bomba explodiu. Sua esposa, Celeste, tinha perdido as duas pernas, a única outra pessoa biamputada naquele atentado. Ela estava muito abatida pela situação, ele admitiu. Ela detestava pensar em como seria sua vida dali em diante. Antes ela adorava caminhar na praia. Sempre esteve no controle, odiava se sentir dependente. A filha deles, Sydney, estava no leito ao lado da mãe, mas Celeste não podia abraçá-la, nem dizer para sua própria filha que tudo ficaria bem. Sydney quase sangrou até a morte na Rua Boylston, mas Corcoran não percebeu no momento. Ele não conseguiu encontrá-la em meio ao caos; pensou que Sydney estava bem, então ficou com a esposa. Corcoran se debruçou sobre ela e a abraçou, pois pensou que a mulher ia morrer. Ela estava coberta de sangue, com os pés quase separados do corpo. Depois contaram para ele que Sydney quase morreu, e que talvez também perdesse uma perna. Ela só tinha dezessete anos.

– Ajuda ver você tão alegre, Jeff – ele disse, segurando as lágrimas.

Ele apertou minha mão e voltou para o quarto de sua família. Olhei para Big D e Kevin. Então rodei pelo corredor, indo o mais longe que podia, até chegar à janela na outra extremidade. Kevin me alcançou lá.

– Estou orgulhoso de você – disse, pondo o braço no meu ombro, como um pai faria depois de uma partida difícil de beisebol.

Eu estava soluçando, chorando tão forte que lágrimas escorriam pelo meu rosto. Foi constrangedor.

– Olhe o que eles fizeram – eu disse.

– Não tem problema chorar.

Eu não teria conseguido parar, mesmo que quisesse. Lá fora, o dia estava lindo. Eu conseguia ver um jardim e o centro de Boston a distância. Pude imaginar o Red Sox no estádio Fenway, e Ortiz falando "nossa cidade, porra".

– Não estou preocupado comigo – eu disse. – Estou preocupado com os outros. Os que foram feridos. – Não sei se isso era verdade. Acho que estava chorando por tudo aquilo. Mas estava pensando em Sydney Corcoran.

Kevin não disse nada. Ele só me deixou chorar.

– Por quê? – eu disse, finalmente. – Por que fizeram isso conosco?

RECUPERAÇÃO

-11-

Só depois que fui transferido para a UTI secundária que esse tipo de pensamento começou a surgir: por quê? Por que isso aconteceu?

Por que nós?

E, mais importante, o que eu podia ter feito?

Essa é a parte mais difícil, analisar todas as pequenas decisões. E se tivéssemos atravessado a rua para ficar com Jill, a irmã de Erin? E se não tivéssemos andado aquele quarteirão a mais? Remy tinha se aproximado da linha de chegada poucos minutos antes. E se Michele e eu estivéssemos com ela, como Remy queria? Eu estava para sugerir isso a Michele quando a bomba explodiu. E se a bomba tivesse detonado um minuto depois? Nós estaríamos bem, a esta altura?

Ou as coisas teriam sido piores?

Penso na bomba o tempo todo. Em como ela explodiu para trás, para longe da corrida. E como a mochila estava no chão, os estilhaços voaram baixo. Minhas pernas foram atingidas diretamente; estavam tão perto da bomba que absorveram uma enorme quantidade de estilhaços. Isso as destruiu no mesmo instante – literalmente moendo meus músculos e ossos –, mas também protegeu as pessoas atrás de mim. Se minhas pernas não estivessem na frente, mais pessoas poderiam ter morrido.

Nós tivemos sorte. Isso é o que dizem os especialistas sobre o número de mortes no atentado. Poderia ter sido pior.

E se os estilhaços tivessem voado mais alto? Apaguei por um segundo depois da explosão. Alguns centímetros para cima e eu nunca teria acordado.

E se eu tivesse recuado um passo? Os fragmentos teriam destruído meus quadris? Foi o que aconteceu com Krystle Campbell. Ela estava a alguns passos de mim, assistindo à corrida, mas os estilhaços a atingiram mais acima, perto da cintura, e ela morreu no local.

E se tivesse ido para perto de Remy? Se eu tivesse me movido e minhas pernas não estivessem lá, e mais uma pessoa morresse? Ou mais duas? Dez?

Todos nós pensamos esse tipo de coisa. Eu sei porque conversei com outros sobreviventes. Todos temos perguntas. Por que Deus permite que isso aconteça? Por que alguém faz isso? Entendo que isso possa acontecer, mas por que aconteceu comigo?

A pergunta mais difícil é: *e se?* E se eu tivesse feito algo diferente? É difícil, porque parece ser algo do qual eu tinha controle.

Não são só os sobreviventes. Depois da primeira semana, quando enfim tivemos tempo para pensar, as dúvidas e culpas começaram a se instalar em todos nós. Meu irmão Chris acha que deveria ter insistido no trabalho para conseguir a folga. Sully, meu amigo, acredita que deveria estar conosco. Remy estava tendo pesadelos porque tinha deixado eu e Michele para trás.

Ainda me lembro de Erin dizendo, pela primeira vez:

– Me desculpe, Jeff. A culpa é minha.

– Não – eu disse.

– Se não fosse por mim, você não estaria lá. Eu o forcei a ir. Eu lhe disse para me encontrar na linha de chegada. Se não fosse por mim, você ainda teria suas pernas.

– Não, Erin, nunca diga isso. A escolha foi minha. Eu queria estar lá. Eu me sentia bem de estar lá por você.

– Mas e se eu não tivesse corrido a maratona? E se eu não tivesse diminuído? Eu deveria ter terminado...

– Erin, você não fez nada de errado.

Se alguém tinha feito algo errado, era eu.

Eu percebi que aquele cara era perigoso. Sabia que ele não deveria estar ali. E se eu tivesse... derrubado ele ou algo assim? Nós temos esse tipo de fantasia, às vezes: *eu impedi o atentado!* Mas é claro que ninguém faz esse tipo de coisa, derrubar um estranho no meio da multidão.

E se eu tivesse procurado um policial? Era a linha de chegada da Maratona de Boston; havia policiais por todo lado.

Mas eu não teria tempo. Tudo aconteceu rápido demais.

Quem sabe eu poderia ter dito algo para ele. É essa ideia que tem me assombrado. Tamerlan Tsarnaev me encarou. Ele fez aquela coisa babaca de encarar o outro como quem diz: *Isso aí, cara, eu estou na tua área. O que você vai fazer?* Ele me desafiou.

E se eu tivesse dito algo para ele? Não puxar briga, mas algo como: "Qual o problema?". E se tivesse prestado mais atenção? Feito com que ele se sentisse constrangido? Ele teria deixado a bomba ali, se pensasse que eu o observava?

Sei que esse tipo de raciocínio é inútil. Claro que teria sido ótimo se eu entendesse o que estava acontecendo e tivesse agido. Eu teria sido um verdadeiro herói. Mas não é assim que a vida funciona.

Nada daquilo era minha culpa. Era de Tamerlan Tsarnaev. Ele fez aquilo conosco, não Deus. Nem o acaso. Tamerlan. Mas e se...

Erin se consumiu durante semanas, preocupada. Não importava quantas vezes eu repetisse: "Nunca pense isso, Erin. Nunca", ela não parava de se sentir culpada.

É impossível não se sentir. Quero dizer, não sou do tipo que fica remoendo as coisas. E se meus pais não tivessem se divorciado? E se eu tivesse terminado a faculdade? Não me preocupo com essas coisas. De que adianta? Sigo em frente com o que a vida me oferece. E faço o melhor possível.

Mas mesmo eu tive minhas dúvidas durante a segunda semana. Depois que a dor diminuiu, e principalmente depois que comecei a conhecer as outras vítimas. Celeste e Sydney Corcoran estavam bem do meu lado. Assim como John Odom e Krystle Campbell, que morreu. Não reparei neles naquela hora, mas estavam ali, torcendo por seus queridos e por estranhos, divertindo-se. Então, os que tiveram sorte foram parar no hospital, com suas vidas destroçadas. Marcados. Tristes. Inseguros quanto ao futuro.

Não foi só a história do Sr. Corcoran que me afetou naquele dia, mas também seu aspecto. Tão traumatizado... Existem coisas impossíveis de se superar, e ver sua esposa e sua filha feridas daquele modo brutal parecia ser uma delas.

Não choro por mim, tento não sentir raiva. Consigo lidar com o que aconteceu, porque foi comigo, mas e se os terroristas tivessem ferido Erin ou minha mãe? E se fosse eu quem tivesse que observar alguém amado naquele leito de hospital? Seria diferente. Iria querer jogar aqueles vagabundos numa cova.

Agora conheço melhor o Sr. Corcoran e sei que eu estava errado a respeito dele. Kevin Corcoran tem a força de Boston. É altivo. Ele tem uma família fantástica, mas no hospital, naquela semana, ele parecia tão ferido quanto a esposa.

Não fiz aquilo com eles. Nunca pensei ter feito, e nunca me culpei, na verdade. Mas naqueles últimos minutos antes de a bomba explodir, havia uma pessoa em todo o mundo que poderia ter evitado aquela dor. Somente uma. E essa pessoa era eu.

Não fique remoendo isso, Jeff, eu dizia para mim mesmo. É passado. Concentre-se no presente.

Foi o que fiz. Eu podia passar a noite acordado, sentindo dor e pensando no futuro, mas durante o dia eu sorria.

- 12 -

Eu tive sorte. Era assim que eu tentava ver a situação. Estava parado bem ao lado da bomba e sobrevivi.

Eu tinha seguro-saúde. Milhares de pessoas deram milhares de dólares para me ajudar. Recebia tratamento da melhor qualidade e, os médicos me disseram, um dia eu receberia as melhores pernas artificiais do mundo, cortesia de um fundo beneficente.

Eu tinha uma namorada fantástica.

E uma família generosa. Todos os dias, tio Bob e tia Cathleen me traziam comida caseira. Todos os outros pacientes comiam gelatina enquanto eu devorava *chili* de carne e panquecas.

– Onde você mora, afinal? – perguntei para Kevin, certa manhã, quando ele trouxe meus doces do dia. Sempre que precisava de algo, mandava um SMS para o Kevin e ele aparecia em cinco minutos.

Ele foi até a janela, tirou uma foto e voltou.

– Está vendo esta rua? – ele disse. – Eu moro neste quarteirão. – Kevin morava a catorze casas do hospital.

Como eu disse, tive sorte.

Na terça-feira da segunda semana, eu conseguia me transferir para a cadeira de rodas e ir aonde quisesse. Foi quando descobri que muitas vítimas ainda não tinham sido retiradas da UTI. Meus ferimentos foram tão horríveis que não houve qualquer dúvida quanto ao tratamento.

Minhas pernas tinham que ser amputadas. E como meus joelhos não podiam ser salvos, os médicos fizeram um corte diagonal nas coxas, o que permitiu que meus ferimentos cicatrizassem melhor.

Outras pessoas, que pareciam estar em condições melhores, passaram por múltiplas cirurgias, na tentativa de salvarem suas pernas. Ou tinham sofrido queimaduras sérias e precisariam de semanas de terapia intensiva. O Sr. Odom sofreu onze cirurgias em suas artérias rompidas. O ferimento dele foi no quadril, do contrário, os médicos teriam amputado. A última vítima a deixar o hospital, Marc Fucarile, tinha metal alojado perto do coração. Ele tinha perdido uma perna e entrou na faca dezesseis vezes, para um total de 49 procedimentos cirúrgicos.

Também não sofri infecções nem complicações, que podem ser tão ruins quanto os ferimentos originais. Patrick, meu novo amigo, por exemplo, perdeu a perna abaixo do joelho. Manter o joelho é ótimo para amputados; você preserva músculos e tem controle de uma articulação grande. Quando se perde a perna abaixo do joelho, é possível voltar à vida normal em semanas. Perder quatro articulações, como foi o meu caso, muda tudo.

Então parecia que Patrick teria uma recuperação muito mais fácil que a minha. Só que, para salvar o joelho dele, os médicos tiveram que fechar a amputação com um enxerto de pele.

O enxerto infeccionou, então ele passou por outra cirurgia para substituí-lo. Na verdade, ele passou por muitas outras. Meses mais tarde, ele continuou tendo complicações: o enxerto de pele rasgava quando ele usava a perna artificial. Imagine que você está andando e, de repente, quinze centímetros de pele da sua perna se soltam – e isso continuou acontecendo, uma vez após a outra.

Então, tive sorte. Por minhas feridas não terem infeccionado. Por minha cirurgia ter transcorrido bem, sem complicações.

Mas isso não significa dizer que foi fácil. Não foi. Foi muito difícil. Eu odiava olhar para minhas coxas. Uma vez, só uma, eu as levantei com as mãos para ver como estavam as extremidades.

Estavam cobertas de sangue e crostas. Não era de admirar que doessem daquele modo.

Nos filmes, um personagem leva uma surra terrível e, no dia seguinte, coloca gelo num hematoma e diz que está dolorido. Cinco minutos depois, está perseguindo alguém. Mas eu, uma semana depois, ainda sentia como se meus órgãos estivessem moídos. Era com isso que os médicos tinham se preocupado: que eu estivesse esmagado por dentro. Acho que tive sorte por só me sentir assim, embora estivesse tão mal que nem conseguia me deitar de bruços. O corte de trinta centímetros onde eles tinham me aberto ainda estava muito sensível.

Mas isso não me impedia de ir para a cadeira de rodas. Assim que me transferiram para meu quarto novo, comecei a rodar. Não quero fazer isso parecer mais do que é. Afinal, eu só estava passeando pelo corredor do hospital. Mas assim eu podia visitar os outros: não só as vítimas, mas suas famílias também.

E agora que eu estava fora da UTI, mais pessoas podiam me visitar. Muitos amigos foram me ver pela primeira vez nessa semana. Meu sobrinho Cole, que tinha sete anos, apareceu depois da escola.

– Tio Jeff – ele perguntou, com um jeito de criança séria –, suas pernas vão crescer de novo?

– Não vão, não, Cabeção – eu disse. Era assim que eu e Derek chamávamos Cole: Cabeção. Ele é um menino bonito, mas tem muita área lá em cima. – Mas não se preocupe. Eu vou receber pernas biônicas.

– Sério?

– Ah, sim. Não se meta com o tio Jeff. Eu vou virar um super-herói.

Depois, um policial negro enorme apareceu para me ver. Ele não era grande como Stevan Ridley, o *running back* do New England Patriots que me visitou no dia seguinte a Julian Edelman. Ridley era o sujeito mais forte que eu já tinha visto.

– Você treina todo dia? – eu tinha perguntado a ele.

– Três vezes por dia, colega. Todo dia.

O policial era alto, parecia uma torre diante de mim, ainda mais porque eu estava na cadeira. Ele tinha ido para me dar coisas recuperadas no local do atentado. Poderia ter enviado aquilo tudo, mas dava para ver que queria falar comigo. Ele me entregou um saco plástico contendo minha carteira de motorista e um cartão de crédito, que estavam em boas condições, sem queimaduras nem rasgos. Fiquei parado, olhando para aquilo, sem dizer nada. É estranho o que sobrevive.

– Você está bem, Jeff? – o policial perguntou.

– Sim, senhor.

– Você precisa de alguma coisa?

Olhei para ele, triste.

– Não, estou bem.

– Tem certeza? – ele insistiu.

– É só que...

– Pode falar, colega.

Fiz uma pausa antes de continuar.

– Você acha que consegue encontrar meus tênis? Eu adorava aqueles tênis.

O pobre policial pareceu que ia desmaiar. Meus tênis tinham sido destruídos, assim como meus pés. Ele não sabia o que dizer.

Até que eu ri.

– Estou brincando – eu disse.

– Ah, cara – ele exclamou. – Você me pegou, Jeff. De verdade.

Ele era um cara legal. Sinto que repito isso demais, mas é verdade. Eu encontrei um sujeito mau em toda essa experiência, e ele está morto. Todas as outras pessoas foram incríveis: gentis, carinhosas, generosas.

Estou saindo dessa experiência com uma cicatriz na alma. Acho que dá para chamar de desconfiança. Eu sei o quanto os seres humanos podem ser perversos, e agora estou alerta, porque sei que os caras maus estão por aí.

Mas também aprendi uma coisa: pessoas más são raras.

As boas estão por toda parte.

- 13 -

Quarta-feira, 24 de abril, foi o aniversário de dezoito anos de Sydney Corcoran. Erin tinha comprado um cartão para a garota, e quando apareceu para me ver naquela manhã, pediu que eu o assinasse. Eu não conhecia Sydney, mas tinha ouvido sua história através de seu pai e de outros. Aos dezesseis anos ela sofreu um acidente de carro em que fraturou o crânio. Agora, pouco mais de um ano depois, enfrentava um ferimento sério na perna.

– Um cartão?! – exclamei. – Tenho que dar algo melhor para ela.

Meu quarto estava cheio de flores e presentes. Minha localização não tinha sido divulgada, e fazia pouco tempo que tia Jenn tinha informado um endereço de caixa postal no Facebook, então o que eu tinha ali eram presentes de amigos e colegas de trabalho: aparelhos eletrônicos, fones de ouvido, um violão de um amigo próximo. Os compradores de entretenimento na sede do Costco, em Seattle, tinham me enviado um pacote de doações, de modo que minha mesa estava cheia de filmes, revistas e livros.

E havia meu bandolim. Meu pai tinha mencionado, em uma entrevista a um jornal, como eu amava música. Assim, a Guitar Center me ofereceu um violão. Mas eu já estava com dificuldade de tocar os dois que eu tinha – um que ganhei do meu amigo, outro que me trouxeram de casa. Meus tímpanos danificados distorciam o som, e os ecos me davam dor de cabeça. Eu tocava no hospital, principalmente, para que as pessoas não se preocupassem. Não queria que elas soubessem como era difícil, para mim, fazer algo que antes adorava.

Então a Guitar Center me enviou um bandolim. Eu adorava aquele instrumento; ele ficou ao lado da minha cama, um lugar de honra, durante semanas. Eu não conseguia conceber dar um dos meus instrumentos, mesmo que fosse para outra vítima do atentado.

Além do mais, eu não sabia se Sydney gostava de música.

Então vi o tablet. Alguém da alta gerência do Costco tinha me enviado o equipamento alguns dias depois do atentado. Esse foi o primeiro computador que tive. Na segunda-feira eu o utilizei para fazer um FaceTime com a gerente do meu departamento, Maya, que estava visitando a família na Holanda na semana do atentado.

Isso deu tão certo que Kevin preparou um FaceTime com a nossa loja do Costco. O vice-presidente regional veio de avião para passar a manhã comigo, e, na loja, colocaram nossa imagem na TV de tela grande da sala de descanso.

Todos os funcionários compareceram, até aqueles que estavam de folga. Alguns levaram os filhos.

– Nós te amamos, Jeff! – um garotinho disse.

Comecei a rir. Havia uma faixa grande, que parecia ter sido feita por crianças da pré-escola (aliás, pré-escolares fazem faixas fantásticas), e um bolo decorado com um violão e o famoso "B" de Boston.

– Estamos fazendo isto por você – eles disseram, enquanto enchiam a cara de bolo.

– Está certo, Jeff, nós ganhamos bolo, mas você ganhou férias.

– Férias para sempre! – eu disse e olhei para Kevin, que estava rindo. – É brincadeira, pessoal. Eu vou voltar. Só não vai ser hoje.

Na verdade, eu não sabia se iria voltar. Meu emprego incluía muito tempo de pé e andando. Não era possível que continuasse fazendo isso. Mas essa não era minha preocupação naquele momento. Eu só estava feliz por ver o pessoal.

O tablet foi o melhor presente que eu tinha recebido, então quis que Sydney ficasse com ele. Ela merecia mais do que eu. Mas mudei de ideia no último segundo. O tablet possuía um valor afetivo, já que tinha sido dado por amigos.

No lugar, escolhi uns alto-falantes portáteis. Eu os coloquei em uma sacola de presente, junto com o cartão de Erin, e fui rodando pelo corredor até o quarto dela. Sydney estava sentada em uma cadeira, com a perna cheia de curativos apoiada à frente. No quarto havia dois balões de aniversário e alguns parentes, mas de resto era um dia normal no Centro Médico de Boston. Sydney já tinha recebido o melhor presente possível: os médicos salvaram a perna dela.

Entreguei a sacola. Foi preciso me esticar, porque não conseguia passar com a cadeira ao redor da perna dela. No momento em que nós dois estávamos com as mãos na sacola, alguém tirou uma foto. Fiquei sabendo que dá para vê-la na internet. É claro que sim, dá para ver tudo na internet. Mas a imagem foi publicada pelo Fundo de Recuperação de Celeste e Sydney, então isso não me incomoda. Se a foto ajudar os Corcoran a pagar suas despesas médicas, será mais do que eu esperava ter dado para Sydney.

Nessa noite eu também recebi um presente, quando um homem latino, com cabelos compridos e cacheados, entrou no meu quarto. Eu o teria reconhecido imediatamente, mesmo sem o famoso chapéu de caubói, porque nunca conseguiria esquecer aquele rosto. Ele era Carlos Arredondo, o homem que salvou minha vida.

Carlos ficou famoso; ele esteve em todas as notícias. Havia outra fotografia dele, segurando uma bandeira americana rasgada e ensanguentada momentos depois de me salvar, que ficou quase tão famosa em Boston quanto a imagem icônica de nós dois juntos.

– Carlos! – gritei quando o vi à porta.

Ele sorriu e veio até mim, e não consegui me segurar. Estiquei os braços e o abracei. Carlos gosta de abraçar. Ele está sempre sorrindo, sempre disposto a se aproximar e conversar. Aquilo doeu, mas eu não queria soltá-lo. O que se pode dizer para o homem que lhe deu tudo? Eu disse:

– Obrigado.

Mas não foi suficiente.

Ele me deu um chapéu e um cartaz escrito à mão: "Mais fortes juntos". Carlos perguntou como eu estava passando. Eu lhe mostrei minhas cicatrizes e queimaduras nas costas. Falamos dos meus objetivos e da minha recuperação. Perguntei a respeito da vida dele; a princípio ele não queria falar de si mesmo, mas acabou me contando sua história.

Carlos Arredondo nasceu na Costa Rica. Ele entrou nos EUA ilegalmente, mas seus dois filhos, Alex e Brian, nasceram na região de Jamaica Plain, em Boston, e eram cidadãos norte-americanos. O filho mais velho, Alex, entrou para os marines com dezessete anos, recém-saído do ensino médio. Ele adorava os marines. Adorava a ideia de servir o país. O Corpo de Marines pagaria a faculdade dele.

Três anos depois, uma van parou diante da casa de Carlos na Flórida, para onde ele tinha se mudado depois de um divórcio. Era 24 de agosto de 2004, seu aniversário de 44 anos. Ele estava esperando um telefonema de Alex. Em vez disso, três marines lhe disseram que seu filho estava morto; tinha sido alvejado por um atirador no Iraque.

Carlos me contou que não sabe bem o que aconteceu a seguir. Ele enlouqueceu de pesar e quis ficar sozinho, mas os marines se recusaram a sair da frente da casa dele antes que a mulher de Carlos – madrasta de Alex – chegasse à casa. Ele ficou agitado, depois furioso. Foi até a garagem, pegou um maçarico e um galão de gasolina e se trancou no banco dianteiro da van dos marines. Ele se encharcou de gasolina e se incendiou. Embora tivesse negado depois, acredito que Carlos estava tentando se matar. Mas a van explodiu, jogando-o, em chamas, no gramado na frente de sua casa. Os marines salvaram sua vida. Carlos teve queimaduras severas em 26 por cento do corpo, mas compareceu ao funeral do filho em uma maca. Pediu para ser colocado sobre o caixão. Deitado ali, Carlos pediu desculpas ao filho por não ter feito nada para salvá-lo.

Ele passou por meses de tratamento médico enquanto enfrentava problemas legais: algumas pessoas queriam processá-lo por destruição de propriedade do governo. Ele sofria com as queimaduras e não se importava. Carlos só conseguia pensar no filho e no fato de não tê-lo ajudado.

– Eu deixei que ele morresse.

Assim que ficou bem o bastante, colocou uma mensagem em sua caminhonete: "Alexander Arredondo. Meu filho. Morto no Iraque". Também pôs bandeiras americanas na carroceria, mais o uniforme do filho e uma fotografia do funeral. Ele se demitiu do emprego na construção civil e saiu dirigindo pelo país, falando contra a guerra.

Ele apanhou, recebeu cusparadas e foi chamado de nomes racistas. Disseram-lhe que voltasse para o lugar de onde tinha saído. Participou de manifestações, às vezes levando um caixão envolto na bandeira americana e o uniforme do filho, às vezes carregando os coturnos e as placas de identificação de Alex. Carlos ficou diante da Casa Branca com uma fotografia de Alex no caixão, vestindo seu uniforme de gala. Ele conversava com qualquer pessoa disposta a ouvir.

Seu filho mais novo, Brian, atravessava uma depressão. Os garotos eram unha e carne, Carlos me contou. Brian idolatrava Alex e sofreu muito com a morte do irmão. Carlos se mudou para a região de Boston para ficar perto de Brian, que morava com a mãe, e do túmulo de Alex. Em 2006, Carlos se tornou cidadão dos Estados Unidos. Ele mudou seu nome, oficialmente, para Alexander Brian Arredondo, em homenagem a seus filhos.

Mas a guerra se arrastou e a depressão de Brian piorou. Ele começou a usar drogas e lutava contra o vício. "A morte do irmão foi uma tortura para ele. É isso que sua mãe sempre diz. Brian estava torturado."

Em 19 de dezembro de 2011, Brian Arredondo cometeu suicídio. Sete anos depois que seu irmão morreu em Najaf, apenas alguns dias depois que as últimas tropas voltaram do Iraque.

Àquela altura eu estava chorando. Carlos me deu um lenço de papel, então enfiou a mão no bolso.

– Eu vivo por eles – Carlos disse e me entregou seu cartão de visita, onde estava escrito, entre outras coisas:

Carlos Arredondo
Pai Fervoroso

Ele estava na linha de chegada da Maratona de Boston distribuindo bandeiras americanas. Ele estava lá para apoiar a equipe Tough Ruck; vinte soldados da Guarda Nacional que começaram a marchar às 5h30 da manhã, com mochilas militares, pela rota da maratona. Eles tentavam levantar fundos para as famílias de soldados mortos em ação, ou que cometeram suicídio ou morreram em acidentes relacionados a estresse pós-traumático. Um dos soldados marchava em homenagem a Alex.

Os soldados tinham acabado de cruzar a linha de chegada, após nove horas de marcha, quando a primeira bomba explodiu. Carlos viu a bola de fogo; viu um homem passar por cima das barreiras e cair no percurso da maratona. E então tudo desapareceu numa nuvem de fumaça. Carlos saltou a barreira do seu lado e atravessava a rua correndo quando a segunda bomba explodiu.

Ele fez o sinal da Cruz, *Que Deus me proteja*, e continuou correndo. Ele estava tirando a barreira de cima de Michele quando me viu, sem as pernas, deitado em uma poça de sangue. Carlos soube que eu não tinha muito tempo. Ele me colocou na cadeira de rodas e correu do meu lado, sem querer me abandonar. Permaneceu comigo o máximo que pôde, e ficou olhando a ambulância se distanciar e descer a rua. Fui a única pessoa em que ele prestou atenção naquele dia.

A essa altura nós dois estávamos chorando. Eu o abracei de novo, e ele retribuiu. Houve um silêncio demorado, e essa foi a única vez em que estive com Carlos Arredondo e ele ficou sem falar.

– Não chore – ele disse, enxugando as lágrimas. – Algo de bom aconteceu.

Inglês não é a língua nativa de Carlos, então às vezes é difícil para ele expressar as sutilezas. O que ele disse pode soar estranho, mas no contexto entendi perfeitamente o que ele queria dizer. Algo de bom tinha acontecido *porque ele estava vivo*. Imagino que tenha sido difícil para ele, desde a morte de Alex. Ele acreditava estar vivendo corretamente, mas era difícil imaginar que estivesse contribuindo de alguma forma com o mundo. A guerra nunca terminava. Ele perdeu o outro filho.

Mas ele salvou minha vida. Que fique bem claro: eu estaria morto, hoje, sem Carlos Arredondo. E agora ele pode dizer para si mesmo, se algum dia teve dúvidas: "Algo de bom aconteceu por minha causa". É bom que eu tenha sobrevivido.

- 14 -

Fui transferido do Centro Médico para o Centro de Reabilitação Spaulding no dia seguinte ao meu encontro com Carlos. Erin mexeu uns pauzinhos e conseguiu me transferir rapidamente, porque pensou que isso me deixaria animado. Ela estava certa. Deixar o hospital me pareceu uma grande conquista, embora, tecnicamente, eu continuasse em um hospital. Era um voto de confiança dos meus médicos. Meu tratamento não dizia mais respeito à minha saúde imediata; seria para aprender como viver sem as pernas.

Entrei nisso com tudo, porque já estava cansado da cadeira de rodas. Eu queria andar.

Primeiro eles me colocaram no velho Centro Spaulding, um edifício de tijolinhos apertado entre a torre de escritórios TD North e a ponte Zakim, no noroeste do centro de Boston. O lugar era atravancado e decrépito, dando a sensação de um hospício antiquado, com seus portões de metal que podiam fechar as extremidades do corredor. Senti como se tivesse entrado em *O iluminado*.

Até a televisão era uma porcaria. Uma velha TV de tubo – nada de tela plana –, com uma imagem tão ruim que o Red Sox ficava verde.

Três dias depois, eles me colocaram com outros pacientes em uma van especial e nos levaram uns três quilômetros para o norte, passando por um bairro antigo, depois por uma zona industrial, até chegarmos, enfim, a um quarteirão comprido com edifícios novos.

O novo Centro de Reabilitação Spaulding ficava no lugar de um velho estaleiro da Marinha, na ponta de terra em que o Rio Mystic encontra a baía. Era uma instalação de nível internacional, que levou dez anos para ser concluída, entre projeto e construção. Por acaso, foi inaugurada doze dias após o atentado.

Eles nos levaram pela entrada da frente, onde escavadeiras nivelavam o solo para fazer um parque ao lado. O piso reluzia, e os corredores eram largos o bastante para que duas cadeiras de roda passassem lado a lado com facilidade. Meu quarto ficava no quinto andar e tinha vista para o rio, as velhas docas e os armazéns do lado norte; as janelas eram baixas o suficiente para que eu conseguisse olhar através delas sentado na cadeira. Isso era um progresso. Eu não tinha uma boa visão das janelas do Centro Médico, e no velho Spaulding... esqueça. Ouvi dizer que, no novo Spaulding, também tinham projetado as janelas para a altura de uma pessoa em pé, o que significava que não dava para olhar pelas janelas estando-se sentado. O ponto de vista era baixo demais. Um homem numa cadeira de rodas apontou o problema. Custou trezentos mil dólares para rebaixar os parapeitos.

O melhor de tudo era que cada paciente tinha seu próprio banheiro, e eu conseguia chegar à pia e entrar no chuveiro com facilidade. Os banheiros do Centro Médico eram tidos como adequados a cadeiras de rodas, mas eram muito pequenos. A sensação era a mesma de um banheiro de avião. Estava sempre trombando nas coisas, sentindo-me preso e esquecendo que compartimento servia para quê. Estar no novo Spaulding era como passar de um Boeing 747 para a nave Enterprise, de *Star Trek*.

O edifício também era melhor para minha família. Muito melhor. Havia uma bela sala de estar para visitantes no fim do meu corredor, com vista para o rio. No primeiro andar havia um refeitório decente. E meu quarto tinha espaço para cinco ou seis visitantes. Naquela noite Erin dormiu no sofá diante da minha cama, e foi a primeira vez, em duas semanas, que ela conseguiu dormir bem acomodada. Não que tenha conseguido dormir bem. Eu continuava sentindo dor sempre que me virava, e mais de uma vez Erin se deitou na minha cama para me acalmar, conversando comigo e acariciando meu cabelo afro chamuscado.

No dia seguinte, Michele, a amiga de Erin, foi trazida para o quarto ao lado do meu. Enquanto eu era evacuado do local do atentado, Michele foi levada para a tenda médica da maratona. Fragmentos tinham estraçalhado a parte inferior da perna direita dela. Os socorristas não acreditaram que a perna poderia ser salva. No Centro Médico Beth Israel Deaconess planejaram amputar o pé. No entanto, duas cirurgias de emergência conseguiram salvar a perna e o pé de Michele, mas o tendão de Aquiles ficou tão danificado que ela não conseguia caminhar. Na primeira vez em que ela tentou, na quinta-feira, Michele só conseguiu dar dois passos. Erin ficou a semana toda indo e voltando para vê-la no Beth Israel Deaconess, inclusive para acompanhar a cirurgia de enxerto de pele na sexta-feira.

Estarmos nós dois no Spaulding facilitou a situação de Erin. Sua vida, ou pelo menos parte dela, estava mais administrável. Ela podia ficar lá, cuidando da melhor amiga e do namorado, sem ter que ficar atravessando a cidade de carro.

Isso facilitou também para mim e Michele. Nós não nos víamos desde que nos entreolhamos logo após a bomba explodir. Fiquei muito feliz por ela ter sobrevivido. Ela sentia o mesmo por mim, considerando que tinha me visto em uma poça de sangue. De manhã cedo, quando nenhum de nós conseguia dormir, ficávamos sentados conversando sobre o que tinha acontecido. Eu lhe contei ter visto o osso da perna dela através de um buraco no músculo. Ela me falou de quando se deu conta de que minhas pernas tinham sumido.

– Eu tive uma sensação ruim ao ver aquele cara – eu disse. – Eu estava para dizer que nós devíamos sair dali. – Ela não sabia disso. E eu me senti culpado de novo.

– Eu ainda sinto o cheiro – falei para ela certa manhã. – Pessoas pegando fogo.

– Eu sei – ela disse, e sabia mesmo. Só alguém que esteve lá conseguia entender o horror daquele cheiro. Por isso era ótimo ter Michele no quarto ao lado.

À tarde costumávamos ficar com Erin. Às vezes assistíamos à televisão. Às vezes eu tocava bandolim. Ou fazia acrobacias com a cadeira de rodas, o que sempre impressionava as garotas. Nós conversávamos mais do que antes. Michele gosta de falar, e eu sou quieto por natureza. Acho que ela não me conhecia de verdade até nos sentarmos com Erin em seu quarto.

Mais tarde, naquela semana, Remy apareceu para nos visitar. Ela sofreu um ferimento feio por estilhaço na coxa, e os médicos implantaram uma válvula na perna dela para drenar o pus. Remy tinha passado algum tempo no Spaulding, mas agora estava em casa com os pais, em Amesbury.

Remy tinha sentimentos profundamente conflitantes. Por causa da ferida, sentia dor constante. Como o resto de nós, tinha dificuldade para dormir. E ela se sentia culpada por ter deixado Michele e eu para trás quando foi na direção da linha de chegada. Ela sentia que deveria ter ficado conosco, embora isso não pudesse melhorar em nada a situação. Três de nós estariam feridos com gravidade, em vez de dois.

O pai dela foi citado no jornal alguns dias depois do atentado, dizendo que ela estava "com raiva e deprimida". Sem dúvida era verdade. Todos nós estávamos com raiva e deprimidos. Às vezes um, às vezes o outro. Frequentemente os dois. Mas ela começou a ficar constrangida com isso.

– Estou envergonhada – ela confidenciou a Erin. – Por que eu sinto essa dificuldade quando outras pessoas passaram por coisa muito pior?

Conhecendo Remy, é provável que ela fique constrangida por eu estar escrevendo a respeito disso. Mas não deve ficar, porque esses sentimentos são normais. Eu me dei conta disso. Sentir culpa – seja por ter sorte ou por não ter detido o terrorista – é normal. Assim como vergonha. Fico envergonhado todos os dias por não ter pernas.

Assim como se sentir traumatizado. Estar a vinte passos da bomba, em vez de dois, não facilita as coisas.

Mas não falamos disso. Não precisava. Nós falamos da nossa vida, da nossa recuperação, da nossa família.

– Você é da família? – uma enfermeira perguntou ao namorado de Michele, quando encontrou os dois juntos no quarto, no segundo dia.

– Não – ele respondeu. – Este é nosso quinto encontro.

– Não era fácil deixar meu namorado me colocar na comadre no nosso quinto encontro – Michele nos contou, rindo.

Antes do atentado, ela não costumava usar a palavra *namorado*. Agora ela dependia dele. Como Erin e eu, os dois estavam mais próximos devido ao que tinham enfrentado. Não sei se essa é uma reação natural à tragédia: aproximar-se de alguém, caso a pessoa não se afaste.

Estou começando a pensar que a tragédia nos dá perspectiva. Enquanto eu jazia na maca do pronto-socorro, sem pernas, encarando o teto, tive que me perguntar: o que eu quero agora? O que é importante para mim?

Quando eu sentia dor, o que me fazia sentir melhor? Com quem eu posso ser honesto, sem temer sua reação? A resposta era sempre Erin.

Eu me sentia melhor quando ela estava lá, tanto que a única fotografia que eu tinha no quarto do hospital era dela. Era uma foto de celular que tirei em Washington, D.C., um *close-up* de nós dois encostados e sorrindo. Eu a prendi com fita adesiva no suporte do soro, para que a visse toda vez que abrisse os meus olhos.

Esse dia com Michele e Remy foi importante, especialmente para Erin. Com nós quatro juntos, acho que ela sentiu sua própria ferida cicatrizando. O estrago estava feito, mas ela não tinha perdido partes essenciais de sua vida. Ela ainda tinha a família e as amigas. Ainda tinha seu belo homem. O mundo que ela tinha construído para si foi sacudido, claro, mas ela estava mais forte devido ao que tinha enfrentado.

Alguém tirou uma foto de nós quatro naquele dia. Existe pelo menos uma dúzia de fotos de nós quatro, tiradas ao longo do último ano e meio, mas essa é minha favorita. Michele está na cama, com uma bota imobilizadora. Remy está de pé de um dos lados dela, e Erin está sentada na cama do outro lado. Estou ao lado de Erin, na cadeira de rodas, pronto para tocar meu bandolim.

E nós estamos sorrindo. Não sorrisos de fotografia, mas genuínos, como se estivéssemos para começar a rir. Parecemos estar nos divertindo.

Indestrutível. Foi essa palavra que o pai de Michele usou. Ele disse para ela:

– Eu sinto, depois do que passamos, que nossa família é indestrutível.

Sinto a mesma coisa a respeito de nós quatro. Espero que permaneçamos assim para sempre.

- 15 -

Spaulding era... quero dizer que era uma comunidade, porque foi lá que as vítimas do atentado se reuniram. Estávamos espalhados por cinco hospitais perto do centro de Boston, mas a maioria de nós acabou em Spaulding. Nem todos, é claro. Por exemplo, eu só vi a filha da família Richard uma vez, embora ela tenha perdido uma perna. Essa família sofreu como nenhuma outra: a mãe feriu o olho, a garotinha perdeu a perna e o pobre Martin Richard, de apenas oito anos, morreu. Vi o irmão mais velho dele uma vez, e isso me partiu o coração. Esse foi o garoto mais triste que eu já vi.

Minha mãe chora toda vez que pensa neles.

– Eles viram o filho morrer – ela diz.

– Martin tinha a força de Boston – a família disse em sua declaração solitária à imprensa. Essa foi a única vez que as palavras me fizeram engasgar. E nunca me deixaram mais orgulhoso.

Mas Spaulding não era uma comunidade. Era a Ilha dos Brinquedos Rejeitados. Ninguém queria estar ali, mas nós estávamos quebrados e não tínhamos outro lugar para ficar. Spaulding não era um lugar alegre, embora a administração tentasse torná-lo o mais alegre possível.

E assim como os brinquedos da ilha no filme, todos tínhamos um objetivo: sair dali.

Comecei a trabalhar para isso no primeiro dia. Eu praticava minhas transferências no Centro Médico, então quando cheguei a Spaulding, não precisava mais da minha tábua. Eu deslizava da cama para a cadeira de rodas com facilidade, e depois da cadeira para o colchonete na academia, que estava mais para uma cama de solteiro forrada com lençol do que aqueles colchonetes em que as crianças dormem no jardim de infância.

Eu ainda não conseguia deitar de bruços por causa da incisão cirúrgica, então minha fisioterapeuta, Carlyn Wells, falou para eu deitar de lado. Ela agarrou minha perna e a puxou para trás o máximo que conseguiu. Na primeira vez quase gritei. Minha perna doía só de ela tocar, e muito mais ao puxar, mas depois que superei o choque inicial, a sensação foi muito boa. Meus músculos tinham enrijecido por ter ficado duas semanas deitado na cama, mas também pelo choque da explosão. Era como se meu corpo tivesse se contraído e nunca mais relaxado. Era muito bom sentir Carlyn me puxando.

Depois do alongamento, enquanto ainda estava deitado de lado, ela me pediu para levantar a perna direita. Mais alto, ela disse. Mais. Só consegui levantá-la poucas vezes.

Rolei para o outro lado e levantei a perna esquerda. Estava ainda mais fraca que a direita.

Então me sentei e treinei o levantamento das pernas. Detestava olhar para minhas pernas. Pareciam salsichas dançantes com curativos nas pontas. Dez levantamentos e eu estava suando.

– Não é fraqueza – Carlyn disse. – O músculo está traumatizado. Embora você precise mesmo ficar mais forte.

Levantei pesos livres com os braços: roscas, encolhimento de ombros, extensões.

– Tudo está conectado – Carlyn observou.

Eu não tinha só perdido as pernas; aquilo tinha mudado a função de cada músculo no meu corpo. Sentar era mais difícil sem as pernas, porque tinha que usar meu abdome. O equilíbrio dependia de eu acertar e levantar os ombros, não só de firmar as coxas. Quando você caminha, pode deixar o tronco caído, porque os músculos da perna compensam. Não é um bom modo de andar, mas a maioria das pessoas anda assim, pelo menos parte do tempo. Eu não poderia mais fazer isso. Teria que ficar ereto e forte, porque minhas pernas novas seriam mais umas varas de pau do que as biônicas que eu tinha dito para meu sobrinho Cole. Elas iriam me sustentar, mas meu corpo precisaria mantê-las debaixo de mim.

Como não conseguia dormir, escolhi a primeira sessão de treino da manhã. Ela durava duas horas, então eu geralmente terminava às 10h30. Logo depois, quando estava mais cansado, uma fonoaudióloga ia até o meu quarto; nós basicamente conversávamos. No final, ela me dava cinco palavras, e voltava uma hora depois para perguntar quais eram. Quando eu acertava, ela me dava mais dez, que me pedia para repetir no dia seguinte. Ela também me dava problemas de matemática para resolver.

– Por que você está fazendo isso? – perguntei. – Seu trabalho é uma bobagem. – Estava brincando com ela, mas só em parte. Eu sabia que ela estava verificando danos no cérebro e odiava essa ideia.

– Você está bem – ela me disse após uma semana de tortura.

Havia também acompanhamento psicológico, individual e em grupo. E terapia ocupacional projetada para me ajudar a encontrar soluções para os afazeres do dia a dia.

Mamãe e tia Jenn sempre chegavam no fim da manhã. (Meu pai ficava com o turno da noite, e era melhor que eles nunca se vissem.) Mamãe tinha tirado folga do trabalho para ficar comigo, mas não havia muito que ela pudesse fazer. Ela ficava andando pelo quarto, fazendo perguntas, mas me sentia frustrado e não queria conversa.

Felizmente, havia o correio. Tia Jenn tinha colocado o endereço dela na página do Facebook, e os cartões e presentes não paravam de chegar. Ela empacotava tudo a cada manhã, então pegava mamãe e a levava até Spaulding. Mamãe não gostava de dirigir na cidade.

Eu não conseguia acreditar nas coisas gentis que as pessoas escreviam. Ou o quanto se importavam comigo. A maioria delas nem era de Boston, mas acompanhavam minha história e queriam ajudar. Empresas doavam uma porção de suas vendas; cidadezinhas faziam eventos de arrecadação; famílias juntavam recursos. Algumas cartas vinham com cheques de centenas de dólares.

Cem dólares, de um estranho? Isso é significativo.

– Como pode, mãe?

– Jeffrey – minha mãe disse, segurando minha mão como se fosse me dar uma má notícia. – As pessoas já doaram mais de cem mil dólares para você.

Cem mil dólares?! Eu tinha saído da faculdade por causa de uma dívida de novecentos dólares. Estava ganhando menos de dezesseis mil por ano. E agora as pessoas me doavam cem mil, só porque minhas pernas tinham sido pulverizadas?

É bobagem dizer que teria trocado o dinheiro pelas minhas pernas. É óbvio que sim. Mas nem nisso eu pensei. Eu estava impressionado demais.

E é bobagem pensar só no dinheiro.

Uma mulher que morava no Japão me enviou uma réplica em miniatura de uma armadura samurai. Isso não é irado?

Um homem de Bend, Oregon, me enviou uma guitarra Epiphone Les Paul Custom. Era verde-oliva. A guitarra mais linda que eu já tinha visto, mas o bilhete que a acompanhava tornava-a única:

> Eu li sobre o que aconteceu com você, e o que você está passando, e embora você não me conheça, eu queria que você soubesse que estou pensando em você e lhe enviando orações... eu li que você gosta de tocar guitarra, então estou lhe enviando uma que é especial para mim. Ela não é muito chique, mas tem um som ótimo e é boa de tocar. Depois de um tempo, descobri que guitarras passam a ser como velhos amigos – considere este um presente de um novo amigo...

Não eram só adultos que doavam com o coração. Um garoto de dez anos abriu seu porquinho e me enviou todo o dinheiro que possuía. Eram quase vinte dólares em notas pequenas e moedas.

– Mande um PlayStation para ele – eu disse.

– Você não pode fazer isso, Jeff – mamãe replicou.

– Por que não?

– Você não pode comprar algo para todo mundo que fizer uma doação.

– Por que não?

Mamãe pegou uma carta que dizia:

– "Tenho certeza de que a esta altura você já ouviu isto muitas e muitas vezes, mas você é um herói de verdade. Eu só queria lhe agradecer por ser uma inspiração para a nação inteira. Eu nunca vi pessoa mais forte, mais resiliente, em toda minha vida."

– Não entendo – eu disse. – Por que as pessoas dizem isso de mim?

Mamãe ficou olhando para mim. Eu detestava que me observassem. Todas essas pessoas que escreviam as cartas sabiam disso? Se soubessem, o que teriam pensado?

– Elas admiram sua coragem – mamãe disse.

Eu queria dizer: *Mas eu não sou corajoso. Eu só perdi as pernas.*

Quero dizer, um garoto, de outro estado, economizou dinheiro durante anos, provavelmente tirando a mesa e guardando sua roupa limpa, fazendo tarefas para a mãe. Ele economizou para comprar alguma coisa, um daqueles minions do *Meu malvado favorito* ou algo assim – as crianças adoram os minions, certo? Tem um adesivo de minion na minha cadeira de rodas. Cole deu para mim.

Mas esse garoto comprou seu minion? Não.

Ele deu o dinheiro para um estranho.

E esse não foi o único garoto. Dezenas deles me enviaram dinheiro de suas mesadas. Turmas de jardim de infância fizeram desenhos para mim. Crianças venderam seus brinquedos para levantar fundos para as vítimas do atentado. "Isto é para você se sentir melhor", elas escreviam.

Talvez algum dia eu abra uma fundação beneficente. Vou encontrar as crianças que fizeram alguma bondade e vou lhes enviar um presente, porque *isso* é coragem de verdade, se importar tanto com alguém.

Não, acho que isso seria bobagem. Há maneiras melhores de demonstrar que a bondade é importante. Porque é. Nada deixa a gente mais feliz do que uma criança escrevendo para lhe dizer que você é o herói dela.

Mas também era difícil. Tinha gente que escrevia dizendo: "Você tem a força de Boston, Jeff". Ou: "Você é o que torna este país grande". Ou ainda: "Eu sei que você vai conseguir superar isso, Jeff, e isso significa que todos vamos ficar bem".

Mas e se eu não conseguisse? E se eu desmoronasse?

E se as pessoas vissem como as pequenas coisas me deixavam frustrado?

Os treinos físicos eram árduos. Quando comecei a fazer os levantamentos de coxa, minhas pernas ardiam. Eu tinha que ficar deitado de lado e levantar cada perna dez vezes, mas havia dias em que não conseguia; meus músculos não estavam prontos. Eles se contraíam e tinham espasmos. Eu precisava bater nas minhas pernas, enfiar os polegares nas coxas para soltar os músculos, ou a dor ficava pior.

Em ocasiões como essas, eu me perguntava: E se eu desistir?

E se apenas aceitasse a cadeira?

E se nunca mais me sentisse normal?

Nunca fui adepto da doutrina "sem dor, sem ganho". Os médicos tiveram que confiscar os pesos de um cara em Spaulding, que tinha se machucado em um acidente de *snowmobile*, para que não treinasse sem supervisão no quarto. Ele ficava pedindo e pedindo, então deixaram que ele fosse o primeiro paciente a entrar no prédio novo. Ele vestia uma camiseta com a bandeira americana quando passou rodando pela porta.

E se o mundo esperasse que eu fosse um cara assim?

Não é da minha personalidade. Nunca fui competitivo. Eu só era... comum. Eu jogava softbol em uma liga, mas era mais uma desculpa para tomar cerveja. E adorava um jogo de basquete entre amigos, mas não ligava se meu time vencia.

Meu esporte era mesmo beisebol, mesmo que eu não fosse um grande jogador. Meu primo Big D era. Derek ganhou bolsa integral na Universidade Bridgeport, em Connecticut, onde foi titular por quatro anos. Ele era um ótimo arremessador canhoto, embora não fizesse muitos *strike outs* – talvez porque sua bola rápida não fosse assim tão rápida –, mas eliminava os oponentes, entrada após entrada. Eu tinha certeza de que ele iria se profissionalizar, mas nunca foi contratado. Foi assim que ele acabou asfaltando ruas para o tio Bob.

Meus meios-irmãos por parte de pai, Chris e Alan, eram jogadores de hóquei. Meu pai até construiu uma quadra de hóquei no quintal. Ele usava compensado naval para fazer as paredes, nas duas extremidades, e uma moldura de madeira para segurar o gelo. Todo ano, por volta do Dia de Ação de Graças, quando eu aparecia para visitá-lo e Concord estava congelando, ele dizia: – Vamos montar a quadra, rapazes.

Nós trabalhávamos o fim de semana inteiro, pregando apoios nas chapas, e papai enchia a quadra de água, deixava o gelo endurecer, depois enchia de novo. Ele fazia isso umas quinze vezes, para que o gelo permanecesse sólido o inverno todo. Em geral, era cerca de meia-noite quando ele acendia os holofotes, ligados à casa por fios de extensão, e iluminava nosso trabalho. Chris conseguia ficar lá a noite toda de manga curta, embora a temperatura fosse de quase trinta graus negativos. Ele lançava o disco a quase 150 quilômetros por hora, e praticava durante horas. Acho que se ele não tivesse perdido o rumo, poderia ter jogado por uma faculdade da primeira divisão.

Eu costumava durar uns vinte minutos. Então o frio me dominava e eu precisava parar.

Mas eu não tinha mais escolha. Não importava o quanto doesse, eu não podia mais me conformar com a cadeira.

Talvez fosse diferente se eu tivesse perdido as pernas em um acidente de carro. Não haveria tanta gente de olho em mim, torcendo por mim, querendo que eu conseguisse.

Assim meus ferimentos não seriam intencionais, resultado da ação de pessoas que tentavam me ferir e destruir minha vida. Pessoas que eu não podia deixar que vencessem.

Talvez, se minha lesão fosse acidental, eu teria me rendido ao medo, porque saber que sua vida está diferente, que uma grande parte de você se foi para sempre... é aterrorizante. Sozinho à noite, às vezes pensava: *Dane-se, Jeff. É demais. Como podem esperar que você se recupere disso?*

Afinal, é mais fácil deitar e aceitar o destino, ainda mais quando suas pernas estão latejando e suas queimaduras, em carne viva.

Mas eu pensava em todas as pessoas que torciam por mim. Pensava nas crianças, ajoelhadas ao lado da cama, rezando pela minha recuperação. No dia seguinte eu voltava para minha bicicleta de braços, pedalava mais rápido, ou me forçava a fazer dez levantamentos de perna, depois onze, então doze.

Você consegue, Jeff. Não se trata apenas de você. Isto não é só por você.

Você tem a força de Boston.

-16-

Antes de ir para o Spaulding, tentei ficar longe da imprensa. Durante minha segunda semana no CMB, Kat me deu uma lista de cem pedidos de entrevistas e perguntou se eu queria atender algum deles. Eu escolhi um: revista *GQ*, que estava fazendo um artigo sobre o esforço para salvar vidas, com seis pontos de vista. Por que escolhi a *GQ*? Não sei. Nunca li essa revista. Mas é uma publicação para *cavalheiros*, certo? Me pareceu elegante.

Contudo, o artigo demoraria um mês para ser publicado, de modo que minha primeira declaração pública aconteceu no velho Spaulding, quando dei uma entrevista para Gerry Callahan, da estação de rádio local WEEI. Eu não tive que pensar muito para aceitar. O Sr. Callahan cresceu em Chelmsford e era o melhor amigo do tio Bob. Eu o conheço desde criança, e ainda me lembro de quando ele foi à minha classe, no terceiro ano, para conversar com a turma.

Se você já escutou o programa dele, deve conhecer o personagem Bob, o Bêbado. É o meu tio! "Altamente exagerado", tio Bob insiste, "altamente exagerado" – mas não sei se acredito nele.

Então por que não conversaria com o Sr. Callahan? Era uma entrevista de apenas cinco minutos, por telefone, que eu podia fazer da minha cama no hospital. A conversa ficou um pouco intensa, em alguns momentos, ainda mais para um brincalhão como Gerry Callahan, mas foi divertida. Nós falamos, principalmente, de como eu estava me saindo.

Bem, algumas pessoas estouraram. Alguns liberais não gostaram, acho, porque Gerry Callahan é conservador, e fizeram muito barulho sobre politizar as coisas ou algo assim, não entendi bem.

A maior confusão, contudo, veio dos outros meios de comunicação. Eles não podiam acreditar que eu tinha rejeitado as grandes redes de notícia, Oprah Winfrey e o *Boston Globe* para dar uma exclusiva para uma rádio local de esportes. Mas não foi uma exclusiva nem uma manifestação política. Foi só um favor para o tio Bob.

– Ah, deixem pra lá – pedi, quando os repórteres começaram a insistir em uma explicação. – Não tenho vontade de lidar com isso. – Acho que fui ingênuo. Ninguém iria se importar com o que eu dissesse. Depois que percebi que a reação das pessoas seria exagerada de qualquer modo, imaginei que o melhor era ficar quieto.

Além do mais, eu já tinha concordado com outra entrevista, e não era para o *Boston Globe*, embora este fosse o maior jornal da cidade, e, de certa maneira, aquela era a história de todos nós. Muitos jornalistas, de todos os tipos de veículos, foram agressivos ou não respeitaram nossa privacidade, principalmente naquela primeira semana. Gail, irmã de Erin, pegou um repórter da ABC, no Centro Médico de Boston, tentando ouvir o que as famílias falavam e engatar conversas como quem não quer nada. Outro repórter tentou entrar em uma sessão de terapia para sobreviventes da qual Remy participava. Na manhã de sexta-feira, logo cedo, durante a caçada aos terroristas, um repórter ligou para a mãe de Erin e, para pressioná-la, sugeriu que conversar com ele ajudaria a encontrar o suspeito desaparecido.

Kat trombou com um jornalista do *Boston Globe* que estava preparando um grande artigo cuja base seria a linha do tempo da primeira semana. Nós tínhamos pedido a Kat que não desse informações para a imprensa, então ela disse ao jornalista que não faria comentários sobre meu papel na identificação dos terroristas. Ele respondeu que, se ela não comentasse, ele questionaria a página do Facebook que era minha principal fonte de doações. Naquela primeira semana havia dezenas de fontes de donativos, e algumas eram no mínimo suspeitas. Kat sabia que qualquer dúvida levantada por um grande jornal poderia afetar nossa página, mas ela se manteve firme, conforme nós pedimos.

O repórter do *New York Times*, Tim Rohan, foi diferente. Meu irmão Chris o conheceu fora do Centro Médico. Tim tinha escrito um belo artigo sobre meu pai, que levou Tim ao meu quarto no dia seguinte, e nós conversamos. Tim não tentou me pedir uma entrevista nem se vender para mim. Nós conversamos principalmente sobre o Red Sox, que estava começando a temporada de forma surpreendente, em primeiro lugar. Como eu, Tim gostava muito de beisebol.

Ele era um estagiário de 23 anos.

Parece que o *New York Times* não estava dando muita atenção à Maratona de Boston antes do atentado. Era um grande evento, mas uma história chata; a mesma coisa todo ano. Então eles enviaram um estagiário da editoria de esportes para fazer a cobertura. Tim Rohan era o único jornalista do *New York Times* na cena de um dos maiores acontecimentos do ano.

Para dar o devido crédito ao jornal, eles deixaram que Tim seguisse com a cobertura. Não enviaram nenhum figurão para fazer as entrevistas. Deixaram que Tim lidasse com a situação do modo que quisesse. E funcionou, pelo menos comigo.

Quando Kat sugeriu que eu concordasse em contar minha história em um grande artigo, no mesmo instante pensei em Tim. Eu tinha gostado dele, era um bom garoto. Não me importava onde ele trabalhava; eu só queria ajudá-lo, se fosse possível. Pensei que essa seria uma ótima oportunidade para ele.

Mamãe não tinha a mesma certeza. "O que ele está fazendo?", ela estrilou da primeira vez que o viu com um gravador, e ficou ainda menos contente quando descobriu que ele planejava me acompanhar durante algum tempo, às vezes com um fotógrafo.

Mas era difícil não gostar do Tim: muito amigável e educado. Big D me comprou um PlayStation quando eu estava no Spaulding –

principalmente, eu acho, para ele não ter que ficar conversando comigo. Com o PlayStation eu e Big D podíamos falar bobagem um para o outro, sem que precisássemos pensar nas minhas pernas. Apresentei meu jogo favorito para Tim, MLB: The Show. Não conte para o *New York Times*, mas passamos horas jogando The Show. Claro, ele era um estagiário, então provavelmente ganhava muito mal.

Minha mãe, contudo, só amoleceu quando descobriu que Tim também tinha sido criado por uma mãe solteira e trabalhadora. E que ele tinha trabalhado para pagar a faculdade. Ele começou com engenharia, como eu, antes de decidir ir atrás do sonho e mudar para jornalismo. Depois disso, mamãe passou a amá-lo. Talvez ela enxergasse nele uma versão de mim. Mesmo hoje, meses depois, ela ainda pergunta dele:

– E como está o Tim, Jeff?

– Aconteceu o que de pior podia acontecer com ele, mãe – eu meneio a cabeça. – O pior. O *New York Times* o contratou para cobrir o Mets em tempo integral.

Ha, ha. Boa sorte com isso, Tim. O Mets é horrível.

- 17 -

Recentemente li o artigo de Tim sobre minha passagem pelo Spaulding e me pareceu muito estranho. O sujeito no artigo parece triste e distante. Ele fica olhando pela janela e responde às perguntas com três palavras. Ele se sente uma aberração.

"Não há escapatória dessa gente", Tim escreveu, "cheias de pena e de perguntas". No artigo, apenas Erin me faz feliz. Se não feliz, pelo menos ela me deixa à vontade.

"Vê-la era a melhor parte do dia dele."

Eu sei que o artigo está correto. Tim passou semanas me acompanhando, assistindo a tudo que eu fazia. Olho para trás e me lembro de todos os momentos que ri com Michele e os outros sobreviventes. Me lembro dos bons momentos, mas sei que eu também era o sujeito do artigo, só desejando que todo mundo me deixasse em paz. De certa forma, continuo sendo. Eu me sinto destacado dos outros, até dos meus familiares e amigos. Sinto como se estivessem me observando, do mesmo modo que observariam um bebê que está brincando, todo satisfeito, com seus blocos de montar; mas nunca se sabe, o bebê pode se jogar da escada a qualquer instante.

O trabalho no Spaulding era duro. Muito duro. Quando meu editor perguntou o que eu queria que as pessoas soubessem depois de ler este livro, uma das coisas que eu disse foi:

– Eu quero que elas saibam como foi difícil.

Mover uma perna artificial de duas articulações, ou seja, com joelho e tornozelo artificiais, exige seis vezes mais força que mover uma perna normal. Então eu precisava ficar mais forte. Tinha que treinar à exaustão. Pouca coisa é conseguida sem trabalho duro.

Eu só queria me sentir normal.

Quando o fotógrafo Josh Haner apareceu para fotografar uma apresentação para o site do *New York Times*, era isso que eu ficava repetindo:

– Só quero ser normal. – Eu dizia isso com uma tristeza enorme.

Mas eu estava mesmo tão melancólico? Não aparece muito humor no artigo do Tim, nem na apresentação do site. Eles ficaram tanto tempo comigo que pegaram meus momentos de silêncio. Esses momentos eram reais, mas eram eu de verdade?

Talvez o sujeito brincalhão, risonho, não fosse eu de verdade. Talvez eu *estivesse* ferido por dentro.

Não, *com certeza* eu estava ferido por dentro. Mas o paciente das piadas também era eu, porque nunca passei muito tempo sozinho em Spaulding. Erin estava sempre lá, é claro, e eu podia me abrir com ela. Mas eu tinha que ser o "Bauman" para minha família e para os vinte ou trinta amigos que me visitavam, o que incluía algumas pessoas que eu não encontrava havia anos.

Também havia dezenas de estranhos: policiais, socorristas, voluntários da maratona, guardas de segurança. Carlos apareceu algumas vezes, e conheci o paramédico que aparece correndo ao lado dele naquela fotografia icônica. (Ainda não conheci a mulher que empurra a cadeira de rodas, Devin Wang, que na época tinha vinte anos e era aluna da Universidade de Boston, mas bem que gostaria de conhecê-la.) Essas pessoas tinham seus próprios problemas e precisavam fechar aquele ciclo. Elas precisavam saber que tínhamos vencido. Como eu poderia não me encontrar com todas e não lhes dizer como estava grato?

E como poderia parecer grato se não sorrisse?

– Estou ficando mais forte – eu dizia. – Logo vou me sentir normal.

Porém, eu me sentia mais à vontade com os outros sobreviventes. Éramos de diferentes grupos econômicos e partes do país, mas compartilhávamos a ligação mais forte. Não quero nunca ver a fotografia sangrenta da cena do crime, mas adoraria ver uma simulação por computador – com aquelas figuras animadas que não parecem humanas – de onde todos esses meus amigos estavam quando a bomba explodiu. Adoraria captar o momento que nos uniu.

Eu não era grande fã do nosso grupo de terapia com o psicólogo do Spaulding, Dr. Chris Carter. Tim Rohan me citou dizendo que os terroristas eram palhaços, mas só falei isso porque o Dr. Carter me perguntou. Eu preferia não pensar nos terroristas.

E detestava o modo como as pessoas desmoronavam no grupo de terapia. Eu queria demonstrar apoio quando alguém começava a chorar, dizendo que estava deprimido e com medo, mas também sentia vontade de sumir dali. É claro que elas tinham depressão e medo; todos nós tínhamos. Eu estava aterrorizado. A última coisa que eu precisava era ouvir mais disso.

Eu preferia interações mais informais, como em nossas sessões de treinamento em grupo. Em geral havia três ou quatro de nós em colchonetes no canto, puxando barras laterais ou fazendo levantamento de pernas com pesos amarrados em nossos tocos. Depois que minha barriga ficou boa, comecei a fazer abdominais e flexões de braço, duas coisas surpreendentemente difíceis de se fazer sem pernas. Carlyn, minha fisioterapeuta, precisava segurar minhas coxas, ou eu cairia para trás a cada abdominal.

Meus companheiros de treino mais frequentes eram Patrick e Jess, recém-casados que tinham perdido uma perna cada. Acho que o que eles enfrentavam era até mais difícil do que a minha situação. Eu nunca trocaria um membro perdido com a Erin, mesmo que isso significasse conseguir uma perna de volta. Tenho certeza de que tanto Patrick quanto Jess prefeririam perder as duas pernas se isso garantisse que o outro ficaria inteiro. Isso é amor.

Mas Pat e Jess eram ótimos, sempre sorrindo. Nunca pareciam abatidos, nem quando falavam de suas dificuldades. Eu me sentia inspirado só de conversar com os dois sobre sua vida. De onde eram, como eram antes, o que esperavam do casamento. Pat era um jovem pastor, e tanto ele quanto Jess amaram Erin, então acho que ambos esperavam me inspirar a pedi-la em casamento.

Mas isso não quer dizer que eles eram incapazes de uma zoação. Em um exercício, eu sentava numa almofada e Carlyn me jogava uma bola medicinal. Eu deveria pegá-la sem cair, porque andar com pernas artificiais é uma questão de equilíbrio. Era impossível: eu caía para trás ou de lado todas as vezes que pegava a bola. E Pat e Jess riam de mim, e me chamavam de João Bobo, porque eu sempre voltava à posição de sentado. Quero dizer, era muito ruim; tudo era muito ruim. Nós não tínhamos escolha a não ser rir um do outro.

Outro membro do nosso grupo, pelo menos durante algum tempo, era Ben. Ele estava fazendo trilha em Utah, se sentiu mal e foi para a cama. Três meses depois, ele despertou de um coma sem os quatro membros, amputados devido a uma rara doença bacteriana. Isso é muito pior do que o que tive que enfrentar. Não faz nenhum sentido.

Ainda assim, Ben era o sujeito mais feliz que havia. Ele amava a vida.

De um lado havia Tamerlan, que cresceu em Cambridge. Sim, ele era de uma família de imigrantes e, sim, era pobre, mas ele poderia ter sido qualquer coisa. Tamerlan teve oportunidade, mas odiava a vida. Odiava o mundo e todos nele.

Do outro, havia Ben, que, sem braços nem pernas, sorria todos os dias, só porque o sol estava brilhando. E quando o tempo fechava, ele sorria para a chuva.

E também tinha o Steve, que evidentemente estava sofrendo. Ele tinha perdido uma perna, mas não era o ferimento que mais o incomodava. Era o fato de que seu filho pequeno estava a seu lado na hora do atentado. O garoto viu o sangue e sentiu o calor. Ele viu um cadáver e o pai ferido no chão. Steve estendeu a mão para o filho, tentou se arrastar até ele, mas o filho apenas o encarou, paralisado pelo terror.

Então alguém veio e o pegou. Levaram o garoto embora, deixando Steve no chão, incapaz de se mover, gritando por seu filho.

Isso o incomodava todos os dias: o que seu filho teve que ver, o que deve ter sentido. Steve parecia estar sempre triste, mesmo quando sorria. Talvez fosse assim que Tim Rohan me via, quando eu estava deitado na cama, olhando pela janela para o lindo dia de primavera, me perguntando por quê.

Mas não é isso o que lembro melhor do Steve. Lembro do dia em que ALO, minha *jam band* favorita, da Califórnia, apareceu no quinto andar do Spaulding. ALO não tocava em Boston desde o ano anterior, em um show que sempre vai ser especial para mim, porque foi depois da apresentação que conheci Erin. Era difícil acreditar que eu a conhecia havia apenas um ano.

Quando minha amiga Shanette descobriu que ALO estava de volta a Boston, foi atrás de Zach Gill, o cantor, que também tocava na banda de Jack Johnson. Shanette contou para ele de mim, que eu era um grande fã e tinha sido ferido no atentado.

– Você acha que dá para passar lá e dar um oi? – Shanette perguntou.

– Claro – Zach respondeu –, mas não temos transporte para chegar lá.

Então Shanette enfiou os quatro membros da banda, mais dois amigos meus, em seu velho Toyota Matrix. Nós pensamos que a banda tinha ido só nos cumprimentar, mas os músicos levaram seus instrumentos, que montaram na sala de visitas do quinto andar. Meu amigo Kevin O'B. levou uma travessa de sanduíches do Meat Again e limonada (nada de cerveja em Spaulding), e aquilo virou uma festa.

– Vamos chamar o Steve – eu disse para Shanette. Nós tínhamos conversado algumas vezes sobre guitarras, então eu sabia que ele gostava de música.

Steve veio e a banda começou a tocar. O sol brilhava lá fora e refletia no Rio Mystic. Gravei um vídeo, mas depois de dois minutos a coisa fica de cabeça para baixo. Smartphones idiotas.

Depois de um tempo, Zach me chamou para tocar com eles, mas minha audição continuava incomodando.

– Deixe o Steve começar – eu disse.

Steve declinou, mas dava para ver o sorriso no rosto dele enquanto assistia à banda, sentado em sua cadeira de rodas. É disso que me lembro: Steve parecendo muito feliz. Quando eu penso em como ele está agora, penso nele em casa, brincando com o filho, aquele mesmo sorriso no rosto.

Quando me lembro de Spaulding, é nisso que tento pensar: nos bons momentos. Os bons amigos que me proporcionaram isso. Nas pessoas boas que conheci.

Mas também existem outras lembranças. Como meu primeiro banho de verdade, três semanas após o atentado. Abri a água, na expectativa de uma experiência fantástica – você já passou três semanas sem tomar banho? É horrível. Mas assim que a água atingiu minha pele, eu senti: aquele cheiro infernal de churrasco na Rua Boylston. Emanava do meu cabelo e da minha pele, como se estivesse saindo pelos meus poros. De repente, eu estava lá, deitado na rua, em chamas. Não vi o sangue, mas senti o terror. Minhas coxas começaram a tremer, e logo meu corpo todo sofria espasmos, como se eu estivesse tendo uma convulsão. Eu me dobrei, sentado na cadeira de banho, com a água quente escorrendo por mim, e comecei a gritar sem emitir nenhum som.

- 18 -

Nós recebemos outras visitas memoráveis no Spaulding, como os dois soldados do Projeto Guerreiro Ferido. Vi muita gente famosa durante minha recuperação: o ator Bradley Cooper; Shawn Thornton do time de hóquei Bruins; Julian Edelman, Stevan Ridley e Gronk do Patriots da NFL; Dustin Pedroia, Jarrod "Salty" Saltalamacchia e John Farrell do Red Sox foram até o Centro Médico de Boston e passaram um de seus raros dias de folga conosco.

Esses caras eram bons, e gostei muito deles. Mas ninguém foi mais inspirador do que aqueles soldados. E nem consigo me lembrar dos nomes deles! Nem sei se os conheci de verdade. Eles eram "soldados", do mesmo modo, acho, que eu era um "Sobrevivente da Maratona de Boston".

Na verdade, eles já tinham nos visitado antes, na UTI do Centro Médico. Eu estava tão entorpecido naqueles dias, devido aos remédios e às dores, que não me lembro muito bem. Mas com certeza me lembro deles entrando na sala de reabilitação no Spaulding durante uma de nossas sessões em grupo. Acho que todos paramos no meio do alongamento e as bolas medicinais caíram no chão. A minha pelo menos caiu. Sei que entrar em uma sala não parece muita coisa, mas esses soldados perderam as pernas acima do joelho em combate. Eles tinham quatro articulações artificiais, como eu. E entraram em uma sala cheia de gente... com confiança... como se não fosse nada demais.

Era isso que eu queria; ser capaz de andar sem medo nem constrangimento. Até aquele momento, eu nunca tinha visto isso.

Esses soldados visitavam centros de reabilitação, conversando com pessoas que perderam membros, encorajando-as. Era uma conversa motivacional, imagino, mas não era só conversa; eles davam o exemplo.

Quando eles falaram: "Você consegue, Jeff. Você consegue andar", eu acreditei neles. Não acreditei na minha família, nos meus médicos nem nos meus fisioterapeutas. Não completamente. Eu pensava que sim, eu queria acreditar, mas existe uma diferença entre pensar que algo é possível e ver acontecer.

Aqueles dois soldados me fizeram acreditar. Porque eles passaram por aquilo, assim como eu, e caminhavam sem apoio de muletas e sem mancar.

– Dê um ano – um dos soldados me disse. – O trabalho é duro, mas dê um ano, amigo, e lhe garanto que você vai estar andando.

Aquelas primeiras semanas de reabilitação foram confusas. Elas flutuam na minha memória, por causa dos remédios e da dor. Às vezes parece que elas nem mesmo aconteceram. Mas me lembro dessas palavras.

Um ano.

Um ano a partir de agora, pensei mais tarde, sozinho no meu quarto, isso significa a Maratona de Boston de 2014. Eu nunca tive um objetivo. Tive sonhos e expectativas, mas nada específico. Eu estava me esforçando, mas não sabia bem por quê. Então eu enxerguei.

Uma oportunidade de retribuir a Boston.

Uma oportunidade de mostrar aos terroristas, no dia especial da nossa cidade, o que eles tinham conseguido. Nada.

Na Maratona de Boston de 2014 eu iria caminhar.

- 19 -

Durante minha segunda semana em Spaulding, Erin precisou voltar a trabalhar. Seu chefe tinha dito que ela poderia tirar um mês, mas depois de três semanas ele se deu conta de que precisava dela. O departamento estava chegando à conclusão de um projeto de dois anos, que não conseguiria terminar sem Erin, que é uma dessas pessoas que não se percebe o quanto está colaborando até faltar.

Nós nunca conversamos, durante aquelas três primeiras semanas, sobre o que Erin precisava. Nem pensei nisso, e ela não queria me incomodar. Eu não queria que ela voltasse ao trabalho, por razões egoístas. Não sabia explicar por quê, mas tinha medo de ficar sem ela. Pedi para ela ficar comigo, disse que tinha dinheiro suficiente para sustentá-la, mesmo se o hospital a demitisse, graças à generosidade de estranhos.

Ela me disse que queria voltar, que precisava da rotina. O trabalho, ela disse, iria ajudá-la a comer melhor e a regular seu sono. Poderia até retomar seu programa de corrida. Ela se sentia desgastada e fora de forma, e precisava ajudar a si mesma para que pudesse me ajudar. Acho que ela estava tentando convencer a si própria, tanto quanto a mim. Somente mais tarde me contou que chorou quando seu chefe lhe disse que precisava voltar mais cedo, e que passou a maior parte da primeira semana chorando em sua mesa. Ela nunca chorou perto de mim.

Senti sua falta imediatamente. Como eu temia, Spaulding era outra coisa sem Erin. Ela ainda passava as noites comigo, mas era difícil durante o dia. Erin fazia todas as pequenas coisas por mim: pegava a caixa de lenços de papel, o controle remoto da televisão quando eu o derrubava, buscava o violão quando eu queria tocar. Sabia quando falar e quando eu só queria ficar quieto. Sabia que não devia perguntar se eu estava bem ou se queria alguma coisa. Quando mamãe ou tia Jenn me irritavam, Erin punha a mão no meu ombro. Quando a fisioterapia acabava comigo, Erin me ajudava a voltar para a cadeira de rodas. Nós até encontramos um modo de nos deitarmos juntos na cama sem bater minhas pernas. Era gostoso sentir o corpo dela perto do meu. Eu queria sentir isso pelo resto da minha vida.

Erin fazia eu me sentir bem como ninguém mais conseguia. E eu precisava disso, ainda mais nessa época, porque iria encarar o primeiro grande desafio da minha vida pública: um jogo de hóquei do Boston Bruins.

Maio foi um bom mês para os times de Boston. A essa altura tinha ficado claro que o Red Sox não estava uma porcaria, como esperado, que eles não eram os preguiçosos insatisfeitos das duas temporadas anteriores. Eles pareciam empolgantes de verdade outra vez, ainda que acabassem perdendo (inevitavelmente, considerando o banco de reservas) a batalha pelo primeiro lugar para os odiados New York Yankees.

O Boston Bruins, nosso time de hóquei, chegou às finais, e é claro que eu tive que assistir. Arrumei um boné do Bruins e deixei crescer a barba, que não tirei nem para a foto que ilustrou o artigo da revista *GQ*. Erin resmungou a respeito disso – ela não compreendia. Todo torcedor de hóquei sabe que é proibido se barbear durante as finais.

Fazia vinte anos que eu não ia a um jogo de hóquei, porque os jogos eram muito caros, ainda mais se quisesse comprar cerveja, então não estava muito familiarizado com as tradições da arena. Quando o Bruins me pediu para ser o "capitão da bandeira" honorário, tive que perguntar o que isso significava. Eles me disseram que, antes de cada jogo, um torcedor era convidado a descer até o gelo para agitar uma bandeira do Bruins, enquanto uma imensa faixa do time era aberta por todas as seções da arena. Isso animava a multidão e fazia com que todos começassem a vibrar antes da entrada do time. O time queria que eu agitasse a bandeira no segundo jogo da série contra o Toronto.

Você deve estar pensando que fiquei empolgado, não é? Se eu estava disposto a deixar a barba crescer pelo Bruins, claro que eu agitaria a bandeira deles.

Eu recusei.

Sentia dores quando ficava mais de vinte minutos sentado na cadeira de rodas, expliquei a eles.

Eu não tinha como ir ao jogo.

Não saía do hospital desde o atentado.

Tudo isso era verdade. Mas, de fato, tudo se resumia a outra coisa: eu tinha medo. Não gostava da ideia de ficar em público. Eu me sentia vulnerável. Se outro ataque terrorista acontecesse, ou se alguém quisesse me acertar, eu não teria como fugir. Seria um alvo imóvel.

E eu não queria que ninguém me visse. Se as pessoas não me vissem, poderiam pensar o que quisessem de mim: que eu era um herói, ou qualquer coisa. Contudo, eu não era um herói. Era apenas um cara sem pernas numa cadeira de rodas. Por que alguém queria ver isso?

Uma coisa era estar em Spaulding com as outras vítimas. Elas me compreendiam. Podíamos brincar a respeito de tudo aquilo. Mas o que o público sabia? Eles tinham pernas, podiam ir aonde quisessem.

Eu não era mais como eles. E tampouco era como aqueles soldados que foram ao Spaulding. Eu não conseguia entrar num lugar caminhando. Não conseguia nem mesmo ficar de pé. Como poderia inspirar alguém?

– Você não tem que fazer nada que não quiser, Jeff – Erin disse. Ela sempre me dizia isso: *Você não deve nada a ninguém. Você precisa fazer o que for melhor para sua recuperação.*

Eu queria ir ao jogo. Queria ver o Bruins jogar as finais. Eles me ofereceram um assento no camarote VIP.

E não ir... começou a parecer que eu estava amarelando. Não queria me esconder; uma hora teria que sair, falei comigo mesmo, então por que não agora?

– Você vai comigo? – perguntei a Erin.

– É claro.

Isso foi importante, estar com gente em quem eu confiava. Então conversei com o Bruins. Eles me deixaram levar seis pessoas e isso me convenceu a ir. Convidei meu pai, que era o maior torcedor de hóquei que eu conhecia. E o filho dele, meu meio-irmão mais novo, Alan, que estava de folga naquele fim de semana. Eu não o via desde antes do atentado; ele fazia o treinamento básico da Força Aérea quando tudo aconteceu. E como o treinamento básico tem regras rígidas, mesmo ao telefone nos falamos muito pouco. Big D também foi, é claro, além de Sully, Erin e minha prima Mary Kate, filha do tio Bob.

Nós fomos acompanhados por escolta policial do Spaulding até o ginásio TD Garden. A distância era de apenas 1,5 quilômetro, mas o trânsito estava intenso. Fiquei sentado na minha cadeira de rodas, com a camisa do Bruins, olhando pela janela para todos os outros torcedores de preto e dourado. Vi alguns motoristas esticando o pescoço para fora quando a escolta policial os fez sair para o lado, e alguns nos xingaram. Típico de Boston. Embora eu estivesse em uma van para deficientes, devem ter pensado que eu era algum político.

– Não vou entrar no gelo – eu disse.

– Deixe disso, filho – meu pai falou.

Erin apertou minha mão.

– Vai dar tudo certo – ela sussurrou.

Eu tinha dito ao Bruins que isso podia acontecer. *Não saio desde o atentado,* expliquei. *Estou zoado, não posso garantir nada.*

Eles disseram que compreendiam, mas eu sabia que iria decepcioná-los. Tentei racionalizar meu medo, mas quanto mais pensava no ginásio lotado, mais me sentia encurralado. Era como dar um mergulho... na frente de uma multidão... na minha cadeira de rodas. Olhar para a água não iria me ajudar. Eu não me sentia à vontade nem com a ideia de ficar no camarote VIP.

Eu deveria ter praticado antes, pensei. Deveria ter passado algum tempo em meio a pessoas que eu não conhecia, para ver qual seria a sensação. Mas naquele momento eu não tinha como recuar.

– Eu não consigo – insisti. – Vou assistir ao jogo, mas não posso ir lá para o meio.

Nós chegamos ao ginásio e estacionamos perto das docas de carga, ao lado das ambulâncias. Havia uma rampa curta e então ficamos tão perto do gelo que dava para sentir o frio. O pessoal de relações públicas do Bruins estava esperando. Eu tinha dito que não queria imprensa nem entrevistas, de modo que era um grupo pequeno.

– Você está pronto? – eles me perguntaram.

– Vamos lá – eu disse.

Eu ainda não sei por quê. Foi só que... quando entrei no rinque, de repente senti que conseguiria fazer aquilo. Não, que eu *devia* fazer. E, o mais importante, que eu *queria* fazer aquilo.

Eles me deram uma bandeira enorme, com cerca de dois metros. Erin me empurrou até a boca do túnel. Eu conversava com as pessoas do Bruins, tentando não olhar para a multidão do outro lado do gelo. Respire, Jeff, eu disse para mim mesmo. Você consegue.

Então as luzes se apagaram por completo e a música começou a tocar. Eu não conseguia ver nada enquanto Erin me empurrava por um tapete sobre o gelo. Estava muito escuro, até que palavras começaram a aparecer no telão acima de nós:

A esta altura todos conhecem a história inspiradora dele.
Sua perseverança em face de grandes adversidades
representa tudo que tem...
A FORÇA
(*flash, flash*)
DE BOSTON

As luzes do ginásio foram acesas e comecei a agitar a bandeira como louco. E continuei a agitá-la, tentando não olhar ao redor. Eu me senti como se estivesse no fundo do oceano. A multidão emergindo à minha volta, afastando-se de mim e adentrando a escuridão, mas o entusiasmo dela não era assustador, e sim contagiante. Fechei um punho e fiz um movimento de força, e uma vibração imensa me envolveu. Era como estar no palco de um show de rock. Agitei a bandeira o mais alto que pude. Ela se enrolou no mastro, e Erin veio ajudar a desenrolá-la. A multidão não parava. Eles gritavam cada vez mais alto, e eu agitei o punho de novo, com um sorriso imenso no rosto. Normalmente estaria escrito "Bruins" na bandeira. Aquela dizia "Juntos somos mais fortes".

Eles não estavam só vibrando pelo time. Eles vibravam por nossa cidade.

Depois as pessoas foram até mim no camarote VIP, querendo apertar minha mão. Durante o jogo todo, espectadores me deram tapinhas nas costas, contando o quanto se sentiam orgulhosos por mim. Na van, a caminho do ginásio, isso teria me aterrorizado: estranhos, tapas nas costas, uma multidão barulhenta. Mas naquele momento a sensação foi boa. Aquelas pessoas não estavam me encarando. Não tinham qualquer expectativa. Elas só queriam que eu soubesse que se importavam comigo.

- 20 -

Alguns dias depois do jogo, Kevin me levou para almoçar. Ele tinha voltado a trabalhar no Costco, mas ainda falava comigo todos os dias e aparecia com frequência. Essa foi a segunda vez que saí do hospital; acho que Kevin teve que convencer as enfermeiras a me deixar sair. Ele é bom em convencer as pessoas.

Nós fomos ao Flour, um dos restaurantes que tinha dado refeições grátis para mim e minha família enquanto eu estava no Centro Médico. Saí do carro para a cadeira de rodas com facilidade, e o proprietário nos ofereceu um carrinho cheio de comida. Depois, Kevin me levou para cortar o cabelo. Desde que tomei aquele primeiro banho, eu estava odiando meu cabelo. O cabelo enrolado precisava sumir. Eu só tinha permissão para ficar fora por duas horas, mas foi suficiente. Não tinha levado nenhum remédio para dor, e quando voltei ao Spaulding, minhas pernas e costas doíam por ter ficado tanto tempo sentado na cadeira de rodas.

A essa altura eu sabia que receberia alta. A maioria dos pacientes continuava no Spaulding por pelo menos duas semanas depois de receber as pernas artificiais, mas eu já estava em hospitais havia um mês. Eu atormentava meus médicos para me mandarem para casa, e até consegui a ajuda da minha fisioterapeuta, Carlyn. Nos bastidores, Erin também se esforçava para me mandar para casa. Ela sabia o quanto a Ilha dos Brinquedos Rejeitados me afetava. Mesmo em Spaulding, com meus colegas sobreviventes, eu me sentia exposto. Meus médicos concordaram, finalmente, que assim que minha incisão na barriga cicatrizasse, eu poderia passar a ser um paciente externo, desde que concordasse em voltar quatro vezes por semana para fazer fisioterapia.

No meu último dia, Carlyn perguntou se eu queria experimentar um treino especial. Spaulding tinha diversos barcos e caiaques que podiam ser colocados na água na parte de trás do prédio, e Carlyn acreditava que o caiaque seria perfeito para mim.

Então, por volta de 10 horas da manhã, Carlyn e eu entramos em dois caiaques, depois deslizamos para o Rio Mystic. Terapia em barcos é comum em Boston, e pude ver por quê. Tio Bob me levava com frequência em seu barco de pesca no Rio Concord, às vezes navegando até a ponte Old North, onde a primeira batalha da Guerra da Independência foi travada, mas nada se comparava a estar em um caiaque no meio da cidade. O barco deslizava pela água enquanto os armazéns ficavam para trás, e, sem precisar usar as pernas, era quase possível não sentir falta das minhas. Logo chegamos ao porto; eu queria remar ao lado de um cargueiro, mas só havia barcos pequenos na água, naquela manhã.

Depois que chegamos ao porto, continuamos para o sul, na direção do centro da cidade. Não demorou para eu avistar os três mastros e as velas do USS *Constitution*, o navio mais antigo da Marinha dos Estados Unidos, que entrou em serviço em 1794 e, batizado pelo próprio George Washington, tem sido um símbolo de Boston há quase cem anos. Remamos na direção do *Constitution* até ele se agigantar sobre nós e, embora não pudéssemos nos aproximar o bastante para tocá-lo, por causa das barreiras na água colocadas para proteger a embarcação de gente como eu, ainda assim senti como se estivesse tocando a história de Boston.

Deixei Spaulding alguns dias depois, em 17 de maio de 2013, um mês e dois dias depois do atentado. Minha família discutiu durante semanas sobre o lugar para onde eu deveria ir. Meu pai me queria com ele em Nova Hampshire. Tanto tio Bob quanto tia Jenn queriam que eu fosse morar na casa de um deles. Ninguém disse nada, mas todos se preocupavam com minha mãe. Ela estava se virando bem, mas e se acontecesse uma crise? E se eu caísse ou precisasse rapidamente de cuidados médicos? Minha mãe não era boa com crises. E todos se preocupavam em não estressá-la.

Erin não conseguia acreditar que eu tinha sido envolvido naquela discussão.

– Esse drama todo não é bom pra você – ela disse.

Mas aquilo não me afetou. Minha família sempre foi assim. Eles gostavam tanto um do outro que não conseguiam evitar as brigas, e se esforçavam tanto para ajudar que acabavam atrapalhando.

– O que o Jeff quer? – Erin sempre perguntava, sempre que pediam a opinião dela. – Essa é a única coisa que importa. É a vida dele.

Se eu pudesse escolher, e tivesse pernas, teria ido morar com Erin. Mas ela morava no segundo andar de uma típica casa de três andares de Boston, com um apartamento em cada piso. A escada era precária e desnivelada, fazendo uma curva no canto. Eu sabia que nunca mais poderia entrar naquele apartamento.

No fim, não houve nenhum drama. Decidi voltar para a casa da minha mãe por algumas semanas, enquanto eu e Erin estudávamos uma forma de irmos morar juntos. A imprensa adorava noticiar quando um dos sobreviventes deixava o hospital, mas mantive minha saída em segredo. Não houve cobertura da mídia, nem festa, nem despedidas tristes, principalmente porque eu iria voltar quatro vezes por semana para fazer fisioterapia. Tio Bob e tia Cathleen pararam o carro junto à porta, jogaram minha cadeira no porta-malas, e fomos embora, só nos três, com Tim Rohan e Josh Haner, do *New York Times,* seguindo-nos em outro carro.

Cerca de quinze quilômetros mais adiante, tio Bob notou que estávamos sendo seguidos. Eu não aparecia em nenhuma lista de endereços, e estávamos mantendo em segredo o lugar aonde eu iria.

Eu não gostava da ideia de que a imprensa estivesse me esperando, como estava na frente da casa da tia Jenn desde quando ela voltou para casa depois de me visitar no hospital. Não queria me preocupar que algum maluco estivesse fora de casa me esperando com um rifle e pensando: *Esse cara é um símbolo. Se eu acabar com ele, isso vai enviar uma mensagem.*

Assim tio Bob telefonou para um amigo no departamento de polícia de Chelmsford e contou nosso problema. E, tenho que admitir, ele pareceu gostar da conversa.

– Está tudo arranjado – ele falou.

E tinha razão. Pouco antes de entrarmos em Chelmsford, havia uma faixa imensa pendurada em um viaduto: BEM-VINDO DE VOLTA, JEFF. MAIS FORTE COM BAUMAN.

– Sua tia Cathleen nunca soube guardar segredo – tio Bob falou e riu.

Um pouco além da faixa havia uma viatura da polícia. Assim que passamos, a sirene começou a tocar e o carro que nos seguia foi parado. Aparentemente, os ocupantes eram de um órgão de imprensa nacional, e o policial se divertiu interrogando-os, ainda mais quando Tim e Josh passaram por eles.

– Mas eles são do *New York Times* – uma moça que estava no carro reclamou.

– Sinto muito, senhora. Gostaria de poder ajudá-la, mas não posso parar alguém só porque trabalha para o *New York Times*.

O policial os segurou por apenas um minuto, mas foi o suficiente para que conseguíssemos chegar em casa.

-21-

Naquela noite fizeram um evento para angariar recursos para mim no hotel Radisson de Chelmsford. Foi organizado por Sully e sua irmã, um baile com rifa e bebidas pagas, no salão de festas do hotel. O evento aconteceu na noite em que fui para casa por coincidência. Sully e Brooke o planejavam havia um mês. Ninguém – nem meus médicos – esperava que eu fosse para casa tão cedo.

Eu pretendia comparecer. As pessoas ficaram me ligando, e eu dizia que iria para lá. Mas não tinha vontade. Estava me esforçando para ir para casa; foi um momento emocionante quando rodei pela porta e entrei na nossa sala de estar/cozinha. (É um apartamento de três cômodos.) Depois de passar um mês tentando voltar para casa, a última coisa que eu queria era sair.

Eu estava cansado. De verdade. E desse modo, ou de qualquer modo, eu não tinha vontade de ver nenhum conhecido. Havia quatrocentas pessoas no evento, Sully depois me contou. Eles serviram Cerveja Bauman Biônico. Eu precisava ver isso. O rótulo era um retrato do meu rosto no corpo do Homem de Ferro. As pessoas queriam brindar a minha saúde, queriam me cumprimentar; mas quanto mais empolgadas ficavam para me ver, menos empolgado eu ficava para sair de casa.

– Só diga não – Erin sugeriu quando liguei para ela pedindo conselho. – Não tinham mesmo planejado que você fosse.

Mas eu não conseguia dizer não. E quando tentava dar uma indireta – "Estou cansado, amigos" –, eles não captavam a mensagem. Meus amigos não paravam de ligar.

– Estamos com saudade, irmão.

– É uma festa.

– Bauman nunca perde uma festa.

Mais tarde, meu pai apareceu no apartamento. Ele nunca entrava no apartamento da minha mãe, pois sabia que não era bem-vindo. Ele parou na frente do prédio e tentou me convencer a ir.

– Eu levo você – ele disse. – Vai ser fácil.

Ele não compreendia. Nada era fácil.

Afinal, por volta de onze da noite, deitei na minha própria cama pela primeira vez em um mês e tentei, sem sucesso, pegar no sono.

Na manhã seguinte, mamãe ligou para meu irmão Tim, que, havia anos, era encanador. Ele tinha ficado amigo dos Odom no hospital, e o Sr. Odom, dono de uma empreiteira na Califórnia, estava ajudando Tim a conseguir, finalmente, entrar no sindicato dos encanadores. O círculo das gentilezas, sabe. Nunca para de girar.

– Você precisa vir até aqui – mamãe disse a Tim. – Jeff quer tomar banho, mas ele não alcança as torneiras. Ele precisa de uma daquelas duchas de mão.

– Ah, mãe, semana passada eu te falei que ele ia precisar disso. – Era óbvio que Tim não estava se sentindo bem. – Está certo – ele murmurou, quando mamãe insistiu. – Eu vou esta tarde.

– Não, Tim, você tem que vir agora. Seu irmão precisa de você.

Tim apareceu meia hora depois. Estava com uma cara horrível, e mancava. Não conseguia pôr o pé direito no chão.

– Nós fomos ao Hong Kong depois da festa – ele confessou. – Vinnie nos deu bebidas grátis. Para Bow-man, ele disse. O lugar todo brindou a você. Bow-man! Bow-man! Eu tropecei num irrigador ao sair.

– Atirador no telhado! – eu gritei, e imaginei Tim caindo como se tivesse levado um tiro. Ainda digo isso para ele sempre que o vejo. – Atirador no telhado!

Como eu disse antes, nada de bom acontece no Hong Kong.

No dia seguinte, a parte inferior da perna do Tim tinha virado um balão. Acontece que ele tinha quebrado o pé na semana anterior, quando deixou cair sobre ele uma banheira de ferro fundido. Ele piorou a fratura ao tropeçar na frente do Hong Kong.

Mas ele fez um sacrifício por mim, como sempre. Tim instalou a ducha e, naquela tarde, no apartamento da minha mãe, tomei meu primeiro banho sem sentir dor desde que perdi minhas pernas.

***

As suturas que fechavam minhas coxas foram retiradas alguns dias depois.

– Comparado a tudo que você passou, isso vai ser moleza – o Dr. Kalish, meu cirurgião, me disse em uma sala de procedimentos do Centro Médico de Boston.

Não acreditei nele. Minhas pernas estavam com mau aspecto. As suturas não eram feitas de pontos, mas de fios de metal, e a maioria deles estava coberta de massas sanguinolentas que pareciam furúnculos. Cometi o erro de olhar para elas no dia em que voltei para casa. No mesmo instante mandei uma mensagem com fotografias para o Dr. Kalish. Ele respondeu que sim, as suturas estavam infeccionadas, mas que eu não devia me preocupar, porque ele cuidaria disso quando as retirasse.

Na hora de removê-las, ele repetiu para eu não me preocupar, pouco antes de me deixar com uma residente, que, levantando o alicate, sorriu, nervosa, e perguntou:

– Está pronto?

Deitei de costas na maca e olhei pela janela. Uma bandeira americana estava hasteada a meio-mastro. Pensei em Martin, Krystle e Lingzi Lu, que morreram no atentado. E no policial Sean Collier, que estava sentado em sua viatura quando os terroristas chegaram por trás, furtivos, e atiraram nele cinco vezes, duas na cabeça. Perguntei-me se a bandeira estava assim pelas vítimas do atentado, ou se o hospital tinha seguido em frente. Será que outra tragédia tinha acontecido? Ou a bandeira ficava sempre assim? Com certeza, todos os dias morria alguém no Centro Médico.

Enquanto aqueles pensamentos passaram por minha cabeça, eu estava chorando. Rilhei os dentes contra a dor e senti lágrimas rolando pelo meu rosto. Eu queria que a residente acabasse logo, mas às vezes, quando ela puxava com força, eu gritava, o que a fazia parar.

– Oh, tudo bem. Você precisa fazer uma pausa?

Eu negava com a cabeça. O Dr. Kalish veio terminar o serviço. Algumas suturas profundas precisavam de um toque cirúrgico. De acordo com Tim Rohan em seu artigo no *New York Times*, eu choraminguei enquanto o Dr. Kalish puxava os fios através da minha pele. Fiquei observando a bandeira a meio-mastro. Parecia que uma tempestade se aproximava.

Então acabou.

O Dr. Kalish limpou o sangue de seus instrumentos, apertou minha mão e disse:

– Você conseguiu. Espero que não tenha sido muito ruim.

Ou, como Tim escreveu,

"Depois disso, não haveria mais procedimentos. Os médicos não podiam fazer mais nada. As pernas dele seriam assim pelo resto de sua vida. Aprender a andar de novo, e o que acontecesse dali em diante, dependia dele."

Poesia. Pura poesia de botequim. Mas pode guardá-la para o cotovelo de Matt Harvey,[1] amigo.

Eu estou andando.

---

[1] Jogador do New York Mets que teve problemas em um nervo do cotovelo e acabou passando por cirurgia no fim da temporada de beisebol. [N.T.]

ANDANDO

- 22 -

Eu esperava que tirassem minhas medidas para as pernas artificiais no dia em que as suturas foram retiradas, mas depois do procedimento eu estava dolorido e ensanguentado. Então, dois dias depois, minha mãe me levou para a United Prosthetics em Dorchester, um bairro no sul de Boston. A empresa tinha sido fundada em 1914 por Philip Martino, um imigrante italiano que começou como sapateiro. Pelo menos era isso que o site da empresa dizia.

Paul Martino, neto de Philip, me contou uma história um pouco mais comprida. Ele disse que o avô começou a esculpir pernas de madeira em sua cozinha, em 1903. Ele esculpia cada perna à mão para um paciente específico, então envolvia a madeira em couro e colocava uma tira, também de couro, para segurar a peça no lugar. Dois de seus clientes gostaram tanto das pernas novas que os três abriram uma empresa juntos. Depois eles conseguiram um contrato com o governo para fornecer pernas artificiais para os soldados feridos na Primeira Guerra Mundial e se estabeleceram em Boston desde então.

Foi legal ouvir aquele cara falar da empresa. Dava para perceber que ele amava a família e as pernas postiças. Foi mais legal ainda quando ele apontou para uma estante onde havia pernas de pau no estilo pirata, que o pessoal das antigas realmente usava. O escritório não era chique. Ficava numa área industrial desinteressante e parecia uma antiga delegacia de polícia. Mas tinha história. Era como um museu de pernas.

– Esta é sua perna – disse o Sr. Martino. – A Genium.

O Sr. Martino tinha ido ao Spaulding algumas semanas antes para me dar um par de um tipo de meia de malha de algodão, bem apertada, projetada para moldar as extremidades das minhas pernas. Essas meias eram tão apertadas que fizeram algumas suturas entrar na coxa, tornando sua remoção mais dolorosa, mas era um passo necessário. As pernas tinham ficado sensíveis depois de feridas; de outra forma não teriam conseguido aguentar a pressão dos encaixes.

Durante a visita, o Sr. Martino me mostrou a Genium. O fabricante, Ottobock, tinha concordado em doar meu par, e a instalação foi coberta por doações.

– Nós recebemos muitas ligações de cidadãos preocupados – o Sr. Martino me disse. – Eles queriam garantir que o garoto recebesse o que há de melhor. E estas são as melhores.

Na verdade, segurar aquela coisa foi intimidante. A Genium não era de madeira, e tampouco era uma daquelas pernas de plástico, cor da pele, que a princípio não se percebe, mas algo parece estranho e então você olha de novo para conferir.

A Genium parecia uma perna do Exterminador do Futuro. Estou falando daquela parte do primeiro filme, quando se pensa que o Arnold Schwarzenegger foi queimado na explosão do caminhão-tanque, mas aí o Exterminador aparece só com o esqueleto de metal, e o filme mostra as pernas fazendo aquele barulho metálico, como se nada pudesse detê-las. A Genium era de metal e plástico, com articulação de titânio e uma placa de metal que se ligava ao soquete – aquela parte que se encaixaria nas minhas coxas – com quatro parafusos de tamanho industrial. Nada naquilo parecia humano. Ela tinha trilhos de aço e uma haste de metal para ajustar a altura, e também uma coisa que parecia um pistão escondido atrás do tornozelo de plástico, que se movia quando a perna dobrava. Gravado na frente, como a marca em uma bicicleta, estavam as palavras: Sistema Biônico de Prótese Genium.

Minha nossa, pensei. Estas pernas são mesmo biônicas.

E pesadas, pelo menos quando o componente central de quinze centímetros de comprimento estava ligado ao soquete na coxa e ao pé. Tão pesadas que levantá-las com um braço só era difícil.

– A tecnologia foi desenvolvida pelo governo para os soldados durante a Operação Tempestade do Deserto, na Guerra do Golfo – explicou o Sr. Martino. – Ela foi aprimorada durante as invasões do Iraque e do Afeganistão. Muita gente perdeu membros lá. Cada perna custa cem mil dólares, mas o público exigiu o melhor.

E quanto aos outros?, eu me perguntei. As vítimas de acidentes de carro? E quanto a pessoas como Ben, que acordam descobrindo que perderam todos os membros? Ben nunca foi notícia. Quem iria pagar as contas dele?

O Sr. Martino me explicou como as pernas funcionavam. Escutei com atenção, mas não compreendi a maior parte. Entendi que os pistões eram tubos hidráulicos cheios de fluido. A função deles não era erguer as pernas. Eram projetados para diminuir sua velocidade em caso de queda, para você não cair de uma vez e quebrar o cóccix.

– Você está bem? – Erin perguntou, pondo a mão no meu ombro.

– Estou, por quê?

– Você está massageando a coxa de novo.

Olhei para baixo. Eu estava enfiando a base dos polegares nas minhas coxas, empurrando-as até a extremidade das pernas. Era um hábito. Minhas pernas doíam sempre, e massageá-las melhorava a sensação. E também acalmava meus nervos.

Os joelhos, disse o Sr. Martino, continham microchips que controlavam a parte hidráulica. (Pernas de robô!) O microchip processa as informações cem vezes por segundo, através de seis sensores instalados no joelho. Isso não é nem de perto tão rápido quanto nossa medula espinhal processa informações – porque andar e se equilibrar não são funções do cérebro, mas da medula –, mas é mais rápido que qualquer perna artificial anterior. Mais uma vez, toda essa tecnologia não ajuda a dobrar os joelhos ou mover as pernas com maior facilidade.

Isso é responsabilidade dos nossos músculos. Ela foi desenvolvida para manter as pernas e os pés nivelados e equilibrados, principalmente em pisos desiguais.

Eu começava a enxergar um padrão. Aquelas pernas podiam até parecer partes de uma motocicleta, mas não eram o motor. Elas eram o descanso. Tudo era feito para evitar quedas.

– Alguma pergunta?

Só um milhão. Tipo: por que tanta preocupação em me manter de pé? Isso é difícil? Se é uma tecnologia com mais de vinte anos, por que já não é algo do tipo Homem de Ferro?

– Não, eu entendi.

– Ótimo. Então vamos fazer seus soquetes.

O Sr. Martino mediu minhas coxas e então as envolveu em plástico e malha. Cobriu a malha com faixas de gesso, mais ou menos como se faz papel machê para um projeto de ciência na escola. O gesso formaria moldes, os quais seriam usados para moldar soquetes de plástico duro que seriam encaixados bem justo nas minhas pernas. Os moldes precisavam ter o máximo de precisão. As coxas eram os únicos músculos que eu tinha nas pernas; elas precisavam pressionar os soquetes para levantar o resto das pernas. Quanto mais perfeitamente os soquetes se encaixassem, menos esforço seria desperdiçado, e mais confortável o movimento seria.

Eu me recostei, tentando não pensar na complexidade daquilo. Em tudo que podia dar errado. Pensei nos dois soldados que me visitaram em Spaulding. No modo como entraram andando na sala, como se aquilo não fosse nada. No modo como eles falaram:

– Você consegue, Jeff.

Dez meses. Esse era o tempo que eu tinha até a próxima Maratona de Boston. Não tive qualquer dúvida: eu estaria andando até lá.

– Confie na perna – foi o que o Sr. Martino disse. – Você tem que confiar na perna. Essa é a coisa mais importante.

Tudo bem, chefe. Entendi. Estou pronto para começar.

-23-

Demoraria uma semana para meu soquete ser fabricado. Passei a maior parte desse tempo em casa, a não ser pelos meus compromissos. Ainda precisava fazer exames no CMB e fisioterapia no Spaulding. Como eu não podia dirigir, e Erin estava trabalhando, mamãe me levava. Era bom ver todos os meus novos amigos, mas os exercícios eram cruéis, ainda mais porque eu tinha uma nova fisioterapeuta, Michelle Kerr, especializada em próteses. Minha perna esquerda era mais fraca que a direita, o que seria um problema.

– Como eu faço para igualar as pernas? – perguntei para Michelle.

– Você tem que exercitar mais as duas.

Era mais do mesmo: levantamento de pernas, abdominais, flexões de braço. Eu já estava forte o bastante para me manter numa posição sentado com as pernas erguidas, então Michelle me deu uma bola medicinal e me fez virar de um lado para outro, exercitando o abdome. Fiz também bicicleta de braço, uma ergométrica com os pedais no guidão, para desenvolver minha resistência e a capacidade cardiorrespiratória. Amarrei pesos nas pernas e as levantei em todas as direções. Era puxado. Michelle trabalhava com amputados havia anos; ela sabia como forçar. Depois de alguns desses treinos eu não conseguia nem andar, de tão dolorido.

Estou brincando. Eu não conseguia andar de jeito nenhum.

Mas falando sério, eu ficava tão dolorido que não conseguia ficar sentado sem sentir dor. Cerrava os dentes e ficava mudando de posição no caminho todo para casa, tentando não deixar minha mãe perceber o quanto aquilo doía.

Quando eu não estava treinando, ficava no apartamento da minha mãe, tentando dormir. Meu corpo desejava descanso. Ele implorava que eu parasse de me mexer, que só ficasse deitado, melhorando. Mas durante um mês não consegui dormir; meu cérebro estava aceso demais. As enfermeiras me deram Frontal uma vez e eu dormi, mas meia hora depois estava sentado ereto na cama, com os olhos abertos, agitado mas sem reagir. Elas nunca mais tentaram o medicamento.

Em casa continuou a mesma coisa: ficar deitado na cama com a cabeça girando, ou então acordar todo suado, sem saber onde estava. Mas pelo menos em casa eu tinha espaço. Podia ficar sozinho, sem ninguém me espetando ou fazendo perguntas. Na primeira semana eu ficava num estado semiconsciente por horas, tentando permanecer calmo, tentando deixar meu corpo se recuperar. Eu tomava muito remédio para dor, estava fisicamente abatido. Acredito que passava dezesseis horas por dia na cama, embora só dormisse três ou quatro. Eu ficava encarando o teto, pensando: o hospital é passado, Jeff. Você está livre.

Mas não era, e eu não estava livre.

Eu percebia isso assim que os primeiros raios de luz se infiltravam pelas venezianas do meu quarto pela manhã. Meu primeiro pensamento era me levantar e sair andando. Não, eu não pensava nisso. Simplesmente fazia, como tinha feito todas as manhãs durante 27 anos. Então me dava conta de que não havia nada para jogar para fora da cama nem para tocar o chão.

Eu rolava de costas sobre os lençóis suados. Estava sempre suado, não importava quão frio o apartamento estivesse. Eu pensava: *Vá dormir, Jeff. Vá dormir e esqueça tudo isso.*

Meu quarto era um buraco de Hobbit, três metros por três, com apenas uma janelinha. Quando saí para a maratona, estava quase vazio. Roupas espalhadas por toda parte e meu violão encostado no canto, mas fora isso eu tinha uma cama de solteiro, uma cômoda e uma cadeira. Agora me virava na cama e via um quarto cheio de violões, um bandolim, uma pilha de animais de pelúcia e materiais com as marcas Bruins, Red Sox e "Juntos somos mais fortes". Minha cômoda estava cheia de cartas, fotos e cartões. Eu tinha tantas camisetas novas que não cabiam nas gavetas, então as empilhei na cadeira, já que não alcançava os cabides do armário. A ordem era camisetas por cima, shorts por baixo, meias na gaveta. Eu tinha um sistema. Não quero que você pense que eu era desleixado.

Tenho que levantar, eu pensava. Preciso seguir em frente.

Eu não conseguia fazer abdominais em casa. Era difícil descer para o chão, e de qualquer modo não sei se haveria espaço suficiente. Mas eu fazia alongamentos, exercícios para os braços e o tronco.

Depois, ia com a cadeira de rodas até a sala de estar, onde encontrava minha mãe, sentada à mesa onde ela deixava seus porta-retratos. Eles exibiam Derek e eu em um jogo do Red Sox, quando eu tinha seis anos. Eu com meu uniforme de hóquei no fundamental. Cabeção no primeiro ano de escola. Meu retrato no ensino médio; um daqueles descontraídos em que apareço de jeans e camisa para fora da calça. Por algum motivo, não estou calçando meias nem tênis. Era um lembrete de que, não muito tempo antes, eu tinha pés.

Mas agora, por trás das fotografias de sempre, havia um porta-retratos enorme com uma foto de "melhoras", assinada por todos os empregados da minha loja Costco. Cartões eram arrumados em cada espacinho disponível. Debaixo da mesa, pilhas de presentes, como cobertores feitos à mão e um amplificador de guitarra laranja, e recordações, como as duas pranchas de madeira que eu usava, no hospital, para chegar à cadeira de rodas. Fazia semanas que eu não as usava mais, mas minha mãe não conseguia se desfazer delas.

Em um canto, três sacolas de supermercado cheias de cartões e cartas.

– Isso não é tudo – mamãe disse. – Tem mais na casa da sua tia Jenn. Nós estamos organizando e guardando tudo, para quando você estiver pronto.

Mamãe ainda estava de licença no trabalho, ainda tentando cuidar de mim. Eu não gostava de ser cuidado, mas havia muitas coisas que não conseguia fazer. Não alcançava a prateleira de cima da geladeira; não conseguia pegar coisas no fogão. O espaço fora do meu quarto era apertado, e às vezes eu precisava de ajuda para fazer minha cadeira passar. O hospital tinha enviado terapeutas ocupacionais para me mostrar como arrumar o apartamento e fazer as tarefas do dia a dia, mas depois de duas visitas pedi que eles não voltassem mais. Era um desperdício de dinheiro. Eu e minha mãe podíamos fazer isso sozinhos.

Então mamãe passava a maior parte do dia fazendo coisas para mim ou me ajudando em tarefas simples. Nós não conversávamos muito, o que não era novidade. Eu sempre guardei minhas emoções. Em vez de tagarelar – em vez de lidar com a situação dessa forma –, minha mãe lia a correspondência. Ela guardava as cartas especiais para me mostrar e prendia as especiais de cada dia na porta da geladeira. Com frequência, essas eram as que a faziam chorar.

– Por que você faz isso consigo mesma, mãe?

– Porque eles se deram ao trabalho, Jeffrey.

E porque elas a deixavam feliz. Mesmo chorando.

Às vezes me sentia mal de não ler todas as cartas. Elas foram uma parte importante da minha recuperação. Saber que tanta gente se importava comigo me deixava mais forte e me motivava.

Mas ler as cartas também me causava uma sobrecarga emocional. As pessoas escreviam para me dizer que batizaram seus treinos físicos com meu nome, ou que eu as ajudei a lidar com sua tristeza decorrente de uma tragédia pessoal, ou que uma cidadezinha de Wisconsin se sentia mais segura por minha causa.

Como era possível? Eu não me sentia mais seguro.

Alunos do ensino fundamental me faziam desenhos. Crianças da pré-escola escreviam histórias a meu respeito. A mulher do Tim, Erika, era professora de pré-escola em Lowell, e a sala dela fez uma grande faixa. Cada criança me escreveu uma mensagem pessoal. Ela disse que isso ajudou as crianças a compreenderem o atentado e a sentirem menos medo.

Eu queria mandar um PlayStation para todas elas. Queria mesmo. Sentia necessidade de retribuir tudo aquilo. Mas entendi, então, o que minha mãe me disse no hospital, que não era possível. Eu não tinha como retribuir a cada um que tivesse me dado algo.

Então, por favor, se você me escreveu e nunca teve resposta, saiba que adorei as cartas. Elas me motivaram quando eu não queria sair da cama. Mais do que isso, as cartas ajudaram minha mãe.

Ela tinha passado por um inferno. Ela viu o filho com as pernas destruídas e passou um dia inteiro achando que eu poderia morrer. Ela ficou sentada dias no meu quarto de hospital, depois foi para casa e passou horas sozinha em seu apartamento, exausta e com medo. Mas ela foi forte. Nunca cedeu ao desespero. Ela chorou e se preocupou, mas sempre acreditou que o guerreiro em mim venceria.

Não estou dizendo que a preocupação do irmão e das irmãs dela era injustificada. Mamãe era frágil; passou por dificuldades. Ela bebia, às vezes demais. Quando estava sóbria, eu a amava. Ela é uma boa pessoa.

Mesmo depois de beber demais, mamãe nunca foi má. Ela ficava *emotiva*. Era como se não conseguisse conter suas decepções e tivesse que manifestá-las, com raiva e lágrimas. Precisava me dar conselhos e dizer o que eu devia fazer. Ela não me insultava, mas me dava uma canseira. Mamãe queria, tão desesperadamente, que eu fosse feliz, que tivesse sucesso, que não conseguia se segurar. Para ser honesto, embora vivêssemos juntos havia anos, não nos víamos muito. Mamãe trabalhava durante o dia, e à noite eu tentava ficar fora com amigos e parentes.

Mas nas semanas seguintes ao atentado, mamãe ficou longe do vinho. Ela não se afundou em autopiedade. Pequenos contratempos podem ser intoleráveis, mas grandes desastres... muita gente, assim como mamãe, encontra força nesses momentos.

E ela tinha as cartas.

Que não eram para ela. Se mamãe algum dia recebeu uma mensagem de agradecimento, ou de encorajamento, nunca me mostrou. Ela não ligava. Durante toda aquela provação, ela nunca pediu nada. As pessoas em Concord, Nova Hampshire, doaram material e mão de obra para remodelar a casa do meu pai. Elas construíram uma varanda acessível, um novo dormitório no térreo e até mesmo uma nova cozinha. Mamãe ganhou uma rampa de meio metro e uma porta de banheiro mais larga.

Acho que ela consideraria qualquer coisa além disso um insulto. O quê? Você está dizendo que o apartamento que passei vinte anos servindo mesas em turno dobrado para pagar não é bom o bastante?

Quando eu disse que queria comprar algo para ela com as doações, mamãe recusou.

– Esse dinheiro é para você e Erin – ela disse. – Para suas despesas médicas. E para seus filhos. Desde que você esteja bem, Jeffrey, eu não me importo de morar em um saco de papel.

Fui até a geladeira e peguei uma garrafa de vinho Cavit.

– Aqui está – eu disse, entregando para ela o saco de papel em que mamãe deixava o vinho.

Não me entenda mal. Mamãe me deixava louco. Ela ficava preocupada e me tratava como criança. Eu tinha a impressão de que ela batia na minha porta a cada meia hora.

– Jeff, você está bem?

– Estou, mãe – *estou deitado na minha cama, massageando minha coxa, esperando que esta dor de enlouquecer saia dos meus músculos, mas estou bem.*

Acho que estou tentando dizer que... quando precisei dela, mamãe estava lá. Durante minha vida toda, foi ela que esteve presente para cuidar de mim. E não sei se já disse para ela, mas eu a amo por tudo isso. Eu a amo por ela ser quem é.

Então, obrigado, mamãe.

Nós conseguimos. Juntos.

-24-

O Red Sox tinha me ligado com semanas de antecedência para combinar meu arremesso da primeira bola de um jogo. Digam o que quiserem do time os que não gostam, mas eles assumiram o papel de time de Boston e dedicaram aquela temporada a homenagear os socorristas e as vítimas do atentado. Heather Abbott, ferida na explosão, foi a primeira a jogar, no começo de maio. Sete membros da família de Sean Collier, o policial morto na quinta-feira após o atentado, encerrariam os tributos no fim de agosto.

Fiquei entre essas duas datas. Eu precisava estar bem cicatrizado para conseguir arremessar sem dor, então combinamos 28 de maio – um pouco mais de seis semanas após o atentado. Àquela altura, o time tinha problemas no elenco. Dois jogadores estavam contundidos e haviam promovido um japonês de 38 anos a fechador. Acho que a torcida estava esperando que o time despencasse na tabela, mas 28 de maio acabou sendo o dia em que o Sox ultrapassou de vez o Yankees.

Big D e eu saímos na manhã do jogo para praticar arremessos no estacionamento do prédio da minha mãe. Fazer o primeiro arremesso de um jogo é uma grande tradição do beisebol, quero dizer, é o tipo de coisa que os presidentes dos Estados Unidos fazem. Contudo, eu tinha visto muita gente estragar a ocasião para saber que não era tão fácil quanto parecia. Ainda mais em uma cadeira de rodas. Felizmente, eu tinha descoberto como me virar no ângulo certo para conseguir o máximo de velocidade antes de perdermos a bola nos arbustos de hera venenosa.

Big D, tem um limite dentro do qual consigo alcançar a bola, mano. Não me faça pular para um arremesso alto.

O Sox disse que eu podia convidar quantas pessoas quisesse, então estávamos em oito, esperando do lado de fora do prédio da minha mãe quando a limusine do time encostou. Eles trouxeram uma camisa do time personalizada, com "Bauman" escrito nas costas, que vesti no mesmo instante. Por baixo, de modo que ninguém podia ver, eu estava com uma camiseta do Capitão América que alguém tinha me dado.

Pegamos tráfego na ida e acabamos chegando atrasados. Funcionários do Red Sox nos levaram correndo do estacionamento dos jogadores até a área de zeladoria, perto da linha da primeira base. Ouvi os cliques das câmeras e vi torcedores, que pegavam seus cachorros-quentes e suas cervejas, pararem de repente. Alguns começaram a aplaudir.

– É isso aí, Jeff – alguém disse.

– Obrigado – outros gritaram.

Acenei para eles enquanto entrávamos. Na beira do campo, Carlos Arredondo esperava com seu característico chapéu de caubói, acompanhado de uma equipe de segurança. Ele sorriu quando me viu e foi me dar um abraço. Essa foi a primeira vez que aparecemos juntos em público, embora eu já o tivesse visto diversas vezes no hospital. Ele estava bem com sua camisa do time, o nome "Arredondo" nas costas – sorrindo, amistoso, apertando a mão de todo mundo. Carlos tinha recebido muitas críticas da imprensa por aparecer tanto em público desde o atentado, mas como observou Mel, a mulher dele, havia anos que Carlos vinha fazendo manifestações públicas em apoio aos soldados. Era o que ele fazia da vida. A diferença é que agora havia mais imprensa cobrindo essas manifestações.

Essa foi apenas minha segunda vez em público, e a primeira com Carlos, então o Sox transformou aquilo em um grande evento – "o herói com seu herói". Eles tinham me perguntado se havia alguém para quem eu queria arremessar, então é claro que escolhi meu herói pessoal, o maior arremessador da história do Red Sox, Roger "The Rocket"...

Não. Fala sério.

Eu queria Pedro, o maior arremessador de todos os tempos do Red Sox. No fim da década de 1990, começo da de 2000, quando eu era adolescente, Pedro Martinez foi, sem dúvida, o melhor arremessador do mundo. Ele foi o astro do time durante as vacas magras, e continuava sendo quando o Red Sox enfim ganhou a World Series pela primeira vez em 86 anos, em 2004. Tio Bob tinha ingressos para toda a temporada nesse ano, e eu e Big D estávamos lá no Jogo 4, quando o Sox empatou na nona entrada, e Big Papi acertou o *home run* que ganhou o jogo na décima-segunda, dando início à maior volta por cima da história do beisebol.

Pedro estava aposentado, mas ainda trabalhava para o time. Infelizmente, ele estava fora da cidade naquele dia, então tive que me contentar com minha segunda escolha, Jarrod "Salty" Saltalamacchia, o primeiro *catcher* do Red Sox. Salty não era um dos melhores jogadores do time. Na verdade, àquela altura, ele só mantinha a posição porque David Ross estava contundido. Contudo, ele gostava de revirar a terra, era um batalhador, sempre se esforçando e estudando as jogadas. Era o meu tipo de jogador, embora nunca tenha sido meu favorito.

O motivo de eu o ter escolhido é que ele foi ao hospital após o atentado. Eu participo de eventos beneficentes o tempo todo, e é engraçado como se vê sempre as mesmas pessoas. Shawn Thornton, do Bruins. Jenny Dell, a jornalista de campo da estação local. Clay Buchholz e Salty, do Sox. Quando se conhece as pessoas, dá para saber se elas são verdadeiras. Salty era. Se aquele time do Red Sox era construído na base do caráter, como todos diziam, então era construído por jogadores como Salty. Ele não era um astro, mas era um cara bom.

– É ótimo ver você de novo, Jeff – ele disse quando o encontrei no campo.

Carlos tinha escolhido Big Papi, então apertei a mão dele também.

Foi surreal. Nós estávamos no campo do estádio Fenway, conversando com Salty e Papi enquanto milhares de pessoas aplaudiam. Milhares. Eu não achava que aquilo podia melhorar, até que alguém se aproximou por trás e me deu um tapinha no ombro.

Eu me virei. Era Pedro.

– O que... o que você está fazendo aqui? – consegui dizer.

– Vim para ver você, camarada – ele disse.

Nós começamos a conversar. Pedro era engraçado, do mesmo modo que sempre apareceu na televisão. Eu estava muito nervoso, mas conversar com ele me acalmou. Pedi um conselho sobre o meu arremesso, e ele me mostrou como segurar a bola para arremessar uma bola rápida como ele. Então me mostrou sua bola lenta.

Alguém veio e disse que estava na hora. Eu olhei para cima e vi que Pedro e eu estávamos rodeados por câmeras. Eu estava perto da cerca e reparei que as pessoas da fileira da frente estendiam as mãos para mim. Queriam meu autógrafo. Comecei a assinar o mais rápido que podia, tentando conversar com todo mundo, e lembrei de levantar o rosto, que estava com um grande sorriso, e vi Erin me fazendo um sinal de positivo.

Talvez as pessoas se lembrem de terem me encontrado. Espero que sim. Porque sabe do que eu me lembro? De encontrá-las. Lembro de vê-las muito felizes, principalmente as crianças. Eu teria distribuído autógrafos o dia todo.

Infelizmente, estava na hora de arremessar. "Prepare-se", eu disse para Salty enquanto ele corria para sua posição. Esse foi outro motivo para que eu o escolhesse. Como *catcher*, é função dele fazer com que os arremessos pareçam bons. E eu queria toda a ajuda que pudesse ter.

Mas não precisei. Assim que fomos apresentados, o público ficou de pé, agitado. Enquanto Carlos me empurrava até o meio do campo, o barulho foi aumentando. Eu apontei para Carlos, *esse é o cara*, e o estádio entrou em erupção. Era como um *home run* com as bases lotadas. Eu fiz a contagem regressiva com a mão esquerda. "Três, dois, um" e jogamos. Carlos não estava perto de mim, mas a cerca de um metro de distância. Não ajudou muito o fato de Papi deixar a bola cair.

Salty mal teve que mover a luva. Acertei no limite da zona de *strike*.

No vídeo, dá para me ver gritando "Strike!", com um sorrisão no rosto. Minha parte favorita, contudo, é quando o narrador da TV para de falar de repente e exclama: "Uau, belo arremesso de Jeff Bauman. De uma cadeira de rodas". Ele parece surpreso de verdade.

Depois, fomos levados até o local que o Red Sox tinha reservado para nós. Havia muita gente falando comigo, gritando "Juntos somos mais fortes" e "Estamos com você, Jeff". Big D foi empurrando a cadeira, para que eu pudesse apertar o máximo de mãos que conseguisse, e acabamos nos perdendo. Estávamos no meio de uma multidão, quando pensamos estar indo para uma rampa que levava à nossa seção. Na verdade, estávamos nos dirigindo a uma escada rolante. De repente, fomos engolidos e todos empurravam para a frente, não havia espaço para voltar. Quando tentamos sair para o lado, a coisa toda emperrou. Torcedores mais atrás começaram a gritar: "Vamos lá" e "O que está acontecendo aí na frente?".

Esse era meu pesadelo: o inválido na escada rolante. Mas antes que eu pudesse dizer qualquer coisa, Tim e Big D levantaram a cadeira e subiram na escada, segurando-me entre eles. Deu para perceber a gritaria diminuindo quando as pessoas perceberam qual era o problema, e acho que ouvi alguém na multidão dizer: "É o Jeff Bauman", mas não tenho certeza, porque me afastei o mais rápido que pude assim que chegamos ao alto.

Passei o resto do jogo entre minhas melhores pessoas, Carlos e Erin, com uma cerveja na mão. Tive a sensação de que centenas de fotos foram tiradas; todo mundo queria uma foto. Nós recebemos rodadas de comida e rodadas de bebidas, até que meu amigo Blair – aquele com quem eu ia a shows nos bares de Lowell – ficou tão bêbado que o barman se recusou a servi-lo. Nós todos tivemos que deixá-lo beber do nosso copo para ele parar de reclamar.

Depois do jogo, descemos até o estacionamento dos jogadores, onde o carro estava à nossa espera. Eu estava chegando no carro quando ouvi:

– Ei, amigo! Espere!

Era Pedro. Ele disse que queria uma foto, então eu e Carlos posamos com ele. Meu amigo Blair também tentou sair na foto.

– Eu acho que ele bebeu cerveja demais. – Pedro riu.

Nós conversamos por quase trinta minutos, enquanto torcedores nos níveis acima gritavam na nossa direção. Pedro conversou com Big D, Tim e todos os outros, inclusive Blair. Quando entramos no carro, Pedro nos acompanhou, como se estivesse indo para casa conosco.

– É isso aí, Pedro – eu disse. – Vamos cair na farra.

Ele riu e apertou minha mão. Nós fizemos um tipo de aperto de mão especial.

– Foi ótimo conhecer você, meu amigo – ele disse.

Ei, Pedro, cara, você não sabe como foi especial. Você não faz ideia.

- 25 -

Na manhã seguinte, recebi minhas pernas. Parte de mim gostaria que este livro fosse mais parecido com um filme, ou com o jogo de videogame Battlefield 4. Eu gostaria que esta cena fosse um *close-up* de um colete à prova de bala sendo vestido, com o fecho sendo apertado. Então, os pentes de bala extras, a faca serrilhada, as granadas de atordoamento. Veem-se duas mãos pegando um fuzil de assalto e encaixando um pente, então a câmera se afasta e veem-se dois olhos, pontos brancos em um rosto coberto de pintura de camuflagem. Algo do tipo: *Vocês jogaram bombas em nós, filhos da puta, e agora é nossa vez.*

Não quero isso para o mundo real. Não quero ninguém sendo bombardeado nem equipes da SWAT derrubando portas. Isso só resultaria em algum garoto, do outro lado do mundo, também perdendo suas pernas, e ele não teria as vantagens que tive. Provavelmente nunca andaria de novo.

Mas é como aquele filme *8 Mile: Rua das ilusões*, que termina com o Eminem voltando a trabalhar... numa fábrica! Não seria melhor se a ilusão fosse outra, e envolvesse fazer picadinho de zumbis com uma motosserra?

Essa seria uma boa história.

Mas vamos ver como a história de fato se desenrolou: eu me sentei na cadeira de rodas, em uma salinha de exames, em um edifício comum em Dorchester. Levantei a perna, coloquei na extremidade uma meia que desenrolei até o alto da coxa. Então pus o revestimento, um tecido fino projetado para aderir ao soquete, e o desenrolei do mesmo modo.

Então peguei a perna artificial. Pus o soquete, uma peça de plástico grande, com o formato da coxa, na ponta da perna. A pintura não era camuflada nem preta. Talvez essas opções existissem, mas eu teria escolhido uma estampa psicodélica. Movimentei os quadris para puxar o soquete até o alto da coxa, com cuidado para que meus músculos não doessem. O encaixe era bem justo, mas tinha que ser: qualquer espaço livre diminuiria a eficiência e poderia provocar lesões. Então fiz o possível para encaixar tudo, levando a borda superior na direção dos países-baixos, até eu sentir a ponta sensível da minha perna encostando na parte de baixo do soquete. Então apertei mais um pouco, peguei o velcro na parte de baixo, puxei-o bem e o prendi na lateral do soquete. Com um pouco de boa vontade, acho que o movimento é similar a carregar uma bala num rifle, mas a sensação não foi essa.

Eu tinha imaginado esse momento mais ou menos como no filme *Elysium,* quando Matt Damon tem todas aquelas partes de metal e é meio biônico. Mas não me senti um Matt Damon. Eu me senti um manco.

O Sr. Martino verificou as pernas. Não sei muito bem o que ele fez ali, mas havia parafusos para apertar e componentes eletrônicos para ajustar. Depois de um tempo, saí com a cadeira de rodas da sala de exames para um corredor com uma barra em cada parede. Segurei nas barras, e o Sr. Martino e seus assistentes me ajudaram a ficar de pé.

Uau, que sensação, ficar de pé. Eu me senti alto. Fazia meses que eu via o mundo do ponto de vista de um garotinho; naquele momento, me senti adulto novamente. Eu me senti firme. É o que me lembro: senti-me firme em minhas pernas. As condições eram ideais: técnicos me ajudaram a levantar, eu tinha barras para me segurar, pessoas estavam com as mãos nos meus quadris, caso eu escorregasse.

Mas nada disso tirou a força daquele momento. Eu não esperava me sentir tão bem.

– Alguma dor? – o Sr. Martino perguntou. Ele estava agachado atrás de mim, examinando minhas pernas.

– Um pouco, na parte de baixo.

Ele ajustou.

– E agora?

– Está pinicando.

– Isso vai acontecer. – Outro ajuste. – Você vai se acostumar. O revestimento deve proteger sua perna. Ele está friccionando sua coxa?

– Deveria?

Minhas pernas doíam, não dava para negar isso; mas era uma dor persistente, do tipo com o qual eu tinha aprendido a conviver nas últimas seis semanas. Baixei os olhos para meus pés. O metal desaparecia dentro de tênis pretos novinhos.

Olhei para a frente e vi meu reflexo no espelho. Dava para ver as pernas saindo dos meus shorts. As coxas pareciam enormes, mas a parte de baixo das pernas era muito fina. Eu estava me segurando com meus braços e parecia forte. Forte de verdade.

– Como você está se sentindo? – perguntou o Sr. Martino. Ele estava atrás de mim, fazendo outro ajuste.

– Eu me sinto bem – respondi.

Soltei as barras, só por um instante. Eu estava firme.

– Você viu isso? – perguntei para Erin, que, às minhas costas, se esticava para enxergar.

– Vi o quê?

Levantei as mãos de novo.

– Não! Cuidado.

Pus minhas mãos nas barras. Erin deve ter se aproximado de mim, porque senti seus braços ao redor da minha cintura, e depois o rosto dela no meu pescoço. Ela tinha me beijado.

– Está doendo?

– Nem um pouco.

Mamãe pegou a câmera. Erin recuou um passo, e me ajeitei lentamente sobre minhas coxas, até sentir que meu peso estava alinhado e eu, no controle. Olhei para a frente, sorri e, devagar, levantei minhas duas mãos até a altura dos ombros. Mamãe tirou uma foto.

Baixei as mãos e, sem pensar antes de agir, dei um passo com meu pé direito. Pude ouvir as exclamações mudas das pessoas.

– Jeff...

Levantei o pé esquerdo e o joguei lentamente para a frente. Eu fitava meus pés, concentrado. Coloquei então o pé direito à frente e parei para recuperar o fôlego. Senti o suor escorrendo pelo rosto. Minhas costas inteiras estavam molhadas. Aqueles passos estavam exigindo mais esforço do que eu me dava conta, mas eu não iria desistir. Ajeitei o corpo e dei mais um passo. Então levantei os olhos, vi Erin e sorri.

Mamãe mantém a fotografia desse dia na porta da geladeira de casa. É a foto favorita dela, porque é o retrato do triunfo. Ela mandou fazer três mil cartões com essa imagem e a envia para as pessoas que escrevem ou me mandam presentes. Saudações de Boston, Mass., está escrito na frente da minha camiseta.

Obrigada, mamãe escreve no verso.

- 26 -

Boston tinha se mobilizado pelas vítimas do atentado à maratona. As pessoas criaram slogans e pulseiras; fizeram sites e páginas no Facebook. A torrente de apoio vinda de todo o mundo foi tão generosa, e tanta gente começou arrecadar dinheiro, que o Estado de Massachusetts e a cidade de Boston criaram um fundo beneficente, o One Fund, para organizar as contribuições. O dinheiro levantado seria dividido entre as vítimas do atentado, com base na gravidade de nossos ferimentos. O principal evento para arrecadar contribuições foi o show "Boston: Juntos somos mais fortes", em 30 de maio – o dia seguinte ao que recebi minhas pernas –, no qual se apresentaram algumas das maiores bandas da história de Boston: Aerosmith, J. Geils Band, New Kids on the Block.

James Taylor, que morava em Brookline, e era uma das atrações principais, me convidou para seu ensaio de véspera, que era para ter acontecido no TD Garden, mas o Bruins estava competindo para chegar às finais da Stanley Cup, e o local estava reservado. Então, depois que terminei de praticar com minhas pernas (eu as deixei na United Prosthetics por mais dois dias, para ajustes finais), Kevin pegou Erin e eu e nos levou para a House of Blues, em frente ao estádio Fenway, onde James Taylor e sua banda ensaiavam.

Eu não sabia, mas esse convite foi resultado de semanas de trabalho. Menos de uma hora depois da nossa conversa sobre James Taylor, na minha primeira semana no hospital, Kevin ligou para os compradores de entretenimento na sede do Costco em Seattle – Pennie Clark Ianniciello, Stacy Thrailkill e Judith Logan –, que trabalharam com a gravadora do James Taylor no passado.

– Vocês acham que James poderia aparecer para dar um alô para o Jeff? – Kevin perguntou para os colegas. – Seria um grande estímulo para ele e a namorada.

Em menos de 24 horas, Ellyn Kusmin, assistente de James Taylor, ligou para Kevin. O Sr. e a Sra. Taylor estavam acompanhando a história; eles ficariam honrados de me visitar. Kevin trabalhou semanas para coordenar a visita, mas havia muito movimento, o tempo todo, no hospital, e não haveria oportunidade de uma visita discreta. Então o show foi organizado, e Ellyn disse a Kevin que James Taylor tinha "planos maiores que uma simples visita ao hospital".

Se eu soubesse essa parte da história, teria ficado mais empolgado. Eu provavelmente deveria estar mais empolgado de qualquer maneira, mesmo sem saber dos detalhes. Mas resmunguei o caminho todo até a House of Blues. Tentei desistir mais de uma vez.

Eu estava cansado. Absolutamente exausto. O jogo do Red Sox foi minha maior saída desde o atentado, e tinha acabado comigo. Depois recebi minhas pernas e fiquei de pé por meia hora, e andei quatro passos.

Eu sei que isso não parece muita coisa. Fiquei numa cadeira de rodas conversando com estranhos. Fiz um arremesso, *estando sentado*. Dei quatro passos. Quatro!

Eu sei que parece fácil. As pessoas me veem sorrindo e apertando mãos, e pensam que não é tão difícil assim o que Jeff tem passado. Ele parece estar se divertindo. Nós nunca o vemos triste.

Mas não é assim. De jeito nenhum.

Não estou dizendo que eu estava fingindo. Claro que não. Adoro ver as pessoas de Boston, e saber que estou retribuindo de alguma forma faz com que valha a pena estar vivo. Mas eu preciso de horas para me preparar para um evento. E há sempre uma dúvida esmagadora. Eu fico deprimido. Normalmente, quando chego, fico arrasado, não quero sair do carro. Erin ou Big D precisam me convencer. Depois, quando a adrenalina do evento desaparece, eu me sinto tão esgotado, física e emocionalmente, que só quero ficar enrolado como um tatu.

Primeiro, o jogo do Red Sox. Depois, a United Prosthetics. Principalmente a United Prosthetics. Foram só quatro passos, eu sei, mas acho que nunca fiquei tão cansado. A última coisa que eu queria era passar outra noite com uma multidão, apertando mãos e sorrindo.

Então cheguei à House of Blues, e o local estava... vazio. O espaço é enorme e não havia ninguém lá, a não ser por um técnico de som em sua mesa e a banda de James Taylor no palco, tocando seus instrumentos.

Ellyn, a assistente de James Taylor, veio nos receber à porta. Ela colocou Erin e eu no meio da sala, bem na frente da mesa, onde o som era melhor. O técnico de som se aproximou e conversamos por um minuto, depois James Taylor apareceu e começou a tocar. Foi difícil ouvir com clareza no começo, por causa dos buracos nos meus tímpanos. O som ecoava no salão vazio, e eu não conseguia nem distinguir a voz suave de James Taylor das distorções e das batidas.

Então ele tocou os acordes iniciais de "You've Got a Friend" (Você tem um amigo), as notas começaram a fazer sentido, e os ecos, a diminuir. Durante o resto do ensaio, ficamos eu e Erin, sozinhos à frente da mesa de som, com James Taylor cantando só para nós. Eu pus meu braço ao redor dela, e ela deitou a cabeça no meu ombro. Pensei em nossos filhos, correndo, no futuro, com pernas de pau. Esse foi nosso primeiro encontro desde o atentado.

Depois da apresentação, James Taylor desceu para falar conosco. Ele conversou com Erin, e então ela se afastou e ficamos só eu e ele. Conversamos sobre meu arremesso no jogo do Red Sox e minhas pernas novas. Ele perguntou quais eram meus planos para o futuro, e respondi que não tinha nenhum, que no momento estava preocupado em voltar a andar.

Então ele me falou de sua vida, de como não teve sucesso em Nova York, e de sua mudança para Londres, onde fez uma audição para George Harrison e Paul McCartney, que pensavam em contratá-lo para a gravadora deles.

– Ouvi dizer que você toca violão – James Taylor disse.

– Eu sei tocar alguns acordes.

Ele foi até o palco e voltou com um de seus violões, um Yamaha. Era o mesmo que eu tinha comprado para mim naquele Natal, apenas seis meses atrás, mas naquele momento parecia fazer uma eternidade.

Fiquei preocupado. Pensei que ele iria me pedir para tocar com ele, mas do modo que minhas orelhas zuniam, eu não ia conseguir ouvir as notas.

Em vez disso, ele tirou uma caneta permanente e escreveu no violão: *Jeff: Siga em frente... James Taylor.*

– Obrigado – eu disse, quando ele me entregou o violão. Nós conversamos sobre tocar na varanda em um belo dia de verão, e sobre como era divertido tocar com nossos irmãos. Livingston, o irmão de James, era professor na faculdade de música Berklee, em Boston, e também um guitarrista dos bons.

Ele perguntou das minhas despesas médicas. Respondi que tinha um bom seguro-saúde, mas além disso não sabia, porque ninguém tinha me mostrado nenhuma conta. Mamãe estava cuidando disso para mim, através de um fundo em meu nome que tio Bob tinha ajudado a constituir. Ninguém podia tirar dinheiro desse fundo, nem mesmo eu, sem autorização dos administradores.

– Eu aposto que você recebe muitas doações – ele disse.

Olhei para o chão. O assunto me deixava constrangido.

– É, recebo bastante – eu disse. – Ganho dinheiro o tempo todo. – Massageei as coxas, meu novo hábito nervoso. – Acho que vou precisar.

– Não se sinta mal com isso, Jeff – ele disse. – Relaxe e deixe que as pessoas o ajudem. Isso as faz se sentirem bem.

Eu não entendi. E na verdade ainda não entendo.

– Sim, senhor – eu disse.

James Taylor riu.

– Não precisa me chamar de senhor.

Ele me convidou para a passagem de som no TD Garden, na manhã seguinte, e perguntei se podia levar minha mãe. Ele disse que sim, mas mamãe desistiu no último minuto, e Erin tinha que trabalhar, então só Kevin e eu ouvimos as bandas passando o som. Músicos e técnicos vinham até nós, diziam olá e batíamos um papo. Carole King se juntou a James Taylor no palco para "You've Got a Friend". Quando chegaram ao coro, James Taylor sorriu e apontou para Kevin e eu.

– Acho que essa vai ser a nossa música – Kevin disse.

– Com certeza, Kevy – eu ri. – Com certeza.

Depois James Taylor veio ficar conosco de novo e puxou uma cadeira para sentar ao meu lado. Ele andava com uma bengala – talvez tivesse passado por uma cirurgia, não sei. Nós conversamos por um minuto, então alguém disse, alto: "Arreda pra lá, James". Ele começou a se levantar, mas as cadeiras tinham assento retrátil, como as de um cinema, e alguma coisa aconteceu. Antes que pudéssemos fazer qualquer coisa, ele foi parar no chão.

– James – o outro gritou, aproximando-se. – O que aconteceu, James? O que está fazendo aí no chão?

Era Jimmy Buffett.

Ele ajudou James Taylor a voltar para a cadeira e verificou se estava tudo bem, depois se voltou para mim.

– Dá para acreditar que perdi uma pescaria nas Bahamas para isto? – ele disse sorrindo.

Eu vi, então, como eram as duas personalidades. Dois homens que tentavam me ajudar, cada um a seu modo. Eles eram apenas diferentes.

James Taylor... era como um pai, vindo depois do trabalho, demonstrando interesse, perguntando como você estava.

Jimmy Buffett era como meu tio Bob.

Não me lembro de muita coisa do show. Eles deram cem assentos à frente da grade para as vítimas do atentado, assim nós tínhamos lugares à frente dos primeiros lugares. Erin e nossas mães sentaram comigo. Estávamos perto demais, para meus ouvidos, das caixas-acústicas, então passei boa parte do show assistindo aos músicos envoltos por uma névoa sônica. Depois da apresentação fomos até os bastidores. Conhecemos alguns dos músicos, que foram generosos com seu tempo. Rimos e conversamos, depois James Taylor convidou minha família para ir até seu camarim, onde ficamos por cerca de meia hora.

Quando saí, a arena estava vazia, e até Erin e mamãe já tinham voltado para o hotel, o Colonnade, um dos melhores de Boston, que tinha nos cedido quartos gratuitamente, para que não precisássemos fazer a viagem de volta a Chelmsford à noite. Kevin se ofereceu para me levar, de modo que terminamos nas entranhas da casa de espetáculo, com *roadies* e caminhoneiros, serpenteando pelas passagens, tentando descobrir como chegar ao carro dele.

Então, passamos por um sujeito pesado, que estava parado nas docas de embarque. Ele parecia o Silent Bob dos filmes do Kevin Smith: roupas pretas, cabelo comprido, boné virado para trás.

– Ei, Jeff, como estão as coisas, cara?

– Tudo bem – eu disse, parando para apertar a mão dele. Eu tentava apertar a mão de todo mundo.

– Você viu mesmo o terrorista? – ele perguntou.

– Vi.

– Sério?

– Sério. Olhei bem para ele.

– Bem, eu estava lendo na internet, e existem muitas inconsistências nessa história. Muitas coisas que não fazem sentido...

– Vamos sair daqui – Kevin disse. Ele pegou minha cadeira de rodas e começou a me empurrar com rapidez pelos túneis.

O cara correu atrás de nós, falando que o atentado era uma farsa, que tudo não passava de uma conspiração do governo.

Kevin ficou puto. Ele é um sujeito tranquilo; essa foi a primeira vez em que o vi pronto para socar a cara de alguém. Por fim, o cara desistiu de nos seguir, e chegamos ao carro. Mas Kevin não conseguia parar de pensar naquilo. Acho que ele não disse mais que duas palavras no caminho.

Kevin estava me protegendo. Talvez demais. Ele não gostava da fotografia da Associated Press, em que eu aparecia na cadeira de rodas, após o atentado. Ele achava uma invasão de privacidade, embora depois tenha admitido: "Isso acabou sendo uma coisa boa. Ela lhe deu a oportunidade de provar que esse não foi o fim da sua história".

Ele acreditava que as teorias da conspiração eram ofensivas. Que diminuíam a mim e meu sofrimento. Entendo isso agora. Eu fui explodido; perdi as pernas. Passei por um inferno junto com minha família. Quando as pessoas dizem que é uma farsa, elas fazem pouco da nossa dor. Desprezam tudo que fizemos para permanecer unidos e reencontrar a alegria de viver.

Isso não me incomoda, no entanto. Por que deveria? Eu entendo que existe um grupo de pessoas que pensam que sou um ator, nascido sem pernas. Que sou uma vítima falsa de um atentado falso. Por que eu faria isso? Não sei muito bem. Não sei se essas pessoas pensam que todas as vítimas são falsas, ou se todos os espectadores naquele quarteirão eram falsos, ou se acreditam que a própria maratona era falsa.

Nem quero saber. Preocupar-me com teorias da conspiração seria como odiar os terroristas, ou ficar pensando em como as coisas poderiam ter acontecido de forma diferente. Não tenho tempo para isso. Preciso da minha força. Preciso olhar para a frente. Não posso desperdiçar minha energia com esses fracassados.

Como James Taylor cantou no show, apontando bem para mim: "Eles vão tomar sua alma, se você deixar, mas ah, não deixe".

O engraçado é que eu tenho simpatia pela forma como eles pensam, pelo menos um pouco. Não dá para confiar no governo. Eles mentiram sobre as armas nucleares no Iraque. Eles sequestram pessoas, espionam nossas conversas. Isso é fato. Eles inclusive mentiram sobre ouvir nossas conversas, em rede nacional de televisão, enquanto faziam exatamente isso, com milhões de pessoas. O governo é grande demais para ser punido e não há nada que possamos fazer a respeito.

Mas simular um atentado? Em um evento público famoso e lotado? Em uma cidade grande, no meio do dia, com milhares de câmeras filmando tudo?

Isso é idiotice.

E machuca as pessoas. De verdade. Eu não estou na internet, então isso não me afeta muito, mas o motivo de eu não estar na internet são essas conspirações. (Se você pesquisar meu nome no Google, a primeira opção é "Jeff Bauman farsa".) Não atendo números de telefone que não conheço, e deixo minha caixa postal cheia, para que estranhos não possam deixar mensagens. Erin apagou a página dela no Facebook porque não queria ler as mensagens. Ela disse, pelo menos duas vezes, que odeia os teóricos da conspiração mais que os terroristas.

– Os terroristas não nos escolheram como alvos – Erin diz. – Só aconteceu de estarmos lá. Mas esses teóricos da conspiração estão tentando arruinar a nossa vida. Eles nos aterrorizam sem nenhum motivo; é só um passatempo idiota.

Ela não fala a sério – pelo menos não a parte de os "teóricos" serem piores que os terroristas. É que sentimos tanta raiva e frustração, que não importa o quão positivos nós tentamos ser, essas coisas se manifestam de formas inesperadas.

É mais difícil, acho, para tia Jenn. Ela administra minha página no Facebook, com diversos voluntários, todos estranhos. Ela também faz a moderação, então recebe mensagens dos malucos da conspiração. As pessoas dizem coisas terríveis sobre mim e ela. Essas pessoas não apenas menosprezam nossa dor e nosso sofrimento; elas nos odeiam, porque acreditam que somos agentes do governo. Digo para tia Jenn ignorar as acusações e ameaças, mas ela fica preocupada. Ela teve que parar de atualizar a página, porque uma pessoa a atacava agressivamente, insistindo que ela lhe desse atenção. Tia Jenn não conseguia dormir e se sentia insegura.

– Nossa família já sofreu tanto – ela disse. – Por que estão fazendo isso?

Eu ri.

– Dizer isso vai fazer com que eles a odeiem mais, tia Jenn.

Não tenho dúvida de que escrever este livro vai alimentar essas teorias. Existe todo tipo de mensagem escondida neste texto, certo? Mas é claro! Depois que alguém começa a acreditar em algo desse tipo, não é possível convencê-lo do contrário.

É quase engraçado.

Exceto por uma coisa: Tamerlan Tsarnaev foi inspirado por teorias da conspiração. Ele acreditava que o 11 de Setembro foi um plano do governo americano para culpar os muçulmanos, e essa mentira foi tão importante em sua vida que, dizem, ele convenceu sua própria mãe de que era verdade. Não sei se foram essas teorias que o fizeram trilhar esse caminho de ódio assassino, ou se foram apenas um momento decisivo em seu declínio. Acho que ele era um sociopata em busca de uma causa. Mas mesmo que a teoria do 11 de Setembro tenha sido apenas uma desculpa, ela não foi inofensiva. Foi um veneno.

* * *

No dia seguinte ao show, tia Jenn deu sua festa anual de verão em seu imenso jardim. Ela mora em uma casa mais velha, em uma grande avenida, que seu marido, tio Dale, possui há décadas. Um novo bairro foi construído atrás dela, mas a propriedade ficou fora do novo zoneamento, de modo que Dale ainda podia estacionar seus caminhões basculantes nos fundos. O quintal é tão grande que mal dá para ver os caminhões atrás da piscina.

Normalmente, tia Jenn convida cerca de oitenta pessoas para a festa, mas nesse ano mais de 150 compareceram. Em vez do churrasco tradicional, ela contratou um serviço de bufê, e houve uma rifa e um leilão silencioso. Uns dez colegas meus do Costco foram e beberam a maior parte da cerveja. Carlos e Mel estiveram lá, junto com Kevin. Todos faziam parte da nossa família.

Dois homens vinham correndo de Washington, D.C., para levantar dinheiro para a família de Martin e para mim. Eles começaram no Pentágono, pararam no local das Torres Gêmeas, e planejavam concluir fazendo o percurso da Maratona de Boston. Não sei de onde o dinheiro veio – eu os imagino puxando dólares de arbustos enquanto correm, embora não deva ter sido bem assim –, mas foi um feito impressionante. Eles estavam programados para terminar na manhã da festa, então Erin correu com eles os últimos quinze quilômetros, disparando pela Rua Boylston e cruzando a linha de chegada da maratona pela primeira vez.

Depois, os homens apareceram na festa da tia Jenn e me deram um cheque. Erin deu-lhes sua medalha por concluir a Maratona de Boston. Os organizadores tinham distribuído medalhas para todos, mesmo para aqueles que não conseguiram terminar devido ao atentado.

– Não se preocupem – Erin disse para os homens quando não quiseram aceitar a medalha. – Vou conseguir uma de verdade no ano que vem.

Eles foram embora logo depois, seja porque estavam cansados de tanto correr, ou por causa das minhas palhaçadas sem camisa. Não sei bem. Eu estava me sentindo ótimo, andando em minha cadeira de rodas com o peito nu, rindo e brincando com todo mundo.

Tia Jenn ficou tentando me fazer recolocar a camisa. Ela disse que o sol deixaria vermelhas as cicatrizes de queimaduras do meu tronco.

Mas sabe de uma coisa? Tia Jenn não é médica. Tenho certeza de que ela não fazia ideia do que estava falando.

Quando a cerveja começou a acabar, eu estava cansado. Minha semana tinha sido movimentada. Mas eu estava feliz de estar em casa, com a minha família.

Eu saí da cadeira, sentei no primeiro degrau da piscina elevada da tia Jenn e subi os outros usando os braços. Fiquei sentado na borda um pouco, aproveitando o sol e rindo com Erin. Então me joguei na água.

Tia Jenn tinha comprado macarrões de espuma, para o caso de eu ter dificuldade para boiar. Não precisei deles. Só abri os braços e boiei, leve e feliz, olhando para o céu.

-27-

Na terça-feira eu voltei ao trabalho no Spaulding. Agora que eu tinha minhas próteses, meu treino tinha mudado. Eu ainda fazia abdominais e alongamentos sem as pernas, e também aqueles exercícios em que se leva o joelho (ou no meu caso, a coxa) na direção do ombro oposto.

Então colocava minhas Genium e tentava fazer os mesmos exercícios. De repente, o que tinha ficado natural se transformou em um verdadeiro treinamento de tropa de elite. Eu pensava que os treinos de antes eram puxados, mas não eram nada comparados a treinar com as pernas artificiais. Eu ficava deitado de costas e tentava levantar as pernas do chão. De bruços, eu tentava o Superman, levantando pernas e braços estendidos ao mesmo tempo. Na primeira vez em que fiz o *leg press*, senti como se os soquetes fossem ser arrancados das minhas coxas.

Então fizemos coisas mais práticas, como levantar da cadeira de rodas e sentar de volta nela. Michelle colocou um arnês por baixo da minha virilha com uma corda presa ao teto e me fez andar entre duas barras paralelas. Detestei isso; não me sinto confortável com nada nessa região. Então ela trocou por uma cinta e me segurou por trás enquanto eu andava.

O resto dos exercícios doía, mas andar era o mais difícil. Caminhar envolvia trabalho mental. Eu tinha que me concentrar em redistribuir meu peso para que conseguisse levantar a perna. Então tinha que lançá-la para a frente e baixá-la alguns centímetros adiante. Eu parava, me concentrava e erguia a outra perna. Não era fácil; cada passo exigia esforço físico e mental. Cada redistribuição de peso demandava confiança de que a perna iria aguentar. Eu ficava ofegante depois de dois passos. No fim, meus ombros e braços ficaram doloridos, porque me esforcei para me manter de pé, sem nem perceber. Precisei de um minuto inteiro para andar três metros.

Parte do esforço era devido às pernas Genium. Elas eram construídas com tantos dispositivos para evitar que você caísse, que qualquer movimento pouco ortodoxo as fazia travar. No passado, as pessoas com pernas artificiais projetavam os quadris, então jogavam as pernas em um semicírculo, produzindo um caminhar bamboleante. Essa técnica exigia menos esforço a cada passo, mas a longo prazo desgastava o corpo. Com as Genium, eu tinha que dar cada passo corretamente. As pernas não permitiam outra coisa, não aceitavam meias medidas. Nada de atalhos. As pernas me forçavam a trocar a dor de hoje pelo ganho futuro, e todos os outros clichês da cultura motivacional. Andar era a parte mais cansativa do meu dia.

Depois de praticar caminhada, eu deitava de costas para fazer a ponte. Este é um exercício em que se levantam o tronco, os quadris e as coxas, de modo que só os ombros e pés tocam o chão. A maior parte da força vem das pernas, mas são as coxas e o abdome que mantêm a posição. Minhas pernas, contudo, não podiam produzir a força de levantamento, porque eram hastes inanimadas de metal. E eu me esforçava para não deixar os pés deslizarem. Fazer a ponte implicava controlar meu peso enquanto exercia o máximo de força e esticava o tronco em um arco para trás. O exercício combinava equilíbrio, força e flexibilidade.

– A ponte é a chave – Michelle me dizia a cada sessão. – Quando você conseguir fazer a ponte com uma perna de cada vez, vai ter toda a força e toda a coordenação de que precisa.

Era tão importante que ela nem pensava em tentar processos mais complicados, como andar sobre superfícies inclinadas ou subir escadas, até eu dominar a ponte. Até conseguir manter minha ponte de duas pernas por trinta segundos, eu estava limitado a pequenos passos entre as barras paralelas.

Eu aguentava o esforço físico. Já estava acostumado, a essa altura, e conseguia perceber meu progresso. Era óbvio que eu estava mais forte, ainda que não necessariamente mais confiante. Era o resto da minha vida que estava ficando difícil. Erin trabalhava cinco dias por semana, e o esforço a estava esgotando. O chefe dela era compreensivo, deixando-a tirar uma manhã de folga, de vez em quando, para que fosse comigo ao Spaulding, ou um almoço superdemorado, para que pudéssemos relaxar em Boston após meu treino. Eles a deixaram mudar seu horário, para que ela pudesse sair às três e evitar o tráfego na volta a Chelmsford.

Não deu certo. Mesmo saindo às três, ela demorava duas horas para chegar no apartamento da minha mãe. A essa altura ela estava cansada e de mau humor, e eu, ansioso. A alegria de ficar sozinho no meu quarto tinha se transformado em solidão. Meu corpo precisava descansar, mas eu não conseguia dormir, e assim os dias se arrastavam. Mamãe se esforçava; ela dava duro para me dar o que eu precisava, mas eu... não queria ficar com ela. E como eu não podia dirigir, ficava preso no apartamento. Eu estava a mais de um quilômetro e meio de qualquer estabelecimento comercial, a não ser por um banco, sem calçada.

Eu recebia visitas, mas comecei a perder a paciência com algumas das pessoas que vinham. Tia Jenn, por exemplo, estava sempre tentando me fazer falar de sentimentos. Vários artigos tinham me citado dizendo que, depois da explosão, eu achava que iria morrer, e que eu aceitava isso.

– Eu quero falar disso – tia Jenn me disse. – Não fico confortável com esse sentimento.

Eu não queria falar disso. A menos que a pessoa tivesse estado lá, como poderia entender? Naquele dia olhei para baixo e minhas pernas tinham virado purê.

Eu vi meus pés, e eles não estavam conectados ao meu corpo.

Talvez fosse melhor se eu não me lembrasse de tudo com tanta clareza, porque depois que se vê algo assim, fica difícil dormir. Não sei se algum dia vou dormir bem de novo.

Eu não queria morrer, de jeito nenhum. Queria viver; mas meu corpo tinha sido destroçado. Eu estava deitado em uma poça do meu próprio sangue, e quando isso acontece, a gente morre. Não havia nada que eu pudesse fazer. Eu ia morrer. Então, aceitei os fatos. Enxerguei o que havia de bom na minha vida. Fiquei feliz pelo tempo que tinha vivido.

Talvez isso não faça de mim um guerreiro. Embora essa aceitação tenha durado apenas um segundo, até Carlos Arredondo me levantar, talvez isso não combine com o estilo "sem dor, sem ganho, trabalhe duro, jogue duro, nunca desista" de se encarar o mundo. Talvez um verdadeiro herói tivesse gritado, *Não, diabo!*

Mas não sou esse cara.

– Tudo bem, eu entendo – tia Jenn disse quando eu não respondi. – Você não está pronto. Eu compreendo. Mas um dia, Jeff, nós vamos conversar sobre tudo.

Não vamos, não, tia Jenn. Também não sou *esse* cara.

Eu preferia Derek e Sully, que nunca me perguntavam nada. Comprei uma televisão de tela plana, que coloquei no meu quarto, e jogávamos PlayStation. EA Sports. MLB: The Show.

Eu gostava do Red Sox, que lentamente se distanciava do resto de sua divisão, apesar da falta de astros.

Mas Derek e Sully trabalhavam: Derek para tio Bob, Sully para seu padrasto (que tinha se divorciado da mãe dele, mas família separada continua sendo família). Derek costumava aparecer de tarde, quando tio Bob lhe dava uma folga para ficar comigo. Sully desaparecia por dias.

Então eu passava a maior parte da tarde sozinho. Jogando videogames. Mexendo com minha guitarra. Eu ligava meu amplificador laranja (outro presente) e tocava minha Epiphone verde-oliva, aquela que o cara do Oregon tinha me dado, até meus ouvidos feridos começarem a zunir. Isso me ajudava a esquecer como eram aqueles dias. Como minha vida seria agora. Eu aprenderia a dirigir, um dia. E aprenderia a andar. Mas sempre haveria um limite para o que eu poderia fazer.

Eu não poderia mais jogar basquete com os amigos. Nem participar de um time misto de softbol. Nem correr. Ou pilotar um avião.

Eu não poderia voltar para meu antigo trabalho no Costco, carregando caixas pesadas de comida até os expositores, virando frangos no forno, cortando vegetais num canto. E a última coisa que eu queria era um emprego de deficiente. Não queria ser um anfitrião, uma espécie de mascote da loja. Se eu trabalhasse com o público, com minhas pernas artificiais, a coisa iria virar um circo.

Eu queria Erin. Ela não tinha que perguntar do que eu precisava, porque ela sabia o que eu estava passando. Ela me dizia para deitar quando sabia que minhas pernas doíam. Ela me dava um abraço quando eu acordava pela manhã e tentava sair da cama. Eu tinha pesadelos terríveis. Não lembro o que acontecia neles, mas eu acordava suado e febril. Erin me massageava as costas, às vezes por uma hora, até eu me acalmar o bastante para conseguir ficar deitado quieto.

– Venha morar comigo – eu dizia para ela.

Ela suspirava.

– Não posso fazer isso.

Erin estava praticamente morando no carro. Ela ficava comigo no apartamento da minha mãe quatro ou cinco noites por semana, mas não havia espaço para as coisas dela. Então, deixava as roupas no assento de trás, levando-as de um lado para outro entre Boston e Chelmsford. Quando não estava comigo, ela ficava em seu apartamento em Brighton, ou então ia até a casa dos pais e passava a noite com eles. Remy e Michele foram passar o verão nas casas de suas famílias, para se recuperarem dos ferimentos. Assim, acho que Erin só se sentia à vontade na casa de seus pais.

– Venha morar comigo – eu dizia para ela.

– Aqui não, Jeff – era sua resposta. – Não posso vir morar aqui.

Eu precisava dela. Sem Erin, minha vida era um inferno. Eu estava solitário. Não conseguia dormir. Ficava deitado pensando no atentado, sentindo-me deprimido e tenso por horas. Não eram visões, sons ou cheiros que me incomodavam, era a sensação de desamparo, de ficar jogado na rua, sem pernas, sem ter como me levantar. Havia noites em que eu não dormia de jeito nenhum, nem por um segundo.

Na maioria dos dias, eu começava a mandar mensagens de texto para Erin depois do almoço.

Eu: Que horas vc vem?

Erin: Não sei. Estou cansada. Acho q vou ficar no apê.

Eu: Preciso de vc. 6?

Erin: Estou cansada, Jeff.

Eu: Minhas pernas doem.

Sem resposta.

Eu: Te levo para jantar.

Sem resposta.

Eu: Eu te amo.

Erin: OK.

-28-

Apesar das pernas novas e da insônia, meu mês de junho foi movimentado. Eu fui à despedida de solteiro do meu amigo em um clube de tiro. Gail, a irmã de Erin, nos levou à festa de aniversário de um sobrinho pequeno, e essa foi a primeira vez que encontrei a família completa dela. Depois eu e Erin fomos a Nova Jersey para passar um tempo com a família do meu pai, que organizou uma festa e um evento beneficente em minha homenagem.

Houve também um torneio de pôquer para angariar recursos para a entidade beneficente Pitching In for Kids (Arremessando pelas Crianças), que levanta dinheiro para pagar despesas hospitalares de crianças. Essa entidade é mantida pelas lendas do Red Sox Tim Wakefield e Jason Varitek. Eu dei a largada da corrida Falmouth Seven Mile, em Cape Cod, depois esperei por Erin na linha de chegada com um cartaz que dizia "Vamos, Erin, Corra Como uma Garota". Falei para uma turma da escola de medicina da Universidade de Boston e gravei um anúncio de serviço público para a Boston Athletic Association, patrocinadora da maratona, agradecendo aos socorristas.

Em todos esses eventos, estranhos se aproximavam de mim, para apertar minha mão ou tirar fotos. "Claro, qual seu nome?" Mulheres, de avós a adolescentes, perguntavam se podiam me dar um abraço. "É claro." Crianças pediam autógrafos. "Quer que eu escreva na sua mão ou naquele guardanapo?"

Eu tentava não rejeitar ninguém, nem mesmo as pessoas que queriam me contar onde estavam no dia do atentado, o que viram, como se sentiram ao ver aquela foto minha. Não gosto de falar do atentado, prefiro conversar sobre qualquer outra coisa.

Kat, que estava acostumada a lidar com multidões, com frequência ia comigo, e eu sempre levava pelo menos um da minha turma – Sully, Big D ou meu irmão Tim –, e não só porque eu precisava da carona. Não me sentia seguro sem eles; não gostava de olhar em volta e me dar conta de que não conhecia ninguém. E minha turma também era divertida. Os garotos eram a companhia perfeita para a seção VIP, onde a bebida era grátis.

A outra pessoa que ia comigo a todos os eventos era Carlos, porque os organizadores sempre nos convidavam juntos. Ele estava sempre sorrindo, sempre usando seu famoso chapéu de caubói. Logo no começo ele me deu um chapéu de caubói igual ao dele, mas eu nunca o uso, ele fica em um lugar especial no meu quarto. Carlos não gostava de beber, mas sim de falar. Ele era o "Pai Fervoroso" com uma mensagem simples: ame os soldados o bastante para acabar com as guerras. Muitas vezes, eu estava conversando com Carlos e, de repente, ele desaparecia. Eu sempre sabia onde encontrá-lo: com soldados. Carlos conversa com todo soldado que vê, principalmente marines. Alex, filho dele, era um marine.

Erin ficava mais do que feliz de perder esses eventos. As pessoas sempre perguntavam por ela, porque era bem conhecida em Boston, mas Erin não gostava da atenção. Quando correu os últimos quinze quilômetros com os dois homens de Washington, D.C., ela tentou fugir dos jornalistas; com frequência era reconhecida na rua. Não tanto quanto eu, porque... você sabe, as pernas. Se alguém pensava ter me reconhecido, tudo que precisava fazer era olhar para minhas pernas. Se você estava em Boston naquele verão, com vinte e poucos anos, cabelo castanho e sem pernas, aposto que deve ter sido bem chato. Deviam confundi-lo com Bauman o tempo todo.

Erin gostava das noites de folga que ganhava quando eu ia a eventos de caridade. Sua vida comigo era estressante: quanto mais ela ficava comigo, mais assumia as tarefas que minha mãe costumava fazer. Ela era minha motorista, fazia pequenas tarefas para mim, alcançava as coisas na prateleira mais alta da geladeira e esvaziava minha comadre.

– Erin – eu a chamava. – Tenho um presente para você.

– Ah, que lindo. – Ela brincava. – Ainda está quente.

Erin nunca conseguia dormir muito. Eu ficava agitado e me virava bruscamente na cama. Com frequência, eu sofria cãibras terríveis à noite, talvez por causa da ansiedade, então Erin acordava às duas ou três da manhã e ficava massageando minhas pernas. Mas sem final feliz. Eu estava muito dolorido e, meu Deus, sentia muito calor. Enquanto Erin diminuía minha tensão com massagem, eu suava como um macaco.

Ela também cuidava da minha programação e, com Kat, das solicitações da imprensa.

– Não sou sua secretária – ela dizia, exasperada, quando outro assessor de imprensa lhe telefonava para saber se eu podia aparecer num evento. – Por que você não pode cuidar disso?

– Diga que não dá.

– É beneficente, Jeff. Para crianças com câncer.

– Diga que sim. Eu vou, com certeza. Quando é?

– Eu tenho um emprego em período integral, sabia?

– E eu não tenho pernas.

Eu sorria quando dizia coisas assim. Não falava a sério.

Lori, a mãe de Erin, finalmente me ligou. Eu adoro os pais da Erin, eles são as pessoas mais discretas que já conheci. Respeitavam tanto nossa privacidade que no primeiro sábado que passei no hospital, quase uma semana depois do atentado, tive que perguntar por eles. Estava decepcionado por eles ainda não terem me visitado.

– Eles estiveram aqui o tempo todo – alguém disse. Os dois tinham ficado principalmente na área reservada às famílias, garantindo que Erin e todos os outros, inclusive estranhos, tivessem o apoio de que necessitavam. Eles sabiam que minha família era um circo. Não queriam ocupar meu tempo.

– Mande-os entrar – eu disse no mesmo instante. – Quero vê-los.

Eles foram assim durante toda minha recuperação. A mãe de Erin ligava toda quarta-feira, para oferecer ajuda, mas nunca pressionou a filha. Era por isso que Erin ia para a casa dos pais quando eu tinha um evento beneficente, porque eles lhe davam espaço para relaxar. Ela precisava dormir, se exercitar, comer uma refeição caseira, e era provável que precisasse passar um tempo longe da "sogra". Mamãe adorava Erin, mas é difícil para uma namorada passar tanto tempo no apartamento de 45 metros quadrados da sogra.

Erin e sua mãe costumavam conversar durante horas quando Erin ia para casa. Elas eram muito próximas. Eu ficava escutando quando Lori ligava. Essa foi a primeira vez que ela ligou para mim, então eu soube que era importante.

Erin estava estressada, Lori me disse. Eu a pressionava demais. Erin queria ficar comigo, porque me amava e sabia que eu precisava dela, mas ela também precisava se cuidar, pois estava exausta. Quando ia para a casa dos pais, chorava. Muito. Sentia muita culpa e raiva. Havia tantos sentimentos, puxando-a em tantas direções, que ela não sabia o que fazer. Erin sentia que a vida estava fora de seu controle.

– Eu sei que você passou por maus bocados – a mãe dela disse. – Não estou dizendo que você fez algo de errado. É só que... Bill e eu estamos aqui para ajudá-lo, Jeff. Se precisar de algo, por favor ligue para nós. Faremos o que você precisar.

– Venha morar comigo – eu disse naquela noite, quando Erin e eu estávamos deitados juntos na minha cama de solteiro. Nenhum de nós nunca conseguia dormir bem.

– Não posso vir morar aqui, Jeff. Isso só vai dar certo se tivermos nosso próprio canto.

Eu tinha recebido minha parte do One Fund. Foi uma das maiores cotas, já que meus ferimentos estavam na categoria mais séria. Era uma grande quantia de dinheiro. Somando com o dinheiro levantado pela minha página no Facebook e outros eventos como o do hotel Radisson de Chelmsford, eu recebi...

Bem, não quero dizer exatamente quanto. Vamos dizer apenas que, com meu antigo salário, eu teria que trabalhar no Costco por quase duzentos anos para ganhar todo aquele dinheiro.

Graças ao tio Bob, o dinheiro foi colocado em segurança, em um fundo conservador de investimentos. Além das retiradas programadas, eu não podia tocar no capital. Se quisesse algo maior, como uma casa, os administradores teriam que aprovar.

Essa era a melhor forma de garantir que o dinheiro seria usado como planejado – para meus tratamentos médicos e minhas necessidades básicas – e que duraria minha vida inteira. Eu não estava preocupado com a possibilidade de comprar nenhuma extravagância, isso não me interessa. Mas eu poderia ter sofrido a tentação de comprar PlayStations para todos aqueles garotos com as bancas de limonada "Mais forte com Bauman".

– Vamos arrumar um apartamento pequeno – Erin disse. – Na cidade, no térreo, perto do meu trabalho.

– Não sei.

– Vamos arrumar um cachorro, preparar comida em casa e ver o que acontece.

Eu tinha dito a Erin que morar com minha mãe seria temporário, algumas semanas no máximo. Já fazia um mês, mas quanto mais eu ficava, mais difícil era imaginar sair dali.

– Venha morar comigo – eu disse para ela. – Vai ser tão mais fácil para você.

– Não, Jeff – ela disse. – Não vai ser mais fácil. Só se eu largar meu emprego e meus amigos de Boston. Mas eu gosto da minha vida.

– Não gosta, não. Você está cansada o tempo todo.

– Bem... eu gostava dela antes.

Eu a beijei, ela me beijou, e ficamos assim algum tempo.

– Venha morar comigo – insisti. – Você já está passando a maioria das noites aqui, de qualquer modo. O que de pior pode acontecer?

Erin não disse nada durante algum tempo. Então rolei, abracei-a e escutei sua respiração. Ela devia estar pensando no que de pior poderia acontecer, mas eu não fazia ideia do que seria. Ela se abria com a mãe, mas não comigo. Pelo menos não compartilhava comigo seus medos mais profundos. Eu era seu namorado e também seu paciente. Erin sentia que não devia me preocupar.

– Eu não quero largar meu emprego – ela disse.

– Eu posso cuidar de você, Erin. Tenho dinheiro, agora.

– Eu sei. E é isso que me preocupa.

-29-

Kevin aparecia no apartamento da minha mãe, com um pacote de suprimentos do Costco, pelo menos uma vez por semana. É estranho ver seu chefe – e não só seu chefe, mas o chefe da sua chefe – aparecer na sua casa, mas acho que a essa altura Kevin era mais que o gerente da loja. "Senhor" não existia mais. Quando eu o chamava de "Heavy Kevy", era com o mesmo espírito que eu chamava Derek de "Big D" – um sinal de que ele era um de nós.

Mas ele nunca lembrava de não estacionar bem na frente do prédio da minha mãe. Isso acabava comigo. Havia uma senhora idosa no andar de cima que ficava olhando pela janela quase o dia todo. Ela sempre gritava para ele:

– Quem é você?

Kevin vinha sempre carregado: um pôster assinado, flores do dia anterior para minha mãe, ou comida que estava velha para ser vendida na loja, mas que continuava deliciosa.

– Sou o Kevin, lembra? Eu vim visitar o Jeff.

– Você não pode estacionar aí. A vaga é reservada.

– Desculpe. Só vou ficar um minuto.

Kevin nunca parou de me ajudar, e tampouco o Costco. Eu não trabalhava lá havia mais de dois meses, mas continuava sendo parte da família. Kevin me disse que o gerente regional do Nordeste ainda perguntava por mim – ele tinha me visitado no Centro Médico de Boston – e continuava passando informações para Pennie, Stacy, Judith e todos os outros na sede em Seattle.

Foi ideia de Judith, na verdade, enviar Will e Byron, dois empregados do Costco da região de Seattle, que também tinham perdido as pernas. A empresa os mandou de avião a Boston e os colocou no Hotel Colonnade por alguns dias. O Colonnade tinha doado acomodações para o show One Fund, e Kevin tinha virado amigo do gerente. Estou falando sério: dê cinco minutos a esse cara e ele vira amigo de qualquer um. Ele e tio Bob – que eram diferentes de tantas formas – tornaram-se tão bons amigos que começaram a ir juntos aos jogos do Red Sox.

Eles estavam fazendo planos de uma viagem para assistir a um jogo do New England Patriots.

Então Kevin me pegou em Chelmsford e fomos até o Colonnade para passar um tempo com seus "bons amigos" Will e Byron, que ele tinha conhecido naquela manhã. Eu estava meio apreensivo com esse encontro, considerando que a única coisa que eu tinha em comum com aqueles caras era a falta de pernas, e eu não queria conversar sobre ser aleijado com uma dupla de aleijados. Meio que me incomodava, sério, alguém pensar que eu gostaria.

Nós nos encontramos no saguão do hotel, então fomos à exposição de samurais no Museu de Belas Artes. Eu gostava de samurais desde que a mulher no Japão tinha me enviado a miniatura de cerâmica com armadura de tecido. A exposição estava ótima, mas fiquei com cãibras por passar tanto tempo sentado na cadeira de rodas. Então fomos até uma sala afastada, onde pude deitar e me alongar. Byron sabia conversar sobre qualquer coisa com qualquer um, então durante um longo tempo evitamos o assunto que evidentemente faltava abaixo de nossas coxas.

– O que você tem de cicatriz? – Byron perguntou, finalmente.

– Ah, eu tenho algumas – eu disse e levantei a camisa, para mostrar a cicatriz cirúrgica de trinta centímetros na minha barriga. Era uma coisa vermelha e feia.

– Eu tenho uma igual – Byron disse. Ele levantou a camisa. De fato, ele tinha uma parecida com a minha, mas também outras oito ou nove em seu tronco.

Byron estava transportando uma carga de madeira com sua caminhonete; a carga se movimentou e ele parou no acostamento para ajeitá-la. A tampa da carroceria estava baixada, com ele atrás da caminhonete, quando um motorista chapado de heroína saiu da estrada e o acertou com tudo. A tampa da carroceria cortou as pernas dele, e o resto do corpo foi lançado no ar até uma vala. Eu não conseguia acreditar que ele tinha sobrevivido e estava ali, conversando comigo. Byron tinha ficado em coma durante um mês.

– Eu deveria estar trabalhando nesse dia – Byron disse. – Troquei com um amigo para que ele pudesse ir ao aniversário do filho no dia seguinte.

Se Byron estivesse trabalhando, não haveria acidente. Não importava a situação, sempre havia um "E se...".

– Isso não é nada – Will disse, levantando a camisa. Ele tinha queimaduras no couro cabeludo e lhe faltava uma orelha, mas isso não me preparou para os ferimentos no resto do corpo dele. Will dormia, durante uma longa viagem de carro, quando o amigo que dirigia tentou uma ultrapassagem em uma estrada de mão dupla no interior e bateu de frente no carro que vinha na outra pista. Quatro pessoas, incluindo o amigo de Will, morreram. Will foi arremessado através do para-brisa no outro carro, que pegou fogo. Vamos dizer apenas que Will é muito fodão por estar andando e conversando.

– Tenho mais sorte que você – Will disse, rindo. – Ainda tenho uma perna.

Will só tinha perdido uma articulação. Ele era amputado abaixo do joelho, apenas do lado direito, mas tenho certeza de que ele precisou de alguns anos para achar que teve sorte.

– Que tipo de perna você tem? – Byron me perguntou.

Eu lhe contei da Genium. Byron, um biamputado sem quatro articulações, como eu, tinha a versão anterior, a C-Leg.

– Elas vão durar cinco anos, talvez sete, se tiver sorte – ele me disse. – Eu preciso mandar consertar as minhas o tempo todo.

– O que você faz, é maratonista? – brinquei.

– Não – ele disse, – eu piloto motocross.

Byron morava na área rural, nos arredores de Seattle, perto do Monte Rainier. Ele tinha mulher, filhos e uma pista de motocross, que ele mesmo construiu, com rampas e tudo, no terreno de casa. Ele abusava daquelas pernas em saltos a sessenta, setenta quilômetros por hora. Byron era muito ativo.

– Eu vou te visitar para dar uns saltos – falei para Byron.

– Você pilota motocross? – ele perguntou.

– Não importa, Byron. Eu preciso dar uns saltos.

Nós conversamos durante horas, no museu e depois, durante o jantar. Falamos de raiva.

– Não sinto raiva – eu disse. – Só estou confuso.

Conversamos sobre dor e como controlá-la. Falamos de frustração, de família e como isso era duro para os familiares, de quanto esforço era necessário para fazer esses relacionamentos funcionarem. Will não era casado quando sofreu o acidente, mas agora tinha mulher e cinco filhos. Ele estava fazendo dar certo! Não sei se Will ou Byron disseram com todas as palavras, mas era óbvio que todo o esforço que tinham investido estava valendo a pena. Tinha sido duro, sem dúvida, mas eles adoravam a vida que tinham.

No fim, isso era exatamente o que eu precisava ouvir. Mesmo meus melhores dias eram cheios de depressão e preocupação. Qualquer coisa podia disparar um episódio – o som de fogos de artifício, uma calçada que eu não conseguisse subir, uma mochila pendurada no ombro de alguém. As sensações duravam apenas alguns minutos, principalmente se Erin estivesse lá para me acalmar, mas agora faziam parte da minha vida.

Cada vez mais, elas me forçavam a encarar outra coisa: tudo isso era para sempre. Todas aquelas frustrações faziam parte da minha vida.

Eu detestava isso. Detestava o modo como a ansiedade surgia nos momentos mais estranhos e me deixava constrangido, como ficava sempre à espreita, um peso a ser carregado, tentando me derrubar.

Eu não sabia que tinha esse peso até Byron e Will me ajudarem a carregá-lo. Eu me sentia inspirado por meus colegas sobreviventes, porque estávamos juntos nisso. Nunca vou me esquecer dos soldados que nos visitaram em Spaulding, porque eles me fizeram acreditar. Mas Will e Byron eram diferentes: eles me mostraram o futuro. Eles estavam nisso havia dez anos, e estavam felizes. A vida deles não era nada aleijada. Eles viviam a vida que queriam ter.

- 30 -

Em algum momento nesse período, enquanto eu lutava com a *permanência* dos meus ferimentos, Erin pediu demissão. Foi uma decisão difícil para ela, porque ia contra sua natureza. Ela sustentava a si mesma desde os vinte anos de idade.

– Não sou o tipo de pessoa que desiste de tudo por alguém – ela confidenciou a Kat.

Mas ela já tinha desistido de tanta coisa: de uma vida social, de seu bairro em Boston, de sua noção de individualidade. Quando conheci Erin, ela sabia quem era e o que queria; foi uma das coisas que amei nela. Mas agora, quem ela era, além de minha cuidadora? E o quanto ela podia querer?

– Não quero desistir de mim mesma – ela disse. – Não para sempre. Nem mesmo por Jeff.

– Você não vai desistir – Kat observou. – Você também é uma heroína nisto tudo.

Ainda me lembro das palavras de Erin no hospital: *Quando vi você sorrir, eu soube que continuava sendo meu. Eu soube que não desejava estar em nenhum outro lugar.*

Mas o que significava estar comigo? E do quanto ela teria que desistir?

– Isto é só temporário – Erin me disse. – Até conseguirmos resolver tudo. Então vou voltar a trabalhar.

– O que você quiser, minha mágica maravilhosa. Só estou feliz por você estar aqui.

Foi incrível ter Erin por perto durante tanto tempo. Pesadelos, ataques de pânico, dores repentinas: tudo era mais fácil de lidar com ela perto. Ela também tornava minha vida mais fácil em aspectos práticos: me ajudava com os alongamentos, me levava até Spaulding, me ajudava a pôr e a tirar as pernas. Eu estava usando um andador, em vez das barras paralelas, de modo que podia praticar em casa. Tentava caminhar meia hora por dia, dando voltas naquele apartamento minúsculo. Eu precisava de uma superfície nivelada; ainda não era possível enfrentar grama nem aquelas pedrinhas que usam em estacionamentos. Até a rampa em frente à porta da minha mãe me desequilibrava, porque mudava o ângulo entre meu pé e minha perna. Erin fazia com que eu me exercitasse todos os dias.

– Não fique frustrado – ela dizia. – Você está indo muito bem.

Pedíamos comida com frequência, já que nenhum dos dois se sentia à vontade para cozinhar com as coisas da minha mãe. Às vezes pedíamos comida três vezes por dia, uma confissão que ainda quase deixa Erin enjoada. Ela nunca foi fã de delivery, mas descobri que saídas curtas a restaurantes eram ainda mais difíceis que passeios longos.

Na primeira vez em que fui com minha mãe ao Zesty's, por exemplo, foi horrível, e não só porque demorei cinco minutos para sair do carro. Mamãe teve dificuldades com a cadeira de rodas, e eu ainda estava descobrindo como me segurar na porta para me levantar.

Foi horrível porque frequentei o Zesty's a minha vida toda, e conhecia as pessoas de lá desde sempre. Eles me conheciam quando eu estava no sexto ano, e todas as crianças iam para o condomínio em que ficava o apartamento da minha mãe para brincar de polícia-e-ladrão, porque o terreno era imenso e mamãe nos deixava ficar acordados até tarde. Eles me conheciam quando eu era especialista nos parquinhos gratuitos de Chelmsford, e quando Sully deu um cavalo-de-pau ao tentar disputar um racha com um Saturn numa rua cheia de curvas. Uma vez, mamãe me levou ao Zesty's para comprar tiras de frango, mas seu cartão de crédito foi recusado e ela não tinha dinheiro suficiente. Mesmo assim eles me deram as tiras de frango.

– Você pode pagar depois – disseram para minha mãe. Eles não precisavam fazer isso por nós, mas fizeram, e por isso nunca vou me esquecer.

E agora, depois de todos esses anos, o Zesty's parecia diferente. Eles foram incrivelmente gentis. Todos queriam conversar. Queriam me dizer que sentiam orgulho da minha coragem, da minha atitude, de como ajudei a pegar os terroristas.

Terrível. Aqueles animais. Juntos somos mais fortes.

Eu sorria e ria, mas por dentro estava morrendo. Não era a mesma coisa. Era como... se eu não fosse mais um deles. Eu era uma aberração. Aquele era um lugar seguro, mas quis voltar para casa.

Mamãe não entendeu. Ela ficou incomodada por eu não ser mais sociável.

– Eles gostam de você, Jeff. – Ela fez com que eu me sentisse culpado. Ou talvez deva dizer mais culpado do que já me sentia.

Todo mundo não era apenas gentil comigo; eles me davam coisas, também. Comida grátis. Cerveja grátis. Restaurantes penduravam fotos minhas nas paredes, ao lado das faixas de "Juntos somos mais fortes". Não vejo isso tanto, agora, mas naquele verão, quando o atentado era recente, eu e "Juntos somos mais fortes" estávamos por toda parte. O Brickhouse tinha uma enorme foto minha emoldurada, de quando fiz o primeiro arremesso no jogo do Red Sox. Continua lá, e eu adoro. Contudo, fica no banheiro dos homens, o que torna a coisa meio constrangedora. Banheiros públicos já são bem difíceis para uma cadeira de rodas. Não ajuda quando você fica se encarando na parede.

Graças a Deus, o Hong Kong tinha três degraus na porta da frente. Nunca tive que me preocupar em ir parar lá por acaso.

Erin entendia minha frustração.

– Você não precisa fazer nada com que não se sentir à vontade – ela me disse. – Você não deve nada a ninguém. Sempre me dizia isso: *Você não deve nada a ninguém, nem aos amigos, nem à imprensa, nem a Boston. Você precisa se concentrar em si mesmo.*

Mas eu não tinha tanta certeza.

Alguns dias antes de Erin pedir demissão, o Boston Bruins me ligou de novo. O time tinha chegado, de forma inesperada, às finais da Stanley Cup, contra o Chicago Blackhawks. Era uma série melhor de sete, e os dois times estavam empatados após os quatro primeiros jogos. Ganhando ou perdendo a próxima partida, eles estariam de volta a Boston na segunda-feira para um Jogo 6 decisivo.

Minha última aparição como capitão da bandeira tinha transcorrido bem. O público adorou.

– Nós recebemos tantos e-mails e *tweets* – o assessor de imprensa deles falou. – Foi a cerimônia da bandeira mais inspiradora que já fizemos. – O Bruins queria que eu voltasse e refizesse a mágica. Mas eles queriam algo a mais: queriam que eu entrasse andando.

Sem chance.

Quero dizer, eu estava indo muito bem com o andador. Não tinha caído nenhuma vez. Mas isso fazia apenas uma semana, e era apenas na academia do Spaulding e no apartamento. Ainda precisava me concentrar em cada passo. Dez passos ainda acabavam comigo.

De modo algum eu conseguiria caminhar na frente de trinta mil pessoas. Sem chance.

Eu teria que dizer não para o Bruins, mas me senti mal com isso. Sentia que estava decepcionando todo mundo. Aquele era o Jogo 6! Um campeonato para se conquistar! Era óbvio que eles pensavam que eu podia andar. Eles presumiram isso. Talvez porque conhecessem gente que tinha perdido as duas pernas e dois meses depois estava andando?

Talvez, pensei, porque eu estou atrasado.

O Bruins ligou de novo. Eles tinham mudado o plano: agora só queriam que eu ficasse de pé.

Naquela noite, Erin, mamãe e eu discutimos. Ou, para ser mais preciso, Erin e mamãe discutiram. Erin disse o que sempre dizia: que eu não devia me sentir pressionado a fazer algo que não me deixava à vontade, e que ficar de pé na frente de uma multidão, em rede nacional, era evidentemente *demais*. Ela ficou brava, acho, com o Bruins, sentia que eles me pressionavam demais.

Mamãe disse que eu tinha que ir. Eu era um símbolo de esperança e coragem. Tinha que fazer tudo que pudesse, não só pelo Bruins, mas pela cidade.

Eu não dizia nada, apenas escutava. Depois de algum tempo, fui rodando até meu quarto e peguei o violão. Alguns minutos depois, Erin veio se sentar comigo. Ela massageou minhas costas.

– A decisão é sua, Jeff – ela disse.

Mamãe deve ter ficado chateada, porque começou a beber. Por volta de meia-noite, ela parou diante da porta trancada do meu quarto e começou a gritar que eu não deveria deixar aquela oportunidade passar, que eu tinha que ajudar enquanto podia. "As pessoas estão lhe dando atenção agora", ela disse, "mas não vai ser assim para sempre".

Ela sumia por algum tempo, então voltava. Às vezes vinha chorando. Às vezes, gritando. Às vezes começava falando, depois berrava, e terminava com lágrimas.

– O que está acontecendo é especial, Jeff. Você está inspirando as pessoas. Como pode recusar? Como pode dizer não, depois de tudo que fizeram por você? Você deve isso a elas. Isso logo vai acabar – ela continuou. – Essa atenção toda. Mas sua recuperação não. Ela vai continuar para sempre. Então aproveite enquanto pode, Jeff, porque o mundo não vai continuar lhe doando por muito tempo.

Aquilo seguiu por três horas, até eu e Erin estarmos exaustos e minha mãe se esgotar.

– É sempre assim? – Erin perguntou, quando o apartamento enfim sossegou.

Dei de ombros. Aquilo não me pareceu grande coisa.

– Tem sido assim minha vida toda – respondi.

Ela me abraçou, embora eu não precisasse.

– Você tem razão – eu disse. – Nós precisamos do nosso próprio canto.

-31-

Na verdade, tanto mamãe quanto Erin estavam certas. Foi isso que me manteve acordado a noite toda pensando no Boston Bruins. Isso e a dor.

Eu precisava mesmo cuidar primeiro de mim, e isso começava com minha reabilitação. Tinha que treinar mais forte, por mais tempo, com concentração ainda maior. Os primeiros passos com minhas pernas artificiais foram uma revelação, mas também uma esperança falsa. Se eu posso andar três metros, pensei, então andar trezentos não vai ser tão difícil.

Era mais difícil do que eu imaginava. Havia tantas coisas que podiam dar errado: fraqueza nas coxas, o corpo ficar desequilibrado, minha perna travar por eu pisar numa superfície inclinada, ou, digamos, algo caído no chão. Eu tinha me dado um ano para aprender a andar. Tentar caminhar depois de apenas dois meses e meio, quase dez meses antes do que todo mundo me disse que seria possível... não era realista.

Eu precisava fazer as pazes com isso, aceitar minhas limitações. De outro modo, ficaria frustrado para sempre. Eu já me frustrava todos os dias com tudo que não conseguia fazer, com meu medo de estar numa multidão, e com o constrangimento causado pelas pessoas olhando para mim. Era deprimente. Quando não conseguia fazer algo simples, isso não apenas fazia com que me sentisse diferente, mas inferior ao que era antes.

Eu precisava mesmo aparecer na frente de trinta mil pessoas com o único objetivo de ficar de pé, quando isso era tão... nada para elas? E quando havia uma boa chance de eu não conseguir?

Por outro lado, a cidade de Boston tinha me ajudado tanto! Aquelas trinta mil pessoas no jogo de hóquei tinham acompanhado minha luta e me apoiado. Elas me enviaram presentes. Se eu era um símbolo de esperança e coragem, como tantas pessoas diziam, eu não tinha que assumir esse papel? Não era minha responsabilidade ser corajoso? Ficar de pé para a cidade quando esta me convocava?

Se eu podia, de fato, fazer com que as pessoas se sentissem melhor, como poderia recusar?

Não, não era a cidade que me convocava. Era apenas um time de hóquei. Mas era o time de hóquei de *Boston*. E era a Stanley Cup. Como eu poderia deixar a oportunidade de ajudar o Bruins a ganhar um campeonato?

Você pode fazer a diferença. Era o que minha mãe tinha me dito. *O modo como você age, Jeff, faz diferença na vida dos outros. É a isso que eles estão reagindo, a sua bondade e força. Talvez você não tenha pedido por isto, mas agora é seu. Por enquanto. Mostre-lhes que, não importa o que aconteça na vida deles, eles podem superar.*

Mostre que nós somos importantes. Que a tragédia pode nos deixar mais fortes.

Conversei sobre isso com minha fisioterapeuta, Michelle, no treino do dia seguinte. Percebi que ela não era a favor, e sei que estava certa. Eu não estava pronto.

Mas esperar era a melhor opção? Ela não estava sempre dizendo que eu precisava me esforçar?

– Se eu aceitar, você vai comigo?

Esse era um pedido e tanto. Eu adorava Michelle. Muita gente achava que ela era durona, principalmente quando acabavam de conhecê-la – e ela era. Michelle me levava ao limite, depois passava para o próximo exercício, dizendo: "Continue. Nada de intervalo".

Mas depois que você a conhecia melhor, via que ela era engraçada. Nós ríamos muito. Michelle só estava tentando ajudar.

Mas ela não era minha amiga; era alguém que eu pagava para me ajudar. E então lhe pedi que ela me dedicasse uma noite, sem remuneração. Mas ela não hesitou.

– Se você quer fazer isso, Jeff, eu vou com você.

Dessa vez eu estava preparado para o silêncio e a escuridão enquanto Carlos me empurrava até o meio da arena. Estava preparado para as luzes piscantes que riscavam o gelo, o apresentador retumbante, e o mar de gente que rugiu à minha volta quando as luzes voltaram. Michelle estava ao meu lado, mas não precisei dela. Peguei meu andador com as duas mãos e me coloquei de pé. Carlos agitou a bandeira "Juntos somos mais fortes" quando levantei minha mão e acenei para a multidão.

Todos ficaram ma-lu-cos. Eles estavam prontos. Eu lhes dei o máximo que podia.

O Bruins me ofereceu um camarote VIP, mas eu lhes disse que queria me sentar com o público dessa vez. Acabamos ficando algumas fileiras atrás, perto o bastante para ouvir as batidas dos tacos e gritar com os Blackhawks. Por acaso, alguns assentos à nossa frente estavam policiais de Watertown, incluindo o chefe de polícia, Ed Deveau. Eles estavam no tiroteio daquela noite que matou Tamerlan, e estavam presentes quando o FBI capturou Dzhokhar. Nós ficamos trocando histórias o tempo todo. Foram alguns desses policiais que me disseram: "Nunca duvide do que você fez pela investigação, Jeff. Você é um herói". Mas esses caras eram os verdadeiros heróis, eles arriscaram a vida para capturar os terroristas. Quando chegou ao terceiro período, nós estávamos nos abraçando. Foi uma honra participar da mesma história que eles.

Depois do jogo, Big D parou o carro na área para deficientes, fora do estádio, para me pegar. O Bruins perdeu a liderança no último período, entregando dois gols rápidos, e o Blackhawks comemorou o campeonato no nosso gelo. Estávamos chateados quando entrei no carro.

– Vamos embora, Big D – eu disse, colocando o cinto de segurança.

Alguém bateu na janela e eu olhei. Um sujeito com a camisa do Bruins estava parado, fazendo sinais para mim. Baixei o vidro.

– Jeff Bauman – ele disse. Tenho certeza de que estava bêbado. – Eu só queria cumprimentar você, irmão.

– Obrigado – eu disse, apertando a mão dele.

Quando ele saiu, outra pessoa se aproximou.

– Foi ótimo ver você esta noite, Jeff.

– Obrigado. Prazer em conhecê-lo.

Outra pessoa se aproximou. E mais uma.

– Nós temos que ir – Big D disse.

– Está tudo bem – eu disse, apertando mais uma mão. – Nós temos tempo. – Cumprimentei mais cinco ou seis pessoas, algumas conversaram comigo, umas mulheres me beijaram no rosto. Elas disseram que eu as inspirava, e respondi que elas também me inspiravam.

– Nós precisamos mesmo ir, Jeff – Big D insistiu.

– Calma – eu disse. – Só mais um minuto.

– Cara... não vai demorar só um minuto. Tem uma fila virando o quarteirão.

Olhei pela janela. Devia haver umas cem pessoas esperando para me cumprimentar, e outras iam se colocando no fim da fila.

Alguns minutos depois, nós partimos. Acenei para a fila enquanto saía, e a fila inteira acenou de volta. Foi um dos momentos mais memoráveis do meu verão. Antes, não tinha certeza de que queria ir ao jogo. Eu nunca tinha certeza de querer ir a lugar algum, para falar a verdade. Era sempre uma luta. Sempre.

Mas sempre terminava do mesmo modo: eu ficava muito feliz por ter ido.

* * *

Alguns dias mais tarde, me apresentei para minha única entrevista em rede nacional de televisão, com Brian Williams, da NBC. Ele tinha ligado pessoalmente para Kat, o que me impressionou tanto que fechei com ele, apesar da ligação de última hora da produção da Oprah. Mamãe ficou arrasada, ela adorava a Oprah. Mas eu tinha feito uma promessa e não podia voltar atrás.

Nessa entrevista foi a primeira vez que eu usei a expressão *mais forte*.

– De que forma você está diferente do que era antes da maratona? – Williams me perguntou.

– Estou mais forte – respondi. – Muito mais forte.

Eu queria dizer fisicamente. Em Spaulding fui chamado de Wolverine, dos X-Men, pelo modo como as minhas feridas cicatrizaram. Conseguia fazer cem flexões de braço, sem dificuldade, quando antes eu nunca tinha tentado. Tinha dominado a ponte com uma perna só. Eu estava fisicamente mais forte.

Mas também estava mais forte de outras maneiras. Só não tinha percebido isso, ainda.

- 32 -

Nós fomos para a casa do tio Bob na Costa Sul do estado do Maine em meados de julho. Nossa família ia até lá todo verão, era algo tão tradicional quanto o churrasco da tia Jenn em junho e a festa de aniversário do Cole em agosto. A casa do tio Bob era impressionante, tipo pé na areia. Nunca fui muito de praia – toda aquela areia –, mas era gostoso nadar no mar em um dia quente de julho.

Acabou que naquela semana aconteceu a polêmica da *Rolling Stone*. A revista tinha lançado uma edição com um *close-up* imenso de Dzhokhar Tsarnaev – o terrorista mais novo – na capa. Era quase uma foto glamorosa. Não tinha saído de um ensaio fotográfico, mas fazia com que ele parecesse atraente, quase um astro do rock.

O público ficou incomodado, principalmente em Boston. Houve protesto contra a revista, e um sargento da Polícia Estadual de Massachusetts chamado Sean Murphy tinha, sem autorização, entregado fotos da perseguição à revista *Boston*. As fotografias mostravam Dzhokhar coberto de sangue, tentando sair do barco onde foi encontrado. Uma imagem mostrava o ponto vermelho da mira laser de um rifle no rosto ensanguentado dele. Era isso que a *Rolling Stone* deveria ter publicado, ele disse.

Isso, por sua vez, criou outra polêmica.

O sargento Murphy, que a princípio foi suspenso da polícia, por acaso estava em sua casa de verão na mesma cidadezinha do Maine. Gerry

Callahan, o amigo do tio Bob que tinha um programa de rádio, disse que o sargento queria me conhecer. Eu disse "claro, fale para ele vir". Eu me encontrava com policiais o tempo todo, adorava conhecê-los.

Almoçamos, conversamos e depois tiramos uma foto. Pouco depois, tia Jenn publicou a foto no Facebook. Na manhã seguinte apareceu um artigo enorme no jornal, mostrando a foto e afirmando que eu apoiava o sargento Murphy. Não demorou para isso virar uma notícia nacional. Eu não senti que alguém tivesse feito qualquer coisa de errado, mas outras pessoas acharam que eu estava sendo manipulado. Que talvez Gerry Callahan, que tinha se manifestado abertamente sobre o caso, estivesse me usando para ajudar o sargento Murphy.

– Não quero fazer uma declaração – eu disse para Kat, quando ela me aconselhou a esclarecer esse mal-entendido. – Só quero esperar que isso desapareça.

Eu não era contra o sargento Murphy. Acho que ele não devia ter divulgado as fotos, e também acho que ele não devia ter sido transferido para o turno da madrugada, que foi o que acabou acontecendo. Foi uma época emotiva. Muito emotiva. Todos nós deveríamos ter uma nova chance.

Fiquei preocupado com a possibilidade de tudo ganhar proporções maiores do que deveria. E foi o que aconteceu. Com a foto circulando, a imprensa desenterrou algo que eu tinha dito para Gerry Callahan na WEEI, que gerou uma polêmica menor, na época. Callahan me perguntou o que eu pensava de Tsarnaev, e eu respondi: "Ele está morto, e eu continuo aqui".

Eu não pretendia parecer vingativo. Não estava dizendo que o queria morto, nem que estava feliz por ele ter morrido. Era uma simples constatação dos fatos. Quem ficou melhor por causa do atentado? Ninguém. Mas aquele covarde ficou pior do que eu.

Mas então a imprensa juntou a foto com a declaração, sugerindo que eu havia ficado ofendido com a capa da *Rolling Stone* e que estava furioso com os irmãos Tsarnaev.

Era loucura.

E estava errado.

Não sinto desejo de vingança contra os terroristas. Não quero ver o irmão sobrevivente ser torturado, executado nem eliminado de qualquer forma. Não quero, obrigatoriamente, que ele morra. Só não quero que fique livre para poder machucar outras pessoas, mas não acredito que a morte dele alcance algum objetivo; não vai me trazer conforto. O que eles fizeram é parte da minha vida, quer estejam vivos ou não.

Respeito as pessoas que pensam diferente. Tia Jenn e mamãe odeiam os terroristas pelo que nos fizeram passar. Elas os chamam de "monstros" e "animais".

– Eles não merecem estar neste planeta – tia Jenn diz.

Para minha mãe, a questão é simples.

– Eles mataram pessoas, Jeff – ela diz. – Mataram uma criança. Os pais de Martin tiveram que assistir ao filho morrer. Só um monstro faria uma coisa dessas.

Não, eu pensei. Eles eram gente. Não importava o que tivessem feito, eram gente.

Eu nunca pensei neles além disso. Por quê? Não sei. Talvez fizesse parte do processo de cura. Talvez um dia eu passasse pela fase da raiva, como a psicóloga em Spaulding tinha dito que poderia acontecer. Mas as pessoas em que eu penso, quando o dia está sossegado e tenho que pensar no atentado, são os Odom, que estavam no hospital com a minha família; a Sra. Corcoran, que perdeu as pernas e quase perdeu a filha; Pat e Jess, os recém-casados; Martin, Krystle e Lingzi Lu, que estavam perto de mim, mas que nunca conheci.

Eu penso em Carlos.

Todos esses amigos me inspiram.

Não me incomodou que a *Rolling Stone* escrevesse sobre Dzhokhar Tsarnaev. Eu não quis ler a matéria, e não li, mas não me incomodou que tentassem entender por que ele quis explodir uma maratona e matar pessoas inocentes. É importante saber, porque ele não era um monstro. Era um garoto.

Eu me sentia mal por ele, na verdade. Não tão mal quanto me sentia pelas vítimas, mas um pouco. Ele só tinha dezenove anos, e quando se tem essa idade, você faz coisas idiotas. Eu fiz, e você também deve ter feito. Claro, pouca gente faz algo tão estúpido ou maléfico – e não existe outra palavra para isso; explodir estranhos é maléfico –, mas ainda assim ele era apenas um adolescente deprimido agindo como um babaca.

As pessoas têm apenas duas ou três escolhas importantes para fazer na vida. Que profissão seguir, com quem se casar. Essas são grandes decisões. Se você acertar essas duas, provavelmente será feliz.

Dzhokhar Tsarnaev tomou a pior decisão possível. Destruiu a própria vida e acabou com a de pessoas inocentes. Ele tinha dezenove anos e não terá a chance de tomar qualquer outra decisão importante. A vida dele acabou.

Não quero dar nenhuma ideia para a defesa dele. Não quero que digam: "Jeff Bauman não tem raiva do meu cliente", porque isso não cabe a mim. Nós devemos decidir o destino dele juntos, porque nosso país é assim. Espero que ele fique na prisão para sempre.

Mas eu culpo principalmente o irmão dele. Tamerlan Tsarnaev e eu tínhamos semelhanças. Nós dois estávamos com 27 anos quando a bomba explodiu; tínhamos um irmão de dezenove anos. Eu sei como essa posição é poderosa, porque sei como meu irmão me admira. Ele faria qualquer coisa que eu pedisse. Alan está na Força Aérea, agora que passou pelo treinamento inicial, então talvez esteja diferente, mas um ano atrás... qualquer coisa que eu lhe dissesse, ele teria acreditado.

Há pouco tempo, li sobre Tamerlan. Foi algo que evitei por muito tempo, mas depois eu quis saber. Descobri que ele era um valentão. Um boxeador que parou de lutar, mas que ainda gostava de bater nos outros. Um homem que gritava com o líder de sua mesquita, que intimidava as pessoas do seu bairro. Ele tinha um temperamento terrível. Batia na namorada. Tinha se casado, mas a esposa era só mais uma pessoa para ele intimidar e abusar. Tamerlan era um homem cuja religião – não, não a religião, mas a *interpretação* que ele fazia da religião – não permitia que uma mulher fosse igual a ele.

Às vezes eu penso que, talvez, essa fosse a maior diferença entre mim e ele. Tamerlan tinha um saco de pancadas. Eu tenho uma companheira.

Volto àquelas decisões importantes. Talvez eu pense nelas porque estou no momento de tomá-las. Estou naquele momento da vida em que nos tornamos adultos; quando temos que tomar essas grandes decisões que irão definir quem vamos ser, porque não tomá-las torna-se uma decisão.

Tamerlan Tsarnaev... ele era tão pequeno. Não conseguiu lidar com isso. Ele era um fracassado. Precisava se tornar um homem, mas resolveu explodir tudo. Ele não estava furioso com o modo como tratamos os muçulmanos. Quero dizer, ele estava, e entendo o porquê. Nós matamos crianças lá, não dá para negar.

Mas não foi por isso que Tamerlan explodiu uma bomba na Maratona de Boston. Ele detonou a bomba porque sua vida ainda não tinha dado certo, e ele tinha medo de continuar tentando. Tamerlan acreditava que o mundo não é justo, e tinha razão: o mundo não é justo. A vida é difícil. Pessoas cometem suicídio em fábricas na China, para que possamos ter iPhones baratos. Isso é horrível.

Mas a solução é explodir tudo? Não, claro que não. Existem outras maneiras. Explodir uma bomba, ou atirar em uma escola fundamental, não torna você grande. Torna-o a menor pessoa do mundo, o tipo de pessoa que culpa os outros, porque não consegue se encarar.

Acho que estou com raiva disso. Com raiva de que um fracassado como Tamerlan Tsarnaev tenha encontrado um modo de machucar outras pessoas. Ele morreu, e a única coisa que deixou na terra foi suas vítimas.

Não, nem isso vou dar para ele. Não sou uma vítima dele. Tampouco o são os Corcoran, os Odom ou todas as outras pessoas que eu admiro. Todos nós ficaremos mais fortes, mesmo as famílias que perderam alguém. Não vou ceder à raiva, porque estar com raiva me faz ficar mais parecido com ele. Mas também porque a raiva atribui alguma importância a ele, e Tamerlan não teve nenhuma. A vida dele não foi nada.

A vítima do ódio e da covardia dele, no fim, foi seu próprio irmão.

Eu soube que o artigo da *Rolling Stone* termina com Dzhokhar chorando durante dois dias seguidos no quarto do hospital. Isso deixou as pessoas confusas. Elas se perguntaram por que ele estaria chorando.

Não fiquei confuso. Ele é um ser humano. E matou uma criança. É claro que chorou. Por que não choraria? Ele estava acabado.

Eu estava na praia.

Claro que parte da minha viagem ao Maine foi dolorosa, outra parte foi frustrante. Fiquei sentado no fim do passeio, olhando para a praia e sem conseguir me mover na areia, fosse na cadeira de rodas, fosse com as pernas artificiais. Fiquei preso até tio Dale vir me pegar, me pendurar nas suas costas e me levar até nossa esteira.

O dia estava quente, mas a cerveja, gelada. Eu olhei para a água e pensei na Sra. Corcoran, em como ela adorava caminhar na praia, e em como ela chorava porque nunca mais faria isso. Ela estava certa. Nenhum de nós poderia jamais caminhar na praia. Isso era chato. Mas com Erin e Cabeção do meu lado, e uma cerveja na mão, a vida estava boa.

Foi isso que eu quis dizer com "Ele está morto e eu estou aqui". Eu queria dizer que Tamerlan nunca mais sentiria o calor do sol.

Eu ainda tenho pessoas para amar.

- 33 -

Depois da viagem ao litoral, Erin e eu começamos a procurar um apartamento em Boston. Morar em Boston tornaria as coisas mais fáceis para eu fazer fisioterapia no Spaulding e também para Erin encontrar um novo emprego. Ela não queria ter que viajar entre a cidade e Chelmsford todos os dias, e em Boston havia muito mais oportunidades. Além disso, eu sempre quis morar na cidade. Erin e eu adorávamos passear em Brighton antes do atentado; tínhamos amigos lá, como Michele e Remy, e cafés e restaurantes de que gostávamos. Parecia o ideal. Podíamos alugar por um ano e ver se seria tão perfeito como pensávamos.

Bastou uma volta procurando apartamentos para eu perceber que não iria funcionar. Estar na cidade com Erin seria ótimo, e ir aos lugares seria divertido, mas quando pensei em ficar sozinho num apartamento, ou na rua, tentando ir a uma loja tarde da noite, meu coração começou a bater mais rápido.

Eu me lembrei das palavras do comissário Davis na manhã da caçada aos terroristas. "Acreditamos que se trata de um terrorista. Acreditamos que se trata de um homem *que veio aqui* para matar pessoas."

Ele estava errado. Os irmãos Tsarnaev não tinham vindo para nos matar; eles já moravam aqui. O que quer que eles também fossem, eram parte de nós. Eles também eram Boston.

Se não ficaríamos em Boston, nós dois sabíamos que isso significava encontrar um lugar em Chelmsford, e essa seria uma grande mudança para Erin. A vida toda ela morou na cidade, e mesmo quando se mudou para o apartamento da minha mãe, para me ajudar, ela acreditava que voltaria para Boston. Então fomos devagar, olhando uns poucos apartamentos por semana. Existem belos apartamentos em Lowell e Chelmsford, a maioria em fábricas e tecelagens reformadas, mas não encontrávamos nada de que gostássemos.

Acho que não estávamos realmente querendo encontrar algo. O apartamento da minha mãe era temporário, embora eu morasse ali havia anos. Lá sempre me pareceu temporário; o lugar em que eu ficava antes de tomar as grandes decisões da minha vida. Mas naquele momento ficou claro que eu não cabia mais ali. Eu precisava cuidar de Erin e de mim mesmo seguindo em frente.

Eu estava pensando no futuro, algo que Erin e eu evitávamos desde o atentado. O futuro – minha vida como deficiente – parecia sufocante, então pensávamos no dia seguinte. Em melhorar, ficar mais forte. Fazer o necessário, hoje, para recuperar a normalidade.

Sempre que alguém me perguntava o que eu queria, era isso que eu respondia: "Só quero ser normal".

Repetidas vezes, isso apareceu em entrevistas e artigos: "Eu só quero ser normal". Para mim, isso significava andar. Eu queria ser confiante o bastante para caminhar na Maratona de Boston de 2014. Não importava a multidão, nem o medo ou as lembranças ruins. Eu queria andar.

Eu sabia que isso significava superar cada objetivo imediato que Michelle estabelecia para mim. Eu estava usando muletas em vez do andador e já andava na grama. Estava quase pronto para encarar uma escada. Esse era meu objetivo do momento: subir e descer um lance de escada. Eu não tentava pensar além disso.

Mas agora que eu e Erin iríamos morar juntos, no nosso próprio lugar, era necessário pensar no futuro. Onde estaríamos em cinco anos? O que queríamos?

O que *normal* de fato significa?

Erin resumiu muito bem: "Existem duas formas de isso acontecer", ela disse. "Podemos tentar esquecer tudo isso. Você volta para o Costco e eu para a administração hospitalar, e podemos tentar levar uma vida normal. Ou podemos aceitar a mudança e fazer o melhor possível."

Era uma questão séria, e ainda não a resolvemos. Mamãe sabia o que queria para mim: ela queria que eu aceitasse a oportunidade. Acho que ela nunca acreditou na ideia de que seu filho poderia ser um modelo para os outros, que eu poderia angariar recursos para os necessitados e inspirar pessoas envolvidas em tragédias. Quando ela pensava no meu futuro, sempre imaginava um engenheiro com uma bela casa em North Chelmsford.

Mas o que eu podia fazer para ajudar o mundo?

Eu tinha dinheiro, mas não sabia o que fazer com ele. Não fazia ideia de como começar uma organização beneficente. E quem minha organização beneficiaria? Havia tanta gente com problemas graves sem alguém para ajudá-las. Eu tinha visto muitas em Spaulding.

Havia milhares de crianças enfrentando o câncer. Eu as encontrava nos eventos beneficentes.

Um diretor do *campus* de Lowell da Universidade de Massachusetts escreveu para mim a respeito de uma bolsa de estudos para vítimas do atentado. "No futuro, se você pensar novamente em nossa universidade, por favor, saiba que faremos de tudo para tornar este *campus* um lugar acolhedor para você", escreveu o diretor.

Mas eu não precisava mais da ajuda deles. Precisei no passado, quando era um ninguém, e novecentos dólares poderiam ter mudado a minha vida. Eu deveria tentar ajudar outros em situação semelhante?

Erin teria que se envolver, é claro, em qualquer trabalho de caridade. Eu seria a face pública; ela estaria no comando. Mas Erin ficaria feliz com isso? Ou precisava ter seu próprio trabalho, longe do Mundo Jeff Bauman?

– Você pode escrever um livro – Kat sugeriu.

Humm...

– Você pode contar sua história, do modo que acha certo.

Mas...

– Isso pode ajudar os outros. Inspirá-los.

Não estou muito seguro disso...

– E você não teria que falar com a imprensa. Pelo menos não até o livro ser publicado.

Tudo bem, agora você me convenceu.

Mamãe adorou a ideia. Erin não se convenceu. Aliás, na verdade, ela odiou a ideia. Erin é uma pessoa reservada; não queria abrir nossa vida para estranhos.

Ainda assim, ela conseguiu enxergar as vantagens. Erin queria ajudar, porque ela se importa com os outros mais do que qualquer pessoa que eu conheço.

E eu sabia que precisava fazer algo. Talvez eu precisasse mesmo de uma maneira de refletir sobre o que tinha passado. Um livro não serviria só para contar a minha história, ele também ajudaria a deixar minha história para trás. Serviria para pegar todas as lembranças e colocá-las numa caixa, para depois guardá-la numa prateleira alta, fora das minhas vistas, mas que estariam ali quando eu precisasse. Quando eu estivesse pronto.

Desde que não me cansasse demais, argumentei com Erin, um livro podia ser uma forma de terapia.

– A decisão é sua – Erin disse. – Só tenho um pedido. Se você vai fazer isso, faça do jeito certo.

Alguns dias mais tarde, eu e Erin estávamos almoçando em um de nossos restaurantes favoritos, Joe's American Bar and Grill, no centro de Boston. Era aniversário da mãe dela. Eu sabia que ela tinha ficado muito abalada com tudo que aconteceu, e que queria participar da minha recuperação, embora nunca tivesse pedido. Então convidei-a para ir à fisioterapia comigo, naquela manhã, e depois almoçar. O restaurante fica na Rua Newbury, a dois quarteirões do lugar em que as bombas explodiram, na Rua Boylston. Pensei que ficaria bem, pois agora aqueles quarteirões são normais, já limparam todo o sangue.

Mas tenho que admitir que estar naquela parte da cidade me deixou nervoso; me lembrou de que o mal existia e das coisas terríveis que podem acontecer com a gente quando menos se espera. Se uma bomba podia explodir na Rua Boylston, por que não ali?

Então, embora eu estivesse adorando o almoço, e em especial a companhia, quando terminamos eu estava ansioso para ir embora. Mas quando pedi a conta, a garçonete nos disse que já tinha sido paga.

– Por quem? – perguntei.

– A pessoa quer permanecer anônima.

Fiz cara de filhotinho. Quem pode resistir a um homem numa cadeira de rodas?

– Eles não queriam incomodar você – ela disse.

– Nós só queríamos dizer obrigado.

A garçonete riu.

– Era isso que eles queriam que eu dissesse para você.

Não sei como descrever a sensação. Foi como... se eu estivesse parado na chuva e um estranho se aproximasse e me desse um guarda-chuva, e então se afastasse sem dizer nada. Semanas depois, eu ainda pensava nisso. Sobre o quanto pequenas coisas podem significar.

Isso me fez perceber que talvez eu *devesse* fazer algo de bom para o mundo.

-34-

Em algum momento daquele verão, Kevin mencionou que ficaria fora da cidade por uma semana, para participar da Conferência Anual de Gerentes do Costco, em Seattle.

– Vou estar lá um ano desses, Heavy Kevy – brinquei. – Vou tomar seu emprego.

Kevin me encarou.

– Não – ele disse. – Você vai este ano, Jeff. Vou levar você, se quiser mesmo ir.

– Não, não – eu disse. – Não posso...

Mas ele falava a sério, e alguns dias depois tinha passagens para mim e Erin. Eu queria conhecer as pessoas que torciam por mim e me ajudavam, e Kevin queria que essas pessoas me conhecessem. Ele tinha orgulho de mim, acho. Não devido ao que eu tinha passado, mas por quem eu era.

A viagem de avião acabou se mostrando mais fácil do que eu imaginava. Fui com minhas pernas e, exceto por uma revista excessivamente íntima, de quinze minutos, pelos seguranças do local, passei pelo aeroporto como qualquer um. Essa era a maior viagem que eu fazia desde que fui para Paris e para a Normandia, aos 23 anos, com meus amigos do ensino médio Pete e Jae. Eu nunca tinha estado tão longe de Boston com Erin e estava ansioso para viajar.

Quando estivéssemos fora de Boston eu poderia andar pela rua sem ser reconhecido.

Na primeira noite fomos a um jantar especial com meus companheiros amputados Byron e Will, acompanhados de alguns dos meus maiores apoiadores, como a compradora de entretenimento do Costco, Pennie Clark Ianniciello, que me enviava kits de suprimentos desde a minha primeira semana no hospital. Na verdade, ela continuava enviando esses pacotes para as pessoas no quinto andar do Spaulding, embora eu não estivesse mais lá.

Pennie queria saber tudo, então contei para ela da reabilitação, de Erin e da cidade de Boston. Contei que estava pensando em escrever um livro, que pensava em chamar de *O que te faz mais forte*, porque mostraria que o atentado não me deteve, e sim fez com que eu amasse ainda mais minha vida, e ela me encorajou a escrever.

– Esse é o tipo de história que desejamos incentivar – ela me disse. – Um cara durão.

Pennie era hilária. Nós jantamos juntos três ou quatro vezes, e nem posso mencionar as histórias que ela despejou sobre nós, porque é provável que fizessem este livro ser banido das livrarias.

Após o jantar, fomos ao parque Kerry apreciar a vista e depois fomos à roda-gigante embaixo do Pike Place Market para uma volta ao pôr do sol. A maioria das pessoas foi para casa depois do passeio na roda-gigante, mas Will e a esposa nos acompanharam de volta ao hotel. Ele levou o violão e tocamos durante horas.

No dia seguinte fui à sede do Costco conhecer o novo CEO, Craig Jelinek, e o antigo, Jim Sinegal, que continuava na diretoria. Sinegal tinha fundado e erigido uma das maiores empresas dos Estados Unidos, mas o escritório dele parecia pertencer a um contador. Em vez de uma escrivaninha, ele tinha duas mesas dobráveis, cobertas de papéis. A única decoração era um enorme quadro de cortiça cheio de fotos de empregados. Ele tinha uma caneta verde famosa; todos no Costco falavam de conseguir "tinta verde", o que significava a aprovação do Sr. Sinegal. Durante anos era ele que aprovava tudo, desde a composição dos doces no saco de dois quilos ao meu seguro-saúde de primeira.

E ele estava sempre certo.

Naquela noite o Sr. Sinegal convidou Erin, Byron e eu para nos sentarmos com ele na mesa principal do grande jantar da empresa. A mulher dele também estava lá; os dois eram pessoas das mais gentis. Nunca daria para imaginar que eles tinham, tipo, cem milhões de dólares. O Sr. Jelinek apresentou Byron e eu, e comentou sobre nossa ligação especial. Alguém depois me disse que Byron não estava usando as pernas para trabalhar, mas voltou a usá-las depois que me conheceu. Nós tínhamos inspirado um ao outro.

No dia seguinte, Kevin e seu companheiro levaram Erin e eu para um passeio pela cidade. Kevin tinha crescido no estado de Washington, então conhecemos a família dele, e sua irmã nos levou para passear no barco dela, de modo que pudéssemos ver a cidade da água. Houve uma festa da empresa no Safeco Field, o estádio do Seattle Mariners – com a banda Huey Lewis and the News! Foi muito bom! – e quem tinha perna dançou. Todo mundo no Costco era extraordinário. Todo mundo. Foi uma honra poder agradecer a todos pessoalmente, porque eles tinham feito muito por mim e Erin.

Mas havia uma pessoa que eu também estava ansioso para conhecer.

Em julho, Erin tinha me mostrado um exemplar da revista *Runner's World*, que ela comprava. Dentro havia a fotografia de um homem sem camisa, equilibrando-se apenas nos braços. Ele era forte. Essa era a segunda coisa que se reparava; a primeira era que ele não tinha pernas. O título de página dupla dizia: "Andre Kajlich é mais durão que você. (Talvez seja mais feliz, também)".

Eu li a história no mesmo instante. Quando Andre tinha 24 anos e fazia faculdade na República Tcheca, foi atropelado por um trem de metrô. Ele perdeu uma perna acima do joelho e a outra na altura do quadril. Eram ferimentos devastadores. Duas articulações artificiais em uma perna é algo difícil; três é quase impossível. Mas Andre era um homem decidido: ele não só aprendeu a caminhar com as mãos, mas também com suas pernas artificiais. Arrumou emprego em uma universidade e passava as férias de verão trabalhando em um acampamento para adolescentes que perderam as pernas. Começou a competir em paratriatlos e foi o Paratriatleta do Ano em 2012. O artigo tinha sido escrito pouco depois de ele completar, de cadeira de rodas, a Brazil 135+, uma ultramaratona de 135 milhas em três dias.

– Eu quero conhecer o Andre – disse para Erin, assim que Kevin falou na viagem. Andre era de Edmonds, Washington, mas morava em Seattle. Erin enviou um e-mail para a *Runner's World* e, para nosso espanto, Andre respondeu. Ele também queria me encontrar, então era nisso que eu pensava quando o avião aterrissou: vou conhecer Andre Kajlich. Andre é mais durão que você.

E mais feliz, também.

Encontramos Andre numa noite para jantar: Erin, Byron, Pennie, Kevin e eu. Ele apareceu sozinho; essa foi a primeira coisa que notei. Dava para ver as pernas artificiais dele, mas Andre parecia não reparar nelas. Para ele, as pernas não eram nada demais.

Ele se sentou sorrindo. Andre era totalmente despretensioso, mas esbanjava carisma; ele tinha *aquele* jeito, mas também era humilde e realista. Ele perguntou sobre todos, interessando-se de verdade pelos presentes, e quando falou de si mesmo... era como se acreditasse que não existia nada que ele não pudesse fazer. Era como se ele nunca duvidasse. Falou de seu trabalho com crianças e do Fundo dos Atletas Deficientes (CAF, em inglês), uma organização beneficente que promove comunhão entre os amputados e doa próteses para os necessitados.

– Tem um encontro do CAF em San Diego, no mês que vem – ele me disse. Seria uma reunião, explicou, para pessoas que perderam membros. Nenhuma pressão, só apoio. Ele queria que Byron e eu fôssemos.

– Pode ser – eu disse, embora já soubesse que outra viagem de costa a costa, tão cedo, era demais. Mas contei a respeito do encontro para meus amigos recém-casados, Pat e Jess, e eles foram. Quando voltaram, estavam muito empolgados; mostraram fotos de crianças correndo umas em volta das outras com suas pernas artificiais, divertindo-se a valer.

Andre planejava correr as maratonas de Los Angeles e Boston para levantar dinheiro para o CAF.

– Você vai correr, de cadeira de rodas, duas maratonas em um mês? – Erin perguntou, impressionada.

Não, Andre pretendia correr a Maratona de Los Angeles, para depois atravessar em cadeira de rodas o país, com um amigo, e então correr também a Maratona de Boston. Haveria 44 dias entre uma corrida e outra. Se eles conseguissem, seria a travessia não motorizada mais rápida dos Estados Unidos.

Não ligo se ele conseguirá. Não mesmo. Nem ligo se ele vai mesmo tentar. Sonhar tão grande – que o sonho possa ser transformado em realidade – já é inspirador.

É isso que Andre faz: ele inspira. Ele é forte de mente e corpo. Tão bonito que é ridículo. Extremamente culto, inteligente. Os dois pais dele eram doutores, a irmã é uma atriz famosa. (E, por falar em beleza... uau, os genes dessa família!)

Eu nunca vou ser como Andre. Ele é um puro-sangue. Com pedigree.

Eu sou um vira-lata.

Mas tudo bem. São os vira-latas que costumam surpreender.

-35-

De volta a Boston, fui para a academia com tudo. Fiquei mais cansado com a viagem a Seattle do que queria admitir, mas sabia que não havia tempo a perder. Eu nunca seria como Andre, mas tinha meus próprios objetivos. Com a ajuda de Michelle, andei em uma superfície inclinada e na grama do lado de fora de Spaulding. Em 17 de agosto, quatro meses depois de ter perdido as pernas, caminhei dez minutos sem parar na esteira.

– Você está pronto para começar com escadas – Michelle disse.

Isso sim é progresso.

Alguns dias depois, comecei a sentir dor na minha perna direita. Dava para ver que o encaixe do soquete não estava certo. Uma fenda tinha se aberto na parte de baixo, entre minha perna e o plástico, e não importava o quanto eu apertava a tira de velcro, o soquete não ficava bem preso. Isso fazia com que ele se movesse enquanto eu andava, beliscando e assando partes diferentes da minha coxa.

O encaixe é importante. Essa é uma das coisas que lembro de Byron e Will me dizerem quando os encontrei em junho.

– Se conseguir um bom encaixe em uma das pernas, nunca o mude. Um bom encaixe é tudo.

Falei com Michelle do problema. Ela me recomendou tentar uma meia extra, que é como colocar mais uma cueca se a sua calça estiver folgada. Quero dizer... sério? Erin sempre levava meias adicionais na bolsa, então coloquei uma e dei alguns passos. Não funcionou: o encaixe estava frouxo, e comecei a sentir beliscões no quadril.

– Isso costuma acontecer – Michele me disse. Eu tinha sofrido extenso trauma físico, não só no local em que minhas pernas foram arrancadas, mas em todo o corpo. Minhas pernas continuavam retendo fluidos, e às vezes esse fluido se movimentava.

– Não se preocupe – Michelle disse. – Vamos trazer o pessoal da prótese para sua próxima sessão.

Eu andei com as muletas entre as barras paralelas. Fiquei parado e fiz movimentos, como se estivesse girando um machado por cima dos ombros, primeiro o direito, depois o esquerdo. Eu me concentrava em mudar o apoio principal de uma perna para a outra sem perder o equilíbrio. Quando Michelle sugeriu a escada, minhas coxas gritavam, mas me sentia confiante quando me aproximei do aparelho: quatro degraus de madeira que levavam a uma plataforma, com mais quatro descendo do outro lado. Ele ficava no canto da academia; havia meses eu notava pacientes treinando nesses degraus.

Não cheguei a subir o primeiro degrau; não consegui levantar meu pé o bastante.

– É um novo movimento – Michelle explicou. – Não é só levantar. Você tem que jogar a perna abaixo da articulação para trás, depois levantar o joelho, para então levar a perna para a frente. Esse é o único modo de superar a elevação.

Aquilo parecia o que eu vinha fazendo havia meses. Não é assim que se anda? Mas quando tentei jogar a perna para trás, não consegui.

– Não se preocupe – Michelle diz. – Ninguém consegue da primeira vez.

Ao caminhar, tudo ia para a frente. Eu alternava os apoios aos poucos; levantava uma perna, então jogava-a para a frente. O joelho só dobrava um pouco, e o movimento à frente contribuía para o meu equilíbrio. Tudo trabalhava junto.

Mas agora eu tinha que levantar para trás e me mover para a frente, o que desequilibrava tudo.

– Não perca o entusiasmo – Michelle disse. – Você vai se acostumar.

Olhei para meu pé e tentei movê-lo para trás. Nada aconteceu. Eu estava preparado para não conseguir me levantar, mas não para esse tipo de insucesso. Olhei para Erin. Tentei mais uma vez, o suor se formando na minha testa, mas não ia rolar.

– Não consigo – eu disse, sério.

Erin pôs o braço ao redor da minha cintura, enquanto eu segurava no corrimão daquela escada para lugar nenhum.

– Existe um motivo para demorarmos a subir escadas – Michelle disse.

Não falei muito na volta pra casa. Começava a me dar conta de que, apesar de todo meu progresso, o caminho ainda seria longo. *Só faz alguns meses*, racionalizei. *Mantenha seus objetivos*. Mas a dúvida agitava meu cérebro: só faz alguns meses, e pense como tem sido difícil. Agora imagine o resto da sua vida.

Quando chegamos fui me sentar no meu quarto. Tirei as pernas; minha parte de baixo e minhas coxas estavam suadas e doloridas. Elas estavam sempre suadas e doloridas. Apoiei as pernas na cama e comecei a jogar MLB: The Show. Eu jogava com um time de estrelas de todos os tempos. Pedro estava no arremesso. Ninguém podia tocar em Pedro.

Ouvi Erin se movimentando na cozinha, tentando preparar o jantar. Mamãe chegou, e ouvi as duas conversando. Mexendo nas coisas, andando pelo apartamento e falando. Eu só queria sair. Telefonei para um amigo e Erin me levou até a casa dele, para que eu pudesse assistir ao jogo do Red Sox, tomar umas cervejas e esquecer da vida.

Quando voltou para me pegar, à uma da manhã, Erin estava chorando.

– O que aconteceu?

Erin me contou que tinha ficado fora algumas horas, depois de me deixar. Ela se sentia bem. Relaxada. Mas assim que entrou no apartamento, minha mãe a atacou.

Eu tinha encontrado na internet uma casa de que gostei. Era térrea, tinha um belo quintal na frente e ficava numa colina. Nós marcamos de ir vê-la com o corretor imobiliário na tarde do dia seguinte.

Mamãe ficou furiosa com Erin por causa disso. Ela não acreditava que eu pudesse dar conta de uma casa na colina. Erin tentou dizer para ela que não fazia mal visitar o imóvel.

Mamãe não quis saber e acusou Erin de me pressionar; disse que ela estava me dando falsas esperanças, que a casa não era realista.

– Ele gostou – Erin disse. – É a primeira casa que ele quer mesmo ver.

– E se ele quiser comprá-la?

– A decisão é do Jeff.

– Mas ele não dá conta de uma casa na colina.

Mamãe tinha ficado sozinha em casa com uma garrafa de vinho. Quando mamãe estava assim, ninguém podia com ela, e Erin não teve sossego.

– Não sei por que vocês precisam de uma casa agora – mamãe gritou.

– Jeff está pronto para seguir em frente.

– Ele não está pronto.

– Ele tem 27 anos – Erin argumentou.

– Ele pode ter 27, mas não tem pernas.

– E daí? Ainda assim ele pode fazer o que quiser – Erin disse.

– Por que você está pressionando tanto meu filho?

– Não estou pressionando o Jeff.

– Por que essa casa?

– Ele que escolheu.

– Mas não serve para ele.

– Eu sei disso, Patty. Eu sei disso. Mas o Jeff tem que perceber isso sozinho.

Mamãe começou a argumentar, mas Erin a interrompeu.

– Ele tem que tomar as decisões dele – ela disse. – Não vou dizer para ele o que deve fazer.

Meia hora depois, Erin estava no carro, do lado de fora da casa do meu amigo, tremendo. Esse tipo de coisa não acontecia na família dela, Erin disse. Eu sabia que, provavelmente, tinha sido a pior briga da vida dela.

– Eu não aguento, Jeff – ela disse. – Não aguento isso. – Ela fez uma pausa. – Nem sei se ela vai se lembrar do que aconteceu.

– Me leve para casa – eu disse.

Eram quase duas da manhã, mas mamãe continuava acordada, e eu sabia que estaria. Eu fui com tudo, gritei com ela como nunca tinha feito. Ela gritou de volta, no começo, mas depois recuou. Ela só... se rendeu.

Fui para a cama uma hora depois, mas não consegui dormir. Fiquei deitado ao lado de Erin, olhando para o teto. Eu não dormia direito havia meses, mas de algum modo, dessa vez foi diferente. Doeu mais.

No dia seguinte, Erin e eu fomos ver a casa. Não servia para mim.

-36-

Em meados de agosto, Big D me levou para Watertown. Erin tinha morado a poucos quarteirões dali, do outro lado do Rio Charles, em Brighton, e costumávamos ir a Watertown para fazer compras ou jantar. Eu gostava de Watertown, um subúrbio operário que tinha se desenvolvido na última década. Era estranho pensar que ali, rodeados por aquelas casinhas e pelos novos centros de compras, os terroristas tinham enfrentado a polícia.

Eu mantinha contato com os policiais de Watertown desde que os conheci no jogo do Bruins. Trocamos mensagens de texto por alguns dias, e encontrei o chefe de polícia, Ed Deveau, num evento beneficente e depois num show do Harry Connick Jr., no começo do verão. O Clube de Campo Rio Charles, em Newton, ali perto, tinha oferecido golfe e natação grátis aos policiais naquele dia, em reconhecimento ao heroísmo deles, e o Chefe Deveau insistiu para que eu também fosse. Eu fazia parte daquilo, ele me disse. Nós não teríamos pegado os terroristas sem você.

Meu golfe estava enferrujado, então deixei esse esporte para lá. Big D e eu encontramos com os policiais mais tarde, no pátio da sede do clube. A primeira pessoa que vi foi Vincent D'Onofrio. Eu nunca fico embasbacado com os astros – tudo bem, com Pedro eu fico, mas só com ele –, mas... Vincent D'Onofrio! Eu o assisti em *Lei e Ordem: Crimes Premeditados* umas cem mil vezes.

Acontece que ele era amigo do Chefe Deveau. Imaginei que fosse uma amizade decorrente da pesquisa sobre o trabalho policial, mas quem sabe? O Chefe Deveau era um policial de carreira, estava nas trincheiras havia muitos anos, mas tinha um jeito de político, no bom sentido. Ele tinha classe.

O chefe me convidou para a mesa dele, e depois de um pouco de conversa, apresentou-me alguns de seus homens. Havia muita informação errônea circulando sobre o tiroteio. Até eu tive dúvidas quando a notícia surgiu: como Dzhokhar conseguiu escapar de toda uma força policial? Como ele fez para atropelar o próprio irmão, a causa oficial da morte de Tamerlan?

Consegui montar o quebra-cabeça ouvindo as histórias dos policiais de Watertown e com a ajuda de alguns artigos e programas de notícias. A versão a seguir não é a que eles me contaram. Essa é a minha versão, elaborada com todas as partes que reuni naquela tarde e ao longo do tempo. Os policiais contam histórias daquele dia, mas não ficam se gabando, nem um pouco; acho que eles se sentem compelidos a falar. Eles são altivos, mas também humildes. Eu penso que eles achem difícil acreditar no que aconteceu: um caso corriqueiro de carro quebrado transformando-se em quatrocentos tiros disparados e três bombas detonadas em menos de cinco minutos, em um tranquilo quarteirão residencial.

O policial Joe Reynolds viu o carro roubado descendo a Avenida Dexter, vindo de Cambridge. Ele pensou que fosse um roubo comum.

– Acontece direto em Cambridge – Chefe Deveau brincou.

Isso foi três dias depois do atentado, e cerca de seis horas depois que as primeiras fotos tiradas de vídeos de segurança foram liberadas. O policial do MIT Sean Collier tinha sido baleado em Cambridge duas horas antes. Boston estava em alerta total; milhares de pistas tinham sido passadas à polícia, mas Boston é uma cidade grande, e crimes acontecem o tempo todo, mesmo naquela semana. Por exemplo, uma loja de conveniência 7-Eleven foi assaltada quase na mesma hora e perto do local em que o carro foi roubado, mas os crimes não tiveram relação. Não havia nada que indicasse que aquilo era outra coisa que não garotos puxando um carro para dar uma volta.

Porém, ficou óbvio que o motorista viu o carro da polícia indo na direção dele, porque de repente virou na Laurel, uma rua lateral pequena, e desligou o motor. O policial Reynolds passou pelo cruzamento, reportou o veículo roubado, então deu meia-volta e lentamente parou na Rua Laurel, algumas casas antes do carro roubado, à espera de apoio.

Então Tamerlan saiu de um segundo carro e começou a atirar. Ele foi andando na direção da viatura, que estava a apenas dois carros de distância, enquanto atirava calmamente no para-brisa. O policial Reynolds se abaixou, engatou a marcha à ré e pisou fundo no acelerador. Um tiro atravessou o para-brisa, lançando vidro no rosto dele.

O apoio de Reynolds, sargento John MacLellan, sentiu algo zunir perto de sua orelha assim que virou na Laurel. Ele ainda estava tentando entender o que acontecia quando uma segunda bala atingiu seu encosto de cabeça, a dois centímetros da outra orelha. Ele abriu a porta para ganhar espaço e se abaixou atrás dela.

As duas viaturas, que seguiam em sentidos opostos, terminaram lado a lado. Os policiais estavam encurralados, a poucos passos de distância, contando apenas com suas pistolas. Tamerlan se aproximava, e os irmãos disparavam tantos tiros nas viaturas que os policiais nem conseguiam levantar a cabeça para avaliar a situação. Então o sargento MacLellan se esticou para dentro do carro, desengatou o câmbio, e o deixou rolar lentamente pela rua, na direção de Tamerlan. Os dois irmãos começaram a atirar no carro. Tamerlan foi se proteger e o irmão jogou uma bomba de cano, explodindo a janela da viatura, que, a essa altura, tinha batido de leve num carro estacionado na entrada de uma casa mais abaixo. O policial Reynolds e o sargento MacLellan tinham se abrigado atrás de uma árvore.

Eu ainda não voltei ao lugar do atentado, na Rua Boylston, onde minhas pernas viraram purê. Planejei três vezes, mas sempre encontrei uma desculpa para recuar. Um dia irei até lá, claro, antes da maratona do ano que vem, mas por enquanto não.

Mas eu visitei o local desse tiroteio. E vi essa árvore. Ela tem no máximo uns quinze centímetros de largura e está crivada de balas. Os policiais devem ter se borrado quando voltaram no dia seguinte e viram como era fina.

– Para mim era uma sequoia – disse o sargento MacLellan. – Para mim era grande como uma casa.

Quatro armas disparavam quando o sargento Jeff Pugliese chegou à cena. Ele estava indo embora da delegacia de polícia na sua minivan particular quando ouviu o chamado. Ele avistou os Tsarnaev escondidos atrás de carros, com os dois policiais encurralados, então correu para os fundos da casa mais próxima, para chegar por trás dos terroristas. Ele teve que escalar duas cercas no caminho; o sargento Pugliese é um veterano de 33 anos, não é nenhum garoto. "Mas eu voei sobre aquelas cercas", ele disse.

Os Tsarnaev disparavam em um ritmo feroz, e jogaram mais duas bombas de cano. A primeira estilhaçou janelas de carros e abalou tanto o sargento MacLellan, que ele sentiu os olhos chacoalharem nas órbitas. A segunda falhou. Com Tamerlan lhe dando cobertura, Dzhokhar correu e colocou no meio da rua uma bomba de panela de pressão, igual à que destruiu minhas pernas. Foi então que as pessoas nas casas ao redor pararam de filmar com seus celulares, porque todas saíram correndo ao ver aquela bomba grande. O policial Reynolds conseguiu se esconder atrás da casa mais próxima, mas o sargento MacLellan, ainda tentando se recuperar da explosão da bomba de cano, estava preso na zona de impacto, atrás da árvore.

Alguma coisa aconteceu. Provavelmente, a tampa da panela deslizou antes da detonação, mas ninguém sabe ao certo. A bomba explodiu, mas em vez de se espalharem, os fragmentos voaram para cima. Enquanto eles caíam, o sargento Pugliese se colocou em posição, a uns seis metros dos irmãos, e começou a disparar tiros para o chão, para que ricocheteassem no asfalto e passassem por baixo do carro deles.

Tamerlan foi atingido na perna e caiu. Por um momento, tudo ficou quieto. Então, sem aviso, Tamerlan atacou, vindo de trás do carro, na direção do sargento Pugliese, disparando enquanto se aproximava. Foi como a cena de *Pulp Fiction: Tempo de Violência*, quando o rapaz ataca Vincent e Jules no apartamento. Tamerlan estava a uns três metros; ele fez buracos de bala na parede bem atrás de onde Pugliese estava agachado, mas não acertou o sargento.

– Parado! – gritou o sargento MacLellan, correndo para Tamerlan com a arma apontada. Ele estava sem munição, mas Tamerlan não sabia disso, então MacLellan agitou a arma como se estivesse disparando. Tamerlan se virou, mas percebeu que também estava sem balas, pouco antes de Pugliese atingi-lo com toda força por trás, derrubando-o no chão. Os dois policiais pularam sobre ele. Tamerlan tinha sido alvejado várias vezes pelo sargento Pugliese, mas balas policiais de verdade não têm o poder de parada das balas dos filmes. Tamerlan estava bastante ferido, mas lutou como um animal. Enquanto isso, duas outras viaturas de polícia chegaram e bloquearam o cruzamento da Dexter com a Laurel. A essa altura, Dzhokhar tinha pulado no carro roubado. A outra ponta da Rua Laurel estava desimpedida, mas em vez de escapar, ele fez meia-volta e acelerou na direção dos dois policiais que lutavam com Tamerlan. A intenção dele, aparentemente, era atropelar os policiais, mas estes, no último minuto, rolaram para o lado, saindo do caminho, e Dzhokhar passou por cima do irmão. O carro arrastou seu corpo por meio quarteirão, antes de atingir uma viatura e escapar para Watertown.

Ainda assim, quando os policiais chegaram com as algemas, Tamerlan resistiu. Apesar dos ferimentos fatais, foram necessários três policiais para dominá-lo. Foi só com o terrorista algemado que eles perceberam que Dicky Donohue, policial da Administração de Transportes da Baía de Massachusetts, estava caído.

– Você vai encontrar cem caras que lhe dirão que estavam lá – um dos policiais no clube me disse –, mas nós sabemos a verdade. Eram apenas oito e, a não ser por Dicky e seu parceiro, todos eram policiais de Watertown.

– Três policiais de Watertown pegaram o vagabundo mais velho – alguém disse –, mas foram necessários dois mil e quinhentos para prender o irmão mais novo.

Como depois se soube, Dzhokhar estava a meros dez quarteirões de distância, escondido dentro de um barco.

Lembro de apertar a mão do sargento MacLellan naquele dia. Ele foi um dos policiais que conheci no jogo do Bruins, e estávamos trocando mensagens de texto havia semanas, mas até esse dia no clube de golfe, eu não fazia ideia do que ele tinha enfrentado. Dá para imaginar um aperto de mão mais improvável? O cara que estava mais perto da bomba com o cara escondido atrás de uma muda de árvore durante um tiroteio.

O sargento Pugliese também estava lá, mas não parecia alguém que podia saltar uma cerca. Só com a adrenalina a mil, eu imagino.

Dicky Donohue estava lá com a esposa e os dois filhos pequenos. Ele ficou em estado crítico por muito tempo, e ainda andava com bengala. Ele não se lembrava de nada daquela noite, mas sabia quem o tinha salvado.

– Esses caras são heróis – ele disse.

– Estávamos fazendo nosso trabalho – John MacLellan disse.

– É incrível que mais gente não tenha se ferido – disse o chefe. Todos concordaram com a cabeça. Centenas de balas tinham sido disparadas, bombas lançadas, e só Tamerlan morreu.

Todos ficamos em silêncio por um segundo, pensando nisso. Apesar do que os filmes mostram, tiroteios desse tipo nunca acontecem.

– Somados, os policiais naquele embate tinham 72 anos de experiência – disse o chefe. – E nenhum deles tinha disparado a arma em serviço. Nem uma só vez.

– Agora acabou – alguém disse, levantando uma cerveja. – Ao Jeff.

– Ao Sean Collier.

– Ao Dicky.

– Ao Departamento de Polícia de Watertown – eu disse. – Obrigado.

- 37 -

Naquele mesmo fim de semana, fui à festa de aniversário do meu sobrinho Cole, no quintal da tia Jenn. Foi no meio de agosto, e estava quente. Os Dias de Cão, como são chamados na temporada de beisebol: 38 graus, 120 jogos disputados, 42 por jogar. O Yankees tinha desmoronado, e o Sox lutava pelo melhor resultado na liga. Koji Uehara estava matando nos arremessos, e Big Papi arrebentava nas rebatidas, mas eu não conseguia me animar com as finais. Semifinais, tudo bem, mas nenhum time vai de pior a melhor em um ano, nem mesmo um time como aquele, construído com garra, união e loucura total. Eles conquistavam pequenas vitórias dia após dia. Deixaram a barba crescer, como um símbolo estranho de solidariedade. E não estou falando de barbas bem cuidadas e aparadas. Falo de uns espantalhos no rosto.

Não gosto do Sox, mas esses caras amish são muito bons, me escreveu um amigo de Nova York.

Era difícil acreditar que, apenas um ano atrás, eu tinha apresentado Erin para minha família depois da festa do Cole. Agora ela era praticamente membro da família, e ninguém podia imaginar qualquer comemoração sem Carlos e Kevin. Eu os observei conversando, duas das muitas pessoas que tinham me ajudado. Observei Cole, Big D e Sully se divertindo no brinquedo inflável. Parecia impossível: não só pular, que era impossível para mim, claro, mas estar nas laterais daquele jeito, ficando na minha e me divertindo, sem ninguém ver.

Alguns dias antes da festa, Cole tinha montado uma barraquinha de limonada para mim. "Vou dar todo o dinheiro para o tio Jeff", ele disse para tia Jenn. Ela morava em uma rua entre a estrada e o centro de North Chelmsford. A rua tinha duas faixas, mas muito tráfego. Cole pôs a faixa que estava na estrada no dia em que saí do Spaulding: Bem-vindo de volta, Jeff. Mais forte com Bauman.

Eu estava farto daquela faixa, mas Cole ficou muito feliz de ajudar o tio, como tudo mundo ficava. Ele conseguiu 120 dólares vendendo limonada. Alguns dos vizinhos lhe deram vinte dólares e falaram para ficar com o troco.

Ele me deu o dinheiro durante a festa: sessenta dólares. Cole tinha decidido – como todo o trabalho tinha sido dele, e além disso era seu aniversário – que dividir o dinheiro era justo.

– Obrigado, Cabeção – eu disse.

Dava para perceber como eu estava mais forte, porque tinha ficado fácil lutar com ele, mesmo eu estando na cadeira de rodas. Cole é tão hiperativo que consegue passar pela maioria das defesas. Mas agora, quando o mantenho longe com o braço, ele não consegue se aproximar.

– Vá comer um Snickers, Cabeção – tio Bob brincou. – Nós estamos conversando. – Eu mencionei que Cole tem alergia a amendoins? Tio Bob não tem jeito.

Cole foi embora, mas não para pegar um Snickers. Tio Bob e eu ficamos com nossos cachorros-quentes e cervejas. Com a minha família a coisa parecia ser como antigamente, estavam acostumados comigo e me tratavam como sempre. Mas mesmo na festa do Cole havia gente que não me conhecia, que chorou quando me viu e quis apertar minha mão.

Pensei na festa em Watertown. Um dos detetives se aproximou de mim, mais tarde naquela noite.

– Mandei uma mensagem para minha mulher dizendo que você está aqui – ele disse, enxugando lágrimas dos olhos. – Ela quer que eu lhe diga que ela o ama. Que pensa em você todo dia.

Está brincando comigo? Olhe ali, aquele é o sargento John MacLellan. Esse cara se recusou a sair de trás de uma árvore para que tivesse um ângulo melhor de tiro contra os terroristas. Ele abordou um deles com uma arma descarregada sem saber que o sujeito também estava sem balas. Depois do tiroteio, encontraram fragmentos de bomba no colete à prova de balas dele.

John MacLellan é um herói. John MacLellan merece estar em um selo dos correios.

Eu? Nem mesmo consigo subir um lance de escada.

Olhei para a piscina elevada da tia Jenn, com seus cinco degraus. Eu estava me exercitando havia quatro meses, me matando com levantamentos de pernas e treinando como andar. Vinha praticando na escada havia duas semanas inteiras, e aqueles degraus continuavam insuperáveis. Não conseguiria chegar à piscina a menos que estivesse disposto a usar meus braços para me içar, mas não estava com disposição de me sentar no chão e me arrastar como uma minhoca.

Além do mais, eu tinha ido à casa da irmã da Sra. Corcoran na semana anterior. Foi a primeira vez que nos vimos desde Spaulding. A Sra. Corcoran estava se adaptando às pernas novas. Sydney tinha ido ao baile da escola, onde foi eleita Rainha do Baile. Era um dia lindo. Erin e eu estávamos na piscina da irmã da Sra. Corcoran, divertindo-nos, rindo e brincando de lutinha, e, de repente, eu afundei. De algum modo fui puxado para o fundo e não consegui voltar. Meus braços estavam presos e eu não tinha como usar os pés para voltar à superfície.

Em um segundo fui de feliz a incapaz. De esperançoso a apenas... patético.

Pior ainda, o caldo prejudicou minha audição. Meus ouvidos vinham melhorando ao longo daquele verão, mas a pressão da água danificou algo por dentro. Uma semana depois, no quintal da tia Jenn, a festa parecia uma barreira de som.

Tomei um gole da minha cerveja.

Observei a escadinha que levava à piscina.

Pensei no chute para trás, o primeiro passo para subir um degrau. Michelle tinha me mostrado um novo equipamento: uma folha de papel. Ela o colocou debaixo do pé que eu estava tentando jogar para trás. O papel deveria diminuir o atrito. Eu me concentrei em colocar o peso no papel, depois arrastá-lo para trás. Se conseguisse fazer o papel sair voando, Michelle disse, teria feito o movimento correto.

Qual a dificuldade de fazer uma folha de papel voar?

Duas semanas depois, aquela folha ainda não tinha voado.

-38-

Jules, da United Prosthetics, foi me encontrar no Spaulding. Ela já havia verificado minhas pernas muitas vezes, de modo que eu a conhecia bem.

– Como foi seu casamento? – perguntei.

– Ah, você sabe – ela disse. – Perfeito.

Ela foi ajudar outro paciente e, quando voltou, eu estava no meio da minha sessão com Michelle. Eu tinha caminhado para a frente e para trás quatro vezes, usando as barras paralelas, fazendo meia-volta no fim do percurso todas as vezes.

– Estou cansado – disse para Jules. – Mais do que costumava ficar.

– O encaixe está frouxo – ela disse. – Mesmo a menor folga torna o trabalho mais difícil. Você deve estar empregando quatro ou cinco vezes mais esforço que antes. Está sentindo dor?

– Muita.

– Onde?

– Em todos os lugares – eu disse. – Ela muda de lugar.

– Você já tentou uma meia adicional?

Michelle já tinha sugerido a meia extra.

– Ela pinica meu quadril.

– Nós podemos cortá-la – Jules disse. Ela explicou, de novo, que minha perna estava mudando de formato. Algumas áreas estavam maiores do que quando o soquete foi criado. Outras, menores. Por causa do trauma e do longo processo de cura, era provável que minhas coxas ficassem mudando de forma ao longo do próximo ano. – Podemos cortar a meia para preencher as partes menores. E também podemos colocar alguma coisa no fundo do soquete, para preencher as lacunas na extremidade da sua perna. É aí que você está perdendo energia.

Erin passou algumas meias adicionais para Jules, que as cortou no formato certo. Fiquei puto. Eram pernas de cem mil dólares, e o melhor modo de ajustá-las era cortando umas meias e enfiando pedaços de pano dentro delas?

– Não é melhor fazer um soquete novo?

– Vai demorar algumas semanas – Jules disse, entregando-me a segunda meia para eu colocar na perna esquerda. – E a sua perna está mudando de formato rapidamente. Se conseguirmos fazer isto dar certo, é a melhor opção.

Ajustei o soquete na perna e o apertei com a tira de velcro.

– E quanto ao encaixe por sucção?

Eu odiava as tiras de velcro. Eu tinha um microchip de cem ajustes por segundo no joelho artificial, mas prendia minha perna com a mesma coisa que crianças usam para amarrar o tênis. Eu queria passar para a versão por sucção, que adere através de compressão entre a perna e o fundo do soquete. Até isso parecia algo que um garoto do fundamental podia inventar para uma feira de ciências, mas todo mundo dizia que era mais eficiente.

– Não é uma boa ideia – Michelle disse.

– Nós preferimos esperar sua perna assumir um formato definitivo – Jules confirmou, apalpando meu soquete do mesmo modo que um vendedor de sapatos apalpa um pé dentro do calçado novo. – Se o encaixe não for perfeito, a sucção não vai funcionar. Dê alguns passos.

Levantei e andei. A perna parecia um peso morto. Foi suspender, *clanque*, suspender, *clanque*. Toda aquela tecnologia, e o que eu tinha na verdade era uma porta com dobradiça presa à minha perna.

– Está doendo, agora? – Jules perguntou.

– Dói demais.

Jules ficou olhando para a perna.

– Eu vou pensar no que fazer – ela disse, enfim. – Vou pedir a opinião do pessoal da empresa. Vamos resolver seu problema.

Fiquei de pé enquanto ela ajustava minhas pernas com leituras eletrônicas e pequenas chaves de fenda. Jules tinha uma caixa cheia de ferramentas minúsculas.

– Ele está tendo dificuldade com o chute para trás – Michelle contou para a outra.

– Vocês já tentaram a folha de papel?

Nossa, pensei, que tecnologia avançada! Uma porcaria de folha de papel.

Jules fez mais ajustes, soltando (ou talvez apertando) algumas coisas para facilitar o chute. Cada pessoa é diferente. Eram necessárias centenas de ajustes, ao longo de diversos meses, para encontrar o equilíbrio certo.

Depois dos ajustes, fui até a escada e me ergui até o alto. Michelle ficou atrás de mim e me segurou, para que eu não caísse para trás. Eu não conseguia chutar e dobrar o joelho o bastante para manter meu peso para a frente.

No alto, me virei para olhar os degraus. Michelle me mostrou como colocar metade do pé para fora do degrau, então me inclinar para frente e dobrar a outra perna, deixando-a cair. Era assustador. Não conseguia sentir a escada, porque pernas artificiais são, basicamente, duas varas, mas podia ver o tamanho da queda. Eu sentia que ia cair, mas as pernas ficavam travando. Não conseguia baixar o pé para o degrau seguinte.

– É o mecanismo de segurança – Jules disse.

Nós tentamos várias vezes, mexendo nos ajustes. Jules apertava e soltava. Tentei manter a distribuição do peso e meu posicionamento da forma correta, mas se o ângulo do meu pé de apoio mudava demais, ou muito rápido, a perna travava. Se meu peso se deslocava demais para a frente... ou se eu não dobrava a perna de apoio corretamente...

ou se meus pés ficavam em planos diferentes. Não sei. Havia uma centena de problemas diferentes para resolver.

Por que não me dão logo a perna de pirata?, pensei. A perna de pau, igual às do pessoal das antigas na parede do escritório.

Duas semanas antes, eu e Erin tínhamos finalmente encontrado uma casa – no térreo, em um lote plano. O piso era de madeira, mais fácil para mim do que carpete, e as portas eram largas o bastante para a cadeira de rodas. Tio Bob morava a alguns quarteirões de distância, e mamãe ficava a dez minutos de carro. Era o lugar ideal, exceto por três degraus pequenos na porta da frente.

– Eu vou subir esses degraus – disse para Erin quando nossa oferta foi aceita. – Você nem vai precisar me ajudar. Eu vou subir esses degraus e entrar na nossa nova vida.

Ainda faltavam oito meses para a maratona, e andar sem muletas, ainda mais na frente de milhares de pessoas, parecia algo longe demais. Eu precisava de um objetivo mais próximo, algo em que focar minha cabeça.

Os degraus de casa eram perfeitos. Duas semanas antes, eu não teria nenhuma dúvida de que isso aconteceria. Eu sabia que subiria aquela escadinha.

No momento, não tinha tanta certeza. Eu não fazia nenhum progresso havia semanas e tinha parado de usar as pernas, exceto para ir ao Spaulding. Se o próximo mês fosse como o anterior, Erin teria que me carregar escada acima. E encarar um fracasso como esse, estabelecer um objetivo que eu talvez não alcançasse... era algo que eu vinha tentando evitar havia muito tempo.

– Você vai conseguir, Jeff, não se preocupe – Michelle disse, pondo o braço ao redor das minhas costas suadas e me ajudando a descer. – Só precisa de prática, como andar de bicicleta. Depois que dominar a técnica, vai conseguir fazer isso dormindo.

Não falei nada. Só peguei minhas muletas e saí em direção à porta com Erin. Estava na hora de voltar para casa.

-39-

Nós fomos para Manchester, Nova Hampshire, para encontrar meu pai, Big Csilla, meu irmão Chris e minha meia-irmã Erika. Papai vinha me pressionando para visitá-lo em Concord, mas a casa dele não é acessível para cadeira de rodas e, embora Erin fosse dirigir (outro problema), ficar sentado em uma posição por tanto tempo incomodava minhas pernas.

– Só uma viagem rápida, filho – ele dizia, toda vez que nos falávamos ao telefone. – Você costumava vir sempre.

As pessoas da igreja dele estavam doando materiais e o tempo delas para tornar a casa do meu pai mais acessível. Elas construíram uma rampa para cadeira de rodas, uma varanda e um quarto no térreo. Ele queria que eu conhecesse essas pessoas.

– É tão fácil – meu pai dizia. – Por que você não vem me ver? – Ele não conseguia entender que as coisas que costumavam ser fáceis, e que eu fazia o tempo todo, tinham se tornado as piores para mim. Elas me lembravam de como minha vida estava diferente.

Então nos encontramos na metade do caminho, em Manchester, em uma casa de *stand-up*. Erika conhecia o comediante que se apresentaria naquela noite; ele era bem engraçado. Nós rimos e nos divertimos, depois ele veio e nos pagou bebidas. Eu vinha sendo muito rígido com bebida desde o atentado. Sempre bebia algo nos eventos beneficentes, para ajudar com minha ansiedade social, mas não ficava mais à vontade, e nunca bebia mais do que uma ou três cervejas (talvez quatro). Quando ficava bêbado, afloravam emoções que eu não conseguia controlar.

Nesse lugar, contudo, as coisas ficaram esquisitas. O gerente não parava de nos oferecer doses grátis de tequila, um tipo de gentileza que tinha se tornado comum desde o atentado, mas dessa vez eu estava bebendo. Não sei dizer por quê. Não sei se porque estava me divertindo (o que era verdade), ou porque estava frustrado e com dor (o que também era verdade), ou as duas coisas. Depois de um tempo, isso não tinha importância. Se você toma bebida suficiente, você vira a próxima somente porque ela está lá. Quando fomos embora, eu estava bêbado.

Erin não costuma beber, mas ela tinha aceitado algumas doses e não se sentia bem para dirigir de volta a Chelmsford, então sugeriu que passássemos um tempo na casa de Lindsay, para deixar a bebida evaporar. Lindsay é uma amiga dela que morava em Manchester.

– Eu quero ir para casa – eu disse.

– Vai ser legal, Jeff – ela disse. – Você sabe o quanto a Lindsay gosta de você.

Eu sabia como a vida social de Erin estava complicada desde que tinha se mudado para Chelmsford. Ela não via Remy e Michele havia um mês. Remy nao tinha sequelas do atentado. Michele teria cicatrizes permanentes nas pernas e, por causa do ferimento em seu tendão de Aquiles, nunca mais poderia saltar com a perna esquerda, mas não parecia preocupada demais com isso.

– Não – eu disse. – Eu quero ir para casa.

Eu não estou bem para dirigir, Jeff.

– Me leve para casa.

– Desculpe. Eu não deveria ter bebido tanto.

– Chame um táxi para mim – eu disse. – Vou de táxi para Chelmsford.

– Jeff...

– Chame um helicóptero.

– Jeff...

– Eu quero ir para casa numa droga de helicóptero. Eu posso pagar. Você sabe disso, não sabe? Eu posso pagar uma droga de viagem de helicóptero.

A essa altura, Erin tinha parado em frente à casa de Lindsay. Quando percebi isso, perdi o controle. Era uma casa vitoriana centenária, com dois andares, do tipo que se vê por toda a Nova Inglaterra. Seria necessário subir cinco ou seis degraus só para chegar na porta da frente, e dava para dizer da rua, mesmo no escuro, que aqueles degraus estavam tortos e cheios de lascas.

– Não.

– Por favor, Jeff.

– Não. Não vou.

– Ela é minha amiga...

– Não – gritei.

– Eu preciso...

– Não – gritei de novo, dando um soco no painel do carro. Eu acertei o rádio, cujo mostrador se quebrou. Vi as luzes do console acenderem e apagarem, mas não senti nenhuma dor.

Erin saiu do carro e entrou. Eu sabia que ela estava chorando, mas quase não liguei. Eu só queria ir para casa, mas estava preso num carro que não podia dirigir, no escuro, em Nova Hampshire. De algum modo, consegui subir aqueles degraus e entrar na casa. Lembro de beber mais. Lindsay me serviu uma xícara de café, e eu lembro de derrubá-la da mão dela, furioso, com um tapa. A certa altura tentei subir a escada até o andar de cima, onde Erin estava. Cada degrau tinha uma borda dura saliente, na qual eu batia quando me puxava para cima com os braços. Havia uma curva no meio da escada. Não consegui chegar ao topo. Lembro de ficar deitado nos degraus, exausto e envergonhado. Sabia que isso iria acontecer. Eu sabia, assim que vi a casa, que teria que rastejar no chão.

Senti ódio naquele momento, mas não sabia do quê.

No fim, passamos a noite lá, mas não consegui dormir direito. Tive pesadelos terríveis com purê, pernas desaparecidas e poças de sangue. Ouvi a explosão. Senti o cheiro dela, como sentia nos piores momentos. Fui para o chão; fiquei deitado, acordado, vendo o teto girar. Às quatro da manhã, me arrastei até a geladeira para pegar uma garrafa de água. Era uma daquelas geladeiras com o congelador na parte de baixo, e, mesmo sentado, não consegui alcançar as prateleiras.

Agarrei no puxador da porta da geladeira e me ergui sobre minhas pernas. Fiquei ereto, sem as próteses. Meu peso estava apoiado na extremidade dos meus fêmures. Era como apoiar os cotovelos no chão e levantar o corpo com eles. Eu queria gritar, e talvez devesse ter feito isso. Talvez fosse disso que eu estava precisando.

Doía tudo naquela noite. Tudo. Mas a água me salvou, porque na manhã seguinte, só minhas pernas estavam me matando, não minha cabeça.

* * *

Nós acordamos tarde, tão tarde, na verdade, que nosso café da manhã foi almoçar no Taco Bell.

– Você precisa encontrar um modo de lidar com suas emoções – Erin disse enquanto me observava devorar um taco.

– Eu sei.

– Você não pode deixar tudo acumular desse jeito.

– Eu sei. Me desculpe.

A viagem de volta para Chelmsford foi longa, ainda mais porque o rádio não estava funcionando. Ele tinha estragado quando o soquei, algo de que me lembrava vagamente. Havia muitos detalhes da noite anterior dos quais não me lembrava: coisas que disse para Erin, coisas que disse do atentado e das minhas pernas.

– Você precisa conversar comigo – Erin disse. – E não só depois de beber. Você precisa conversar comigo também quando está sóbrio.

Mas eu não conversava. Não conseguia.

De volta ao apartamento, Erin fez as malas. Antes de sairmos para o show do comediante, ela já planejava passar alguns dias na casa dos pais. A assinatura do contrato da nossa casa deveria acontecer na semana seguinte, mas foi adiada pela terceira vez. Quando Erin soube, disse que precisava ir para casa. Cortar o cabelo. Uma amiga sua iria se casar no fim de semana seguinte, e ela queria ir ao casamento. Erin precisava ajustar o vestido, organizar nossa viagem, nossa noite fora, coordenar os detalhes da festa e me ajudar com minha roupa. Devido ao tamanho dos meus soquetes, nenhuma das minhas calças servia nas minhas coxas.

– Eu vou com meus shorts de pinguim – eu disse, enfim. – Quem é que vai dizer alguma coisa?

Sabia que havia questões não resolvidas quando ela saiu, e sabia que a culpa era minha. Fiquei sentado no apartamento da minha mãe durante a maior parte dos dois dias seguintes, praticamente sozinho, jogando Battlefield 4 e pensando em Manchester. Erin queria que eu falasse mais das minhas emoções, mas nunca tinha sido assim. Antes de Erin, eu nem sabia que era possível confiar tanto em alguém.

Sempre guardei minhas emoções para mim mesmo.

– Sou a única com quem ele fica bravo – ouvi Erin dizer para alguém, certa vez.

Era verdade. E Erin também era a única pessoa em cuja presença eu ficava triste.

Com todos os outros, tentava me manter positivo, ser a pessoa que garantia ao mundo que tudo estava bem. Com Erin, me dei conta, sempre foi o contrário. Além de todo o resto, eu queria que ela fizesse isso por mim.

Era um fardo pesado; eu sabia disso por experiência própria. Ainda mais depois de cinco meses o carregando. Ainda mais quando minhas pernas não estavam bem ajustadas, e eu não conseguia subir escadas, e começava a me perguntar se conseguiria passar algum dia sem sentir dor.

Erin conseguiria ser feliz com um marido como eu? Será que conseguiríamos ter uma vida normal?

Eu não queria pensar nessas coisas, pois não sabia como lidar com elas. Então fiquei sentado na cama com meu PlayStation, atirando na nuca de soldados inimigos e tentando deixar minhas frustrações – com minhas pernas, com a situação – desmoronarem ao meu redor.

Mas tive que me levantar. Naquela noite eu tinha um evento beneficente com a Fundação Never Quit (Nunca Desista), uma organização que ajudava crianças com câncer. Me arrastei da cama até o chuveiro. E me fiz parecer elegante e feliz.

Vamos nessa, escrevi numa mensagem de texto para Big D e Sully, quando os dois, enfim, saíram do trabalho. Uma hora depois chegamos à House of Blues, onde o evento beneficente aconteceria. A assessora de imprensa, que tinha conversado com Erin umas cem vezes, esperava por nós na entrada.

– Pode estacionar aí mesmo – ela disse, indicando um local proibido junto à porta. – Você tem cartão de deficiente, certo?

– Eu não sou deficiente – eu disse.

– Ah, meu Deus, Jeff, me desculpe. Isso foi uma estupidez minha, eu...

– Estou brincando – eu disse, enquanto Big D soltava uma gargalhada. – Sou total deficiente, mas ainda não consegui um cartão.

Era um evento com um jogo do tipo Jogo da Velha, com nove celebridades locais ocupando os quadrados. Era patrocinado por Jon Lester, arremessador do Red Sox, diagnosticado com câncer em sua primeira temporada, em 2006. Ele e a mulher participavam do jogo. Diversos jogadores do Red Sox ocupavam os quadrados: John Lackey, Ryan Dempster, Salty. O evento aconteceu numa segunda-feira, o único dia de folga do time em semanas. Eles tinham jogado fora de casa na noite anterior, e o avião da equipe aterrissou na cidade às quatro horas daquela manhã.

– Eu só dormi três horas – Salty me disse enquanto conversávamos no bar. Não falei para ele que três horas de sono eram uma boa noite para mim.

O bar era liberado, então Big D ficou me trazendo drinques enquanto eu permanecia sentado na cadeira de rodas, em meio a uma multidão, cumprimentando as pessoas. Carlos e eu éramos as "celebridades" no quadrado inferior direito (as outras fileiras não eram acessíveis), e eu precisava das bebidas para conseguir fazer piadas frente a uma multidão de centenas de pessoas. Quando finalmente sentamos, eu estava bem "azeitado".

– Por que todo mundo tem sobrenome, menos Jeff e Carlos? – Dempster perguntou ao observar o tabuleiro do jogo. – Só está escrito "Jeff e Carlos".

– É – brinquei. – Se eles conseguem escrever "Saltalamacchia" na placa do Salty, conseguem encaixar qualquer coisa.

– Nesta cidade – alguém replicou –, Jeff e Carlos não precisam de sobrenome.

Três rodadas de Jogo da Velha depois, fomos para a festa, que devia ser patrocinada pela Smirnoff, ou algo assim, porque a vodca fluía à vontade. Eu ria, divertindo-me a valer, quando Big D agarrou meu ombro.

– Não coma os nachos – ele disse, antes de correr para a mesa dos lanches. Olhei para lá e vi Sully, afogado em vodca, tentando enfiar um punhado de nachos com queijo na boca. A cobertura estava escorrendo da mão dele na travessa, e então a coisa toda caiu pouco antes de Derek conseguir afastá-lo dali.

– Não coma os nachos – gritei para Salty. Ele estava parado do meu lado, mas a música estava alta.

– Por quê? – ele gritou.

Meneei a cabeça.

– É melhor você não saber.

– Centerfolds – gritei para Big D alguns minutos depois. Ele estava num canto, de braços cruzados, olhando para mim. É uma porcaria ser o motorista da rodada.

Salty e os outros jogadores pediram desculpas e foram embora, por causa do voo atrasado e da falta de sono. Então Sully, Big D e eu acabamos na boate de strip mais famosa de Boston, a Centerfolds, à 1h30 de uma segunda-feira. Eu tinha dito a Erin que isso poderia acontecer, já que fazia semanas que eu possuía entradas grátis para essa boate, e ela tinha aprovado uma noite minha com os rapazes.

Eu ainda não acredito que nos deixaram entrar. Eu não parava de falar bobagem.

– Sully Selvagem Nacho Man – eu ficava gritando para o Sully, que estava desmaiado no banco de trás. – Acorde, Nacho Man!

Parecia que Sully estava acabado, mas a adrenalina dele entrou em ação quando ele viu o mastro. Eu arrumei um punhado de notas de um, que passei para os meus amigos, e entrei num transe. Era só minha segunda vez em uma boate de strip, mas gostei – talvez demais.

O fato é que eu tinha visto algo no rosto de Erin quando voltamos a Chelmsford, algo que eu estava tentando ignorar. Não é que ela parecia estar exausta e sobrecarregada. Disso eu já sabia. É que ela parecia estar com medo.

Erin não estava com medo de mim. Estava com medo *por* mim.

Não, ela estava com medo por nós.

Quando acordamos na manhã da Maratona de Boston, Erin e eu sabíamos como nossa vida seria. Não os detalhes, mas em linhas gerais.

Agora... não sabíamos nada. Quanto tempo minha recuperação iria demorar? Quão bem eu ficaria? Como faríamos com relação aos filhos, carros, empregos, emoções? Como iríamos lidar com a luta diária do resto da nossa vida?

É claro que Erin estava com medo. Eu também estava.

Mas eu não queria pensar nisso. Eu queria jogar Battlefield 4. Queria ouvir um rádio que funcionasse. Queria passar duas horas dando notas de um dólar para mulheres quase nuas. Strippers não o deixam constrangido por causa de suas pernas.

– Sully Selvagem Nacho Man – gritei para o outro lado da sala. – Você precisa de notas de um, Nacho Man?

Sully sorriu, fez um sinal de positivo para mim e quase desmaiou.

-40-

Quando eu tinha doze anos, tia Karen, mãe do Big D, foi diagnosticada com câncer no esôfago. Foi devastador, principalmente porque tudo aconteceu muito rápido. Saímos para jantar uma noite, e tia Karen teve dificuldade para engolir. Como ela não melhorou, procurou seu médico. No dia seguinte ela foi internada no hospital Brigham and Women's. Duas semanas antes ela parecia bem. E agora iria morrer.

A doença dela foi uma das razões por que mamãe e eu moramos com o tio Bob durante algum tempo, e por que eu e Big D passamos alguns meses morando no apartamento da tia Jenn. Meus parentes sempre tomaram conta uns dos outros. Não só de minha mãe, quando o dinheiro estava apertado, mas também de Caroline, a irmã dela que precisava de cuidados especiais, que morava com a tia Jenn e que me fazia as melhores massagens nas costas quando eu estava no hospital. Assim que soubemos do diagnóstico de câncer, mudamos a rotina de nossas vidas para que pudéssemos tomar conta da tia Karen e de sua família.

Ela sobreviveu, mas perdeu as cordas vocais. Durante dez anos tia Karen praticamente não conseguiu emitir som algum. No começo, isso me assustava. Como algo tão terrível pode acontecer tão rápido? Como eu deveria reagir quando não entendesse o que a tia Karen estava tentando me dizer? Eu adorava ficar com ela, mas isso também me deixava pouco à vontade. Ela estava diferente – não só do resto de nós, mas também diferente de si mesma –, e toda vez que falava com ela eu era lembrado desse fato.

Aqueles dias tinham passado. Atualmente, a comunicação com tia Karen é fácil. Nós nos acostumamos com as limitações dela, nas quais não reparamos mais, e ela desenvolveu um modo de se comunicar através de sussurros, gestos e expressões faciais.

Atualmente, tia Karen é uma inspiração. Ela me envia mensagens de texto o tempo todo.

Sinto orgulho de você, ela escreve. *Sinto orgulho pelo modo como você está lidando com isso.*

Nós não conversamos nem nos escrevemos sobre o que é ser diferente. Sei que isso a incomodou a princípio, estar em público sem voz. Ela ficava constrangida. Garçonetes perguntavam o que ela queria, e tia Karen lutava para responder. Quando um estranho lhe perguntava um endereço, ela só conseguia apontar e balançar a cabeça. As pessoas a encaravam enquanto ela se esforçava, como se fosse um tipo de aberração.

Mas se continuam a fazer isso, tia Karen nem repara. Está confortável com quem ela é. Alguém me perguntou como era estar perto dela agora, e eu dei de ombros.

– Não penso nisso – respondi. – É normal, para mim.

É isso que me inspira. Quando vejo a tia Karen, percebo que um ano – se esse for o tempo que vou precisar para voltar a andar – não é tanto tempo. Neste instante, não me sinto à vontade comigo mesmo. Sinto-me constrangido, minhas pernas doem; mas isso não significa que vou continuar constrangido no futuro. Se eu precisar de alguns anos para me aceitar, que seja. Não é nada demais, só tenho que continuar trabalhando. Posso estar frustrado esta semana, mas estarei bem no próximo mês. Ou amanhã.

Eu sempre vou ser diferente. Essa é minha vida, mas isso não significa que não sou normal.

Às vezes, neste processo, com esta vida pública, sinto como se estivesse sendo usado. Será que o Boston Bruins queria mesmo fazer algo legal por Jeff Bauman, o ser humano? Ou só queria usá-lo como um adereço? Algo que podiam usar para empolgar a torcida?

O Centro Médico de Boston telefonou para mim na época desse episódio do Nacho Man. Ou, mais precisamente, ligaram para Erin, várias vezes, antes de conseguirem chegar até mim. Kenny Chesney tinha feito uma grande doação para o hospital pelo trabalho deste com as vítimas do atentado e iria se apresentar na cidade para um show beneficente. Eles pediram que eu e outros sobreviventes nos encontrássemos com ele.

Não tenho nada contra Kenny Chesney. Acredito que ele seja um cara legal. Na verdade, eu *sei* que ele é um cara legal, porque a organização beneficente dele, Spread the Love (Espalhe o Amor), tem ajudado a mim e a muitos outros sobreviventes. Mas eu não queria me encontrar com ele nem ir ao show. Naquele momento eu não estava bem física ou mentalmente.

A assessora de imprensa do CMB insistiu. O hospital iria filmar o encontro; ela me queria lá. Foi quase sugerido que eu devia ao hospital o fato de terem salvado minha vida. É verdade, eles salvaram minha vida. Eu adoro o Centro Médico de Boston. Mas é um hospital. Salvar vidas não é o que eles têm que fazer?

Mais do que isso, era como se eu nem fosse uma pessoa. Pelo menos, não uma de verdade, que tinha dificuldades, ficava frustrada e às vezes queria se esconder por algum tempo. Eu era só um presente que eles estavam dando a Kenny Chesney, para provar que a doação dele tinha sido bem gasta.

Vejam o Jeff, ele não é um amor? Vejam o Jeff, ele não é corajoso? Vejam o Jeff, ele é um símbolo. Ele é uma ferramenta de marketing.

Isso não me incomoda. Não mesmo. Ainda mais por uma boa causa, como o CMB, e ainda mais por minha cidade. Tento fazer o máximo que eu posso, com a maior frequência que consigo, mas quando a escolha não é minha... parece que sou obrigado, porque devo alguma coisa, e se estou sentindo dor e não consigo, parece que sou ingrato...

Às vezes, quando isso acontece, eu só quero desistir. Tenho vontade de desaparecer.

Mas então alguém se aproxima de mim na rua e pergunta: "Eu não quero incomodar, mas... posso abraçar você?".

Ou tia Karen me envia uma mensagem: *Estou tão orgulhosa de você.*

Ou então faço algo realmente especial, como a cerimônia de 11 de Setembro no capitólio de Massachusetts. Carlos iria receber o Prêmio Madeline Amy Sweeney por Bravura Civil, e me pediu para comparecer. O prêmio recebeu o nome de uma comissária de bordo do avião que decolou de Boston e foi jogado por terroristas no World Trade Center. A filha dela, que tinha seis anos na época, participou da cerimônia. Um dos membros da Guarda Nacional que Carlos incentivava na maratona ajudou a apresentar o prêmio.

– Aceito este prêmio em nome de todos que perderam um filho – Carlos disse, quando lhe entregaram o prêmio.

Ele estava pensando em seus filhos, mas também falava de mim. Carlos nunca pensou em mim como uma oportunidade. Ele nunca me pediu nada. Para ele, sempre fui o filho de alguém.

É por isso que faria qualquer coisa por ele. Não só porque somos amigos, mas porque ele me trata como um ser humano. Não me sinto um adereço com Carlos, e não sinto que sou um cara que perdeu as pernas. Quer saber como eu me sinto?

Como eu mesmo.

-41-

– Vamos tomar café da manhã no Java Room – disse para Erin. Era quarta-feira de manhã, dois dias depois da minha aventura na Centerfolds. Ela tinha voltado tarde, na noite anterior, e é claro que eu estava acordado. Tinha ficado acordado a noite toda, mas dessa vez passei a maior parte do tempo pensando.

– Tem certeza? – Erin perguntou. Era raro eu sugerir que fôssemos a algum lugar, ainda mais no café da manhã. Eu não era uma pessoa matinal.

– Estou com vontade de esticar as pernas.

– Jeff...

Eu devia usar minhas pernas pelo menos uma hora por dia, mas, devido à dor, não as usava havia uma semana. Só de vê-las encostadas no canto do quarto eu ficava deprimido.

– É – confirmei. – Vamos colocá-las.

Mamãe tinha comprado tênis novos para mim no shopping, um par de New Balance ("Equilíbrio Novo" – sem trocadilho) para substituir meu Nike azul-escuro. Ela disse que os novos eram mais largos, então deveriam me ajudar com o equilíbrio.

Levantei uma das pernas e olhei para elas.

– Não gostei destes tênis, são feios. Vou voltar para o Nike.

Foi o que eu fiz. Calcei os Nike nos pés artificiais e as meias adicionais nas minhas pernas. Depois fomos até o Java Room no Jetta do tio Bob. Tanto Erin quanto eu tínhamos carros velhos, em más condições, então ela estava dirigindo o carro do tio Bob desde que se mudara para Chelmsford. O rádio ainda funcionava, mas não podíamos mudar de estação nem baixar o volume. Eu sabia que precisava consertar o rádio, então fui até a concessionária para os reparos, mas também comprei um Volkswagen Tiguan usado para Erin. (Consegui um ótimo negócio.) Então tio Bob recebeu seu carro inteiro, e Erin e eu fizemos nossa primeira grande compra juntos. Tio Bob nunca ficou sabendo que destruí o rádio dele com um soco. Até ele ler este livro, é claro. Desculpe, tio Bob!

Mas isso foi mais tarde, naquela semana. Na manhã de quarta, Erin e eu ficamos limitados a uma estação e uma música. Não consigo lembrar qual, mas era absolutamente horrível.

Chegando ao Java Room, saí do carro com as muletas e atravessei o estacionamento andando. O Cemitério dos Antepassados (fundado em 1655) estava às minhas costas, mas fiquei concentrado em cada passo. Ao subir a rampa até a calçada, ao passar a soleira da porta. Erin tirou cadeiras do caminho para eu chegar a uma mesa. Demorou um pouco, um passo de cada vez. O local tinha bastante gente, e pude sentir que me observavam.

– Você pode... será que eles têm sanduíches de peru? – perguntei para Erin depois que me sentei, ajeitando as muletas.

– Bem, são nove da manhã.

– Você pode perguntar?

– Você quer café?

– Não sei. Será que eles têm suco de laranja?

Até então, eu nunca tinha saído em público com minhas pernas. Surpreendente, né? Eu tinha andado milhas, dez passos de cada vez, e caminhado dez minutos de cada vez, mas apenas em Spaulding ou no apartamento da minha mãe. Nunca tinha me sujeitado à minha vida normal de antes; aquela para a qual eu trabalhava, com a qual sonhava havia quase cinco meses.

Não foi tão ruim.

Erin me trouxe o sanduíche de peru e suco de laranja. Ela tomou um café. Ficamos sentados e conversamos no Java Room. Eu lhe disse como dava valor a tudo que ela vinha fazendo por mim, o quanto eu a respeitava, e disse que ela não estava sozinha. Sim, eu tinha medo, como ela, mas estava comprometido.

– Eu quero você na minha vida – disse para ela. – Não só porque você está aqui, mas porque é a melhor pessoa, a mais forte, que eu já conheci.

Nós conversamos sobre como eu poderia ajudá-la. Sobre expectativas e responsabilidades. Discutimos o livro, que estava estressando todo mundo, mas principalmente Erin. Ela não se sentia à vontade com a ideia de contar nossa vida para o mundo.

– Isso precisa ser agora, Jeff? Parece que ainda estamos no meio disso tudo.

Isso foi algo que o agente tinha nos dito. Se eu quisesse escrever um livro, e quisesse que as pessoas o lessem, precisava escrevê-lo naquele momento. *Enquanto a lembrança está viva*, ele disse, referindo-se à lembrança do mundo, não à minha.

– E se a sua... síndrome pós-traumática...

– Eu não tenho isso.

– E se as coisas piorarem?

Estendi o braço e segurei a mão dela.

– Não se preocupe, minha mágica maravilhosa – eu disse. – As coisas vão ficar cada vez melhores.

Conversamos sobre o atentado e o que tínhamos enfrentado. Foi nessa manhã que eu disse não ter raiva dos irmãos Tsarnaev. Acho que eu não tinha dito, nem percebido, isso antes. Havia um lugar dentro de mim, acho, que estava tentando ignorar, e quando finalmente mexi nesse lugar, e pensei neles... não foi raiva que apareceu: foi empatia. Nós estávamos todos juntos nisso, até os terroristas, e foi ruim para todos nós.

– Eu queria conversar com ele – disse. – Só sentar com ele, na cadeia, e ouvir o que ele tem a dizer. – Tentei imaginar, mas não consegui. Eu não fazia ideia do que aquele rapaz diria para mim. Eu não o conhecia. – Acho que isso nunca vai acontecer. – Eu ri. – Duvido que o advogado dele vá pensar que essa é uma boa ideia.

Conversamos por cerca de meia hora, até precisarmos sair. Tínhamos que ir a algum lugar, mas não me lembro aonde.

– Eu devia ter comido um sanduíche de ovo – disse, enquanto me equilibrava com as muletas. – Quem come peru no café da manhã?

Erin riu enquanto afastava as cadeiras, abrindo caminho para mim até a porta. Atravessei o restaurante e saí para a calçada. Quando cheguei ao carro, percebi que precisava descer da calçada, que tinha pelo menos quinze centímetros de altura. Eu tinha caminhado até a rampa de deficientes para entrar, mas ela ficava do outro lado do estacionamento.

Erin não tinha reparado. Ficou falando até me ver olhando para baixo.

– Eu consigo – disse.

– Quer ajuda?

– Não. Eu consigo.

Apoiei as muletas no nível do estacionamento. Inclinei o corpo para a frente, deixando os dedos do pé direito um pouco além da borda do meio-fio, como Michelle tinha me ensinado. Encarei a borda, pensando nos movimentos. Levantei o pé esquerdo e o joguei para a frente. Meu equilíbrio mudou com isso, e me inclinei instintivamente para trás. E comecei a cair, as muletas saindo de baixo de mim. Foi então que aprendi o verdadeiro valor daquelas pernas. Eu tinha perdido o controle, mas elas me seguraram, baixando-me lentamente até a calçada. Cair não me machucou. A sensação foi de que eu tinha apenas me sentado.

– Você está bem? – Erin perguntou, correndo para o meu lado.

– Estou.

Ela agarrou meu braço por instinto, pronta para me puxar.

– Estou bem. Só me deixe descansar. – Olhei ao redor. Eu estava sentado na calçada, a alguns passos do nosso Jetta emprestado. – Vou me arrastar até o carro – disse. – E me içar.

Eu fui até lá, me agarrei no para-lama e puxei. Estava mais forte, mas não tão forte assim. Tentei de novo.

– Você pode me dar uma mão? – pedi a Erin.

Michelle e eu rimos quando lhe contei a história na fisioterapia, no dia seguinte.

– O que fez você pensar que dava conta de um meio-fio? – ela perguntou.

– Não sei. – Eu ri. – Consigo descer um ou dois degraus aqui, então pensei...

– Mas aqui tem um corrimão.

– Eu estava de muletas.

– Muletas são diferentes de corrimãos. É muito mais difícil de muleta.

Dei de ombros.

– Acho que fiquei valente – disse com um sorriso. Eu me sentia ótimo com a coisa toda. Mesmo no momento em que aconteceu, não fiquei com vergonha. Erin ficou preocupada. Enquanto me ajudava a ficar de pé, com as muletas, e depois a entrar no carro, permaneceu em silêncio.

– Você está bem? – ela perguntou afinal.

– Estou ótimo, Erin – respondi, mexendo no rádio quebrado. – Foi só um passo em falso. Não me machuquei nem um pouco.

* * *

Três semanas depois, assinamos o contrato da nossa casa. Ficamos tão animados que fomos direto para o Costco. Assim que você consegue sua primeira casa, tem que comprar um fardo de mil rolos de papel higiênico, certo?

Enquanto estávamos lá, mamãe e tia Jenn telefonaram.

– Parece que não ligaram a eletricidade na sua casa – mamãe disse.

– Elas estão...? – Erin começou.

Eu fiz um sinal para ela não se preocupar, que tudo estava sob controle.

– Mãe – eu disse –, é melhor vocês estarem longe quando chegarmos. Vocês podem aparecer amanhã.

Quando chegamos, meia hora depois, uma cesta de crisântemos, de mamãe e tia Jenn, nos esperava na varanda, junto com um balde para cervejas de um primo. Era um lindo dia de outono. As folhas das árvores estavam todas coloridas.

– Nós conseguimos – disse e beijei Erin.

Então joguei as pernas para fora do carro, coloquei-as no primeiro degrau à frente da porta da minha casa, e me puxei para o alto com as mãos. Erin veio com a cadeira de rodas e destrancou a porta. Ela me ajudou a sentar na cadeira e, juntos, entramos na nossa nova vida.

Big D chegou algumas horas depois com nossa mobília. Nós só tínhamos três coisas: cama, cômoda e uma cadeira. Então pusemos a cama na sala de estar e acendemos o fogo na lareira, e, enquanto o sol se punha e o frio chegava, Erin e eu nos abraçamos debaixo das cobertas e assistimos a *O discurso do rei*.

Eu não tinha atingido meu objetivo, pelo menos não o de subir a escada da minha vida nova. Meus soquetes estavam me machucando muito, eu mal conseguia colocá-los. Mas isso não queria dizer que eu não estava mais forte: eu estava forte como um touro. E tinha tentado. Eu me esforcei mais durante aqueles seis meses do que em toda minha vida até então. No fim, algo fora do meu controle deu errado e precisei da ajuda de Erin, mas não há nada de errado com isso. Nenhum homem é uma ilha, certo? Quem disse isso, Darrelle Revis, o jogador de futebol americano?

Rá, rá. Estou brincando. Foi um poeta, certo? Erin deve saber quem foi. E não tenho vergonha de perguntar para ela, porque reconhecer seus limites, e aceitar ajuda, também nos torna mais fortes.

SEIS MESES APÓS O ATENTADO

* * *

30 de outubro de 2013

Por volta de meio-dia, Erin me levou até a casa de Kevin na cidade. Telefonei quando estávamos a poucos quarteirões de distância e disse que faltava pouco para chegarmos. Cinco minutos depois, ele ligou de volta.

– Onde vocês estão? Não vejo o carro da Erin.

– Estou chegando, Erin me deixou na esquina.

Segundos depois, ouvi os gritos. Kevin tinha saído de casa e começou a torcer por mim.

– Fique quieto, Kevin – eu disse, rindo. – Estou tentando me concentrar. – A calçada no quarteirão de Kevin era feita de tijolos. O piso era irregular, com tijolos saltados e fendas por toda parte. Eu precisava me concentrar a cada passo, mas Kevin ficou comemorando, o que fez outras pessoas saírem de casa e também começarem a gritar.

– Onde está sua cadeira de rodas? – Kevin perguntou quando parei diante dos degraus da casa dele.

– Deixei em casa.

Entreguei as muletas para ele, segurei no corrimão e subi os degraus. Eu tinha passado centenas de horas com Kevin nos últimos seis meses, mas aquela era a primeira vez que eu ia à casa dele.

Erin chegou alguns minutos mais tarde, depois de estacionar o carro, e fomos no BMW conversível de Kevin até o estádio Fenway. Foi a primeira vez que andei no conversível dele, pois o porta-malas era pequeno demais para a cadeira de rodas. O pessoal do Red Sox estava lá para me receber, e eu subi a rampa do estacionamento dos jogadores até o elevador. Tinha recebido meus novos soquetes de sucção na semana anterior. Eles se encaixavam como luvas – como as Luvas Isotoner do Dan Marino. No último mês eu sentia como se estivesse arrastando duas portas mal encaixadas. Conforme o encaixe piorava, comecei a ficar pra baixo, mas o tempo todo fui ganhando força. E quando as peças se encaixaram, o trabalho duro foi recompensado. Eu fiquei de pé e comecei a andar.

Caminhei até a casa do Kevin. Caminhei até o elevador. Andei pelo estádio, da posição inicial até a primeira base. Eu estava no anel mais alto, reservado para cabines de imprensa e camarotes VIP, de modo que não havia muitos torcedores por ali, mas ainda assim apertei algumas mãos. Meus amigos Jess e Pat estavam esperando no nosso camarote. Quando o Red Sox me convidou para o jogo, essa foi minha exigência: eu queria que Jess e Pat também fossem.

– Jeff! – Jess exclamou. – Eu não sabia que você estava andando.

– Ah, eu estou andando.

Nós nos abraçamos. Eles abraçaram Erin.

– Você viu isso? – Pat disse, apontando para o campo. A equipe de manutenção tinha aparado a grama no centro do campo. No centro, eles cortaram mais baixo, escrevendo: "B Forte".

Estávamos dividindo o camarote com o Red Sox de 2004, o time que trouxe a taça de campeão para Fenway pela primeira vez em três gerações. O time faria o arremesso inicial, então as únicas outras pessoas no camarote eram a esposa de Jason Varitek e seus dois filhos.

– Você devia estar no campo com eles. Você também devia fazer o primeiro arremesso.

– Obrigado, mas já vou descer para o intervalo da sétima entrada. – James Taylor iria cantar "America the Beautiful" e tinha me pedido para ficar no campo com ele.

Vieram nos buscar entre a sexta e a sétima entrada: eu, Jess e Pat, Carlos, e três outros sobreviventes do atentado: Karen, Roseann e Heather. Dessa vez, fomos pela rampa, em vez de pegarmos o elevador. Foi uma longa caminhada, descendo quatro níveis até a entrada de manutenção, mas eu me sentia forte.

– Vamos lá, Jeff – as pessoas começaram a gritar quando nos viram. – É isso aí, Carlos!

As pessoas tiravam fotos, mas eu mantive os olhos à frente, concentrado em cada passo. Quando chegamos ao nível do campo, eu estava totalmente à vontade. Diminuímos o passo por causa de uma multidão, e alguém me segurou pelo cotovelo.

– Posso tirar uma foto com você, Jeff? Eu sinto tanto orgulho.

Eu sabia que era uma má ideia. Havia dezenas de pessoas, e se eu parasse para falar com elas, mais gente se aproximaria, e eu ficaria em pé, com minhas pernas artificiais, a noite toda. Mas eu não conseguia negar, então fiquei aliviado quando a segurança se aproximou, dizendo que precisávamos chegar ao campo.

Espocou o som de aplausos, com as pessoas gritando e comemorando.

– Obrigado, Boston – eu disse. Olhei para o lado e vi um grupo de torcedores com camisas do St. Louis Cardinals. Eles também aplaudiam. – Obrigado a todos vocês – inclinei a cabeça na direção deles. Então sorri e disse: – Vamos lá, Sox!

Tivemos que esperar no túnel de manutenção, a alguns metros do campo, durante um longo tempo. O Sox vinha liderando até aquela entrada, mas o Cardinals lotou as bases. O Sox fez uma mudança no arremesso e Breslow jogou a terceira base no centro, dando a liderança ao Cardinals.

Posso falar agora, porque o campeonato acabou e não tem como dar azar, mas eu não estava preocupado. O Red Sox terminou a temporada com os melhores números da Liga Americana, mas ninguém achava que fosse o melhor time. Eles perderam o primeiro jogo da Liga para o Detroit Tigers (provavelmente o melhor time) e estavam perdendo de quatro na oitava entrada do jogo seguinte. Duas derrotas em casa, no começo de uma melhor de sete, significavam o fim. Então o Sox lotou as bases com duas eliminações, e David "Big Papi" Ortiz acertou uma bola direto no centro do campo. Torii Hunter, o *outfielder* do Detroit Tigers, correu para pegar, errou por pouco e caiu de cabeça na parede. Placar empatado. "Salty" Saltalamacchia pegou a primeira rebatida na entrada seguinte para empatar a série, e, depois disso, estava praticamente decidido.

Claro, o Red Sox continuou sendo a zebra. O time ainda tinha que vencer seis jogos, contra os melhores do mundo. E estava sofrendo uma derrota esmagadora, no Jogo 4, quando Big Papi levantou o time com um discurso inflamado na sexta entrada, em St. Louis.

Mas aquele lance com Big Papi e Torii Hunter foi o momento da virada. Como quando os voluntários norte-americanos desceram a colina até a ponte Old North, em 1775, e derrotaram os ingleses na batalha que ainda era celebrada no Dia do Patriota. Você trabalha e trabalha, fica um pouco melhor a cada dia, mais forte, mais concentrado, e então alguma coisa acontece e você passa a acreditar. Apenas cinco pessoas morreram em Concord, em 1775, mas uma ponte foi atravessada, e depois disso estava tudo decidido, ainda que aquela guerra brutal tenha demorado mais oito anos.

Talvez eu devesse terminar este livro com o Red Sox ganhando o campeonato nacional. Big Papi foi o MVP, melhor jogador do torneio, claro, após alcançar a base 19 vezes em 25 rebatidas, uma das maiores marcas individuais na história do campeonato. Meu garoto Salty? Ele provavelmente deve ter ficado mais famoso pelo arremesso na terceira base, durante o Jogo 3... que caiu no campo esquerdo e custou o jogo para o Sox.

Ou talvez tenha ficado mais famoso por interromper o desfile da vitória na linha de chegada da Maratona de Boston, agora pintada permanentemente na Rua Boylston, para colocar o troféu do campeonato ali.

Eu não participei do desfile. E também não estive no Jogo 6, quando o Red Sox conquistou o campeonato em Fenway pela primeira vez desde 1918. O Sox e o Bruins tinham me convidado para quatro jogos naquele verão: os times de Boston perderam todos. Tive que ficar em casa na decisão.

Mas eu estava lá no Jogo 2 (derrota do Red Sox, claro). Eu estava no campo no intervalo da sétima entrada, quando James Taylor cantou "America the Beautiful" e todo o público o acompanhou. Eu me dei conta de que não precisaria caminhar na maratona do ano seguinte. Eu iria, sem dúvida, mas não seria necessário. Eu não era especial. Era apenas um na multidão, um de milhões. Aquela história era nossa, não minha. Estávamos juntos – o público do Fenway, Boston, todas as pessoas boas do mundo –, e isso nos tornava indestrutíveis.

O jornal do dia seguinte trouxe uma foto de nós, sobreviventes do atentado, acompanhados de Carlos. Estávamos perfilados ao longo da linha da terceira base. Eu estou no meio, com as muletas em uma das mãos; mas nem as estou usando para me equilibrar. Só estou calmamente parado ali, como se não fosse nada demais.

Como se não precisasse me esforçar nem um pouco.

- Epílogo -

23 de julho de 2014

Estou trabalhando no Costco, no primeiro turno, então saio de casa no mesmo horário em que a maioria das pessoas, com o café na mão. A viagem de carro até a loja leva meia hora, provavelmente um pouco mais na hora do rush. Mas isso não é problema. Tenho feito isso há mais de um mês e estou acostumado a dirigir com minhas pernas artificiais.

Também estou acostumado a caminhar com elas. Isso não significa que me sinto feliz com a situação, nem que tudo seja fácil. Ainda fico esgotado de vez em quando, e não posso trabalhar sobre chão liso, como o da rotisseria do Costco. Ainda faço fisioterapia duas vezes por semana, mas me acostumei a não ter pernas. Aceitei o fato. A estrada é longa para onde quer que eu esteja indo, mas sei que agora estou em movimento. E seguindo na direção certa.

Preciso dizer que o Heavy Kevy me ajudou. Como eu não podia voltar para meu antigo posto na rotisseria – além do chão liso, o trabalho envolve andar muito e carregar bandejas pesadas –, ele me colocou no departamento de eletrônicos, bem ao lado da entrada da loja. Passo a maior parte do tempo falando de televisões e eletrodomésticos com os clientes.

É um pouco injusto. Os membros (é como chamamos os clientes) estão conferindo a nova TV de oitenta polegadas quando escutam:

"Posso ajudar?". Eles se viram, esperando se livrar facilmente do vendedor, quando encontram... Jeff Bauman! Eles começam a dizer: "Não, obrigado", e então descem os olhos até minhas pernas.

– Sim, é ele – eu os ouço pensando.

– Como você está, Jeff? – eles perguntam, estendendo a mão para apertar a minha.

Eu não digo a verdade: que ainda não me sinto à vontade de ficar em público. Meus colegas têm sido fantásticos; eles não apenas me acolheram de volta como me carregaram nos ombros. (Não fisicamente, é claro, mas emocionalmente.) Estão tão felizes de me ter de novo no trabalho quanto estou de voltar, e isso não é pouco, porque eu adoro ter um emprego, ter uma rotina, apenas ser um cara comum.

Mas ainda não me sinto assim – como um sujeito normal. Ainda me sinto à parte, como se as pessoas estivessem me observando de canto de olho. Quero dizer, elas riem das minhas piadas por que sou engraçado (e eu sou mesmo), ou é algo que fazem por mim? E quando essa sensação vai desaparecer?

– Estou bem – respondo sempre que alguém pergunta. – Estou forte.

As duas respostas são verdadeiras. Eu comecei com turnos de três horas; hoje estou fazendo quatro, a maior parte de pé. No fim do período estou fisicamente acabado, mas acho que um pouco menos dolorido e exausto do que na semana anterior.

Depois de um almoço tardio na rotisseria com meus amigos, entro no carro e vou para casa, antes da hora do rush. É verão, mas o jogo do Red Sox ainda não começou. (Esta noite eles estão em Toronto.)

O Sox está tendo um ano ruim. No momento está em último lugar, mas isso não importa mais como antes. Tenho outras coisas com que me preocupar.

Erin está à minha espera em casa.

E Nora, minha garotinha, também.

Nós descobrimos a gravidez algumas semanas após eu terminar o livro, em dezembro, e guardamos o segredo o máximo que conseguimos. Não queríamos contar para ninguém a não ser amigos e familiares.

Mas no primeiro aniversário do atentado, a barriga de Erin já estava aparecendo. E a imprensa estava se concentrando em Boston. Nós nos mantivemos fora dos holofotes o quanto pudemos. No verão passado, meu objetivo era caminhar na Maratona. Foi isso que me fez continuar nos meus dias mais difíceis. Eu queria mostrar para o mundo que os terroristas não tinham vencido.

Mas quando o dia finalmente chegou, assisti à corrida de uma arquibancada perto da linha de chegada. A gravidez tinha sido mencionada na revista *People*. Houve um artigo da Associated Press. Brian Williams induziu Erin a falar (relutantemente) sobre isso em rede nacional. Nós já tínhamos feito o bastante.

Assim, em vez de fazermos algo dramático, Erin e eu ficamos nas laterais vibrando com minha colega amputada Adrianne Haslet-Davis e meu amigo Carlos Arredondo. Tenho certeza de que em algum momento eu o abracei e lhe agradeci, de novo, por salvar minha vida. E sei que pus minha mão na linda barriga de Erin enquanto os corredores passavam pela linha de chegada. Senti nosso bebê chutando e pensei: os terroristas não venceram. Não chegaram nem perto disso.

Agora, três meses depois, estaciono o carro ao lado de casa, em nossa entrada de pedregulhos, e subo quase aos saltos os três degraus até a porta dos fundos. Tudo bem, a sensação é de saltar, mas na verdade é uma subida cuidadosa.

Eu abro a porta e lá estão elas: minhas mágicas maravilhosas. Erin é linda. Eu não a via sorrir tanto assim desde o atentado. Talvez nem mesmo antes.

Nora está dormindo em seus braços. Ela tem o queixo da Erin e os meus olhos, além de uma quantidade chocante de cabelo castanho.

– Nosso dia foi bom – Erin diz. – Tranquilo.

Eu me sento junto ao balcão da cozinha e Erin coloca a bebê nos meus braços.

Nora Gail Bauman. Minha garotinha. Eu me lembro de algo que disse em uma entrevista, alguns meses atrás, quando um jornalista perguntou como eu me sentia com relação ao futuro: "Eu só quero ser um bom pai", respondi.

Eu não tinha ideia de como isso era verdade. Agora que estou segurando Nora, o que mais eu poderia querer?

Eu tenho um emprego. Tenho minha família e meus amigos. Tenho minha casa. Erin vai voltar a estudar em meio período, em setembro; vai terminar o mestrado que teve que interromper quando os terroristas explodiram nossa vida. Com meu horário flexível, vou conseguir cuidar de Nora quando Erin estiver em aula. Vou poder segurá-la como estou fazendo agora e dizer as palavras mais preciosas do mundo: eu te amo.

Nora se mexe e sacode a cabeça. Por um segundo ela sorri, e eu penso: ela leu meus pensamentos. Então ela estala os lábios e volta a dormir. Logo depois, o cheiro chega até nós.

– Você ganhou na loteria – Erin diz, com uma risada abafada. Nós temos um acordo tácito de que quem estiver segurando Nora quando aquilo acontecer tem que trocar a fralda.

– Eu ganhei na loteria – concordo e me levanto, cuidadosamente, com minhas pernas artificiais, minha filha nos braços, e sigo na direção do trocador.

Michele, Remy e eu com nosso cartaz para a maratona, pouco antes de irmos para a linha de chegada. Esta foi a última foto tirada antes de nós três sermos feridos no atentado.

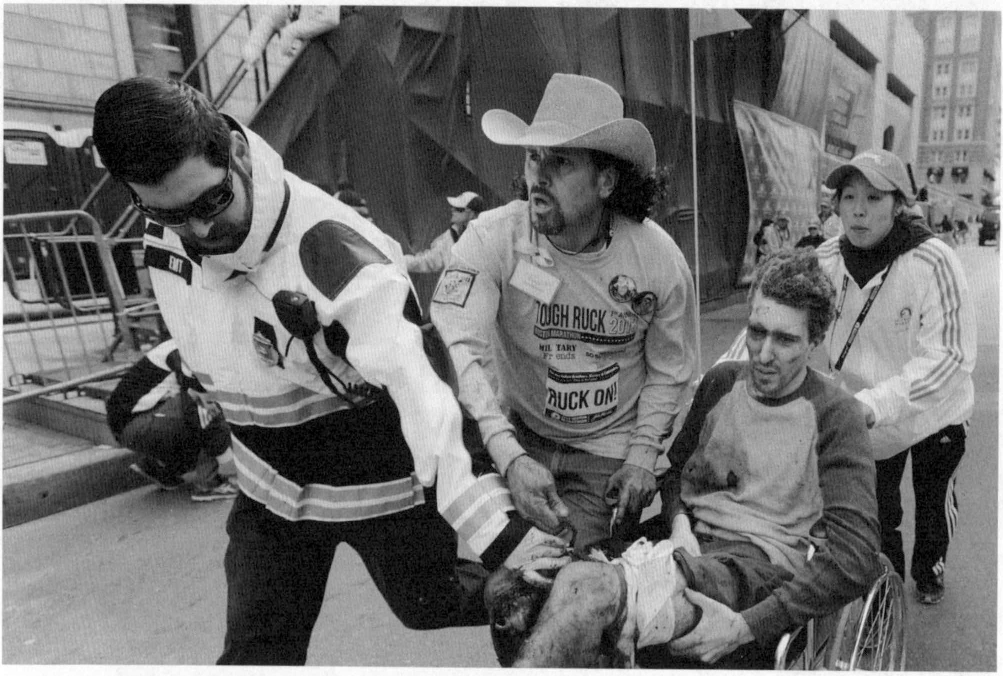

A famosa foto do atentado. Eu a considero um retrato do triunfo, porque três pessoas estão salvando a minha vida. Mas ainda não gosto de olhar para ela. (*AP Photo/Charles Krupa*)

Big D, tia Jenn e eu no evento beneficente Team Stork, de Erin, em 1º de abril de 2013, duas semanas antes do atentado. (*A foto é cortesia de Jenn Joyce Maybury*)

Meu meio-irmão Alan e eu na praia em Seabrook, Nova Hampshire, em 2011. (*A foto é cortesia de Alan G. Bauman*)

Erin e eu no outono de 2012. Esta foto ficou pendurada no suporte do meu soro enquanto estive na unidade de terapia intensiva do Centro Médico de Boston. (*A foto é cortesia de Erin Hurley*)

Eu, no Spaulding, tocando um dos violões que me foram doados.

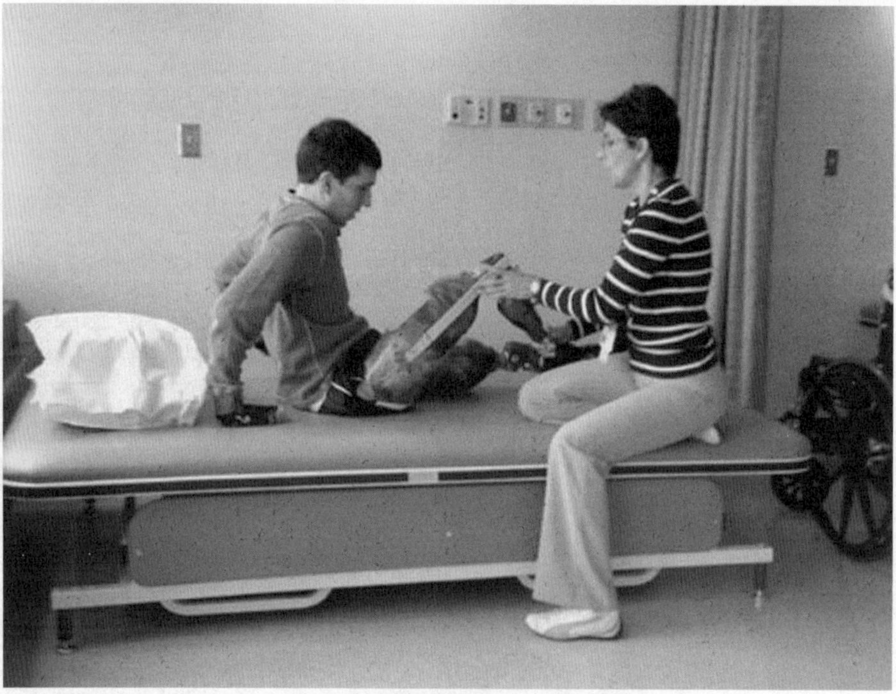

Minha fisioterapeuta, Michelle Kerr, exercitando minha perna direita durante uma sessão no Spaulding. Pode acreditar: não costumava ser assim tão suave. (*A foto é cortesia de Jenn Joyce Maybury*)

Uma das fotos favoritas de Erin: nós dois com as duas melhores amigas dela, Remy e Michele. Esta foi tirada no quarto de Michele no Spaulding, cerca de três semanas após o atentado.

Mamãe e eu. (*A foto é cortesia de Jenn Joyce Maybury*)

Familiares e amigos de Erin, incluindo Remy e Michele, na Meia Maratona do Maine. Foi difícil ficar em meio ao público, mas nós fizemos isso por Erin. (*A foto é cortesia de Gail Goodson*)

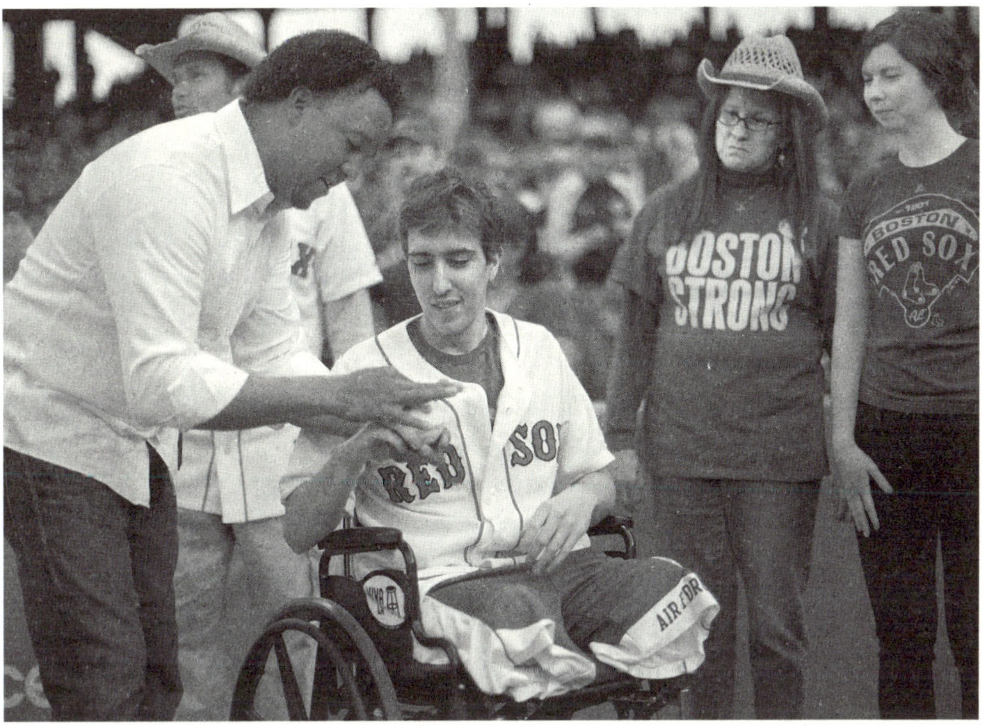

Meu ídolo de infância, Pedro Martinez, demonstra como se lança uma bola lenta, enquanto Erin e Mel, mulher do Carlos, observam. Ele me surpreendeu no campo em Fenway antes do meu primeiro arremesso, em 28 de maio de 2013. (*Josh Haner*/The New York Times/*Redux*)

Relaxando com minha Erin algumas entradas depois. Eu não estaria lá se não fosse por ela. (*A foto é cortesia de Jenn Joyce Maybury*)

Jogo 2 da World Series em Fenway com duas grandes amizades que fiz durante minha recuperação: Tim Rohan e Katlyn (Kat) Townsend. Sinto que os Mets não tenham conseguido, Tim. Quem sabe na próxima década. (*A foto é cortesia de Katlyn Townsend*)

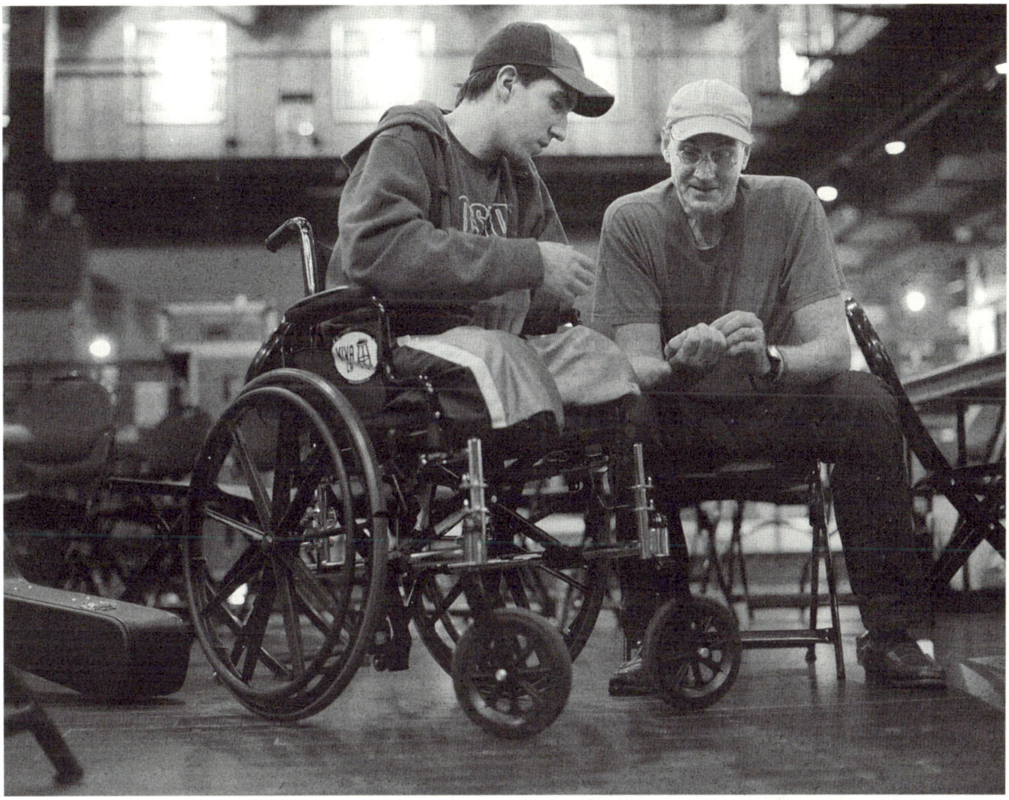

James Taylor tirou um tempo para realmente falar comigo durante seu ensaio antes do concerto One Fund. Um cara realmente dedicado. (*Josh Haner*/The New York Times/*Redux*)

Com mamãe, tia Jenn e Kevin "Heavy Kevy" Horst durante minha primeira visita ao Costco em que eu trabalhava. (*A foto é cortesia de Jenn Joyce Maybury*)

Erin, Kat e eu com Brian Williams após minha única entrevista em rede nacional de televisão, em julho de 2013.

Carlos Arredondo e três gerações de Jeffs: eu, meu pai, Big Jeff, e meu tio-avô, Jeff. (*A foto é cortesia de Terri Wright Bauman*)

Erin e eu no nosso primeiro dia de casa nova – e de vida nova. Agora feche a porta, mãe. Bauman desliga! (*A foto é cortesia de Kevin Horst*)

Aqui estamos hoje com o amor da nossa vida, Nora Gail Bauman, nascida em 13 de julho de 2014. (*Josh Haner*/ The New York Times/*Redux*)

Agradecimentos

Obrigado a todos que salvaram minha vida na Maratona de Boston, não apenas meu amigo Carlos Arredondo, mas todos que tocaram minha vida naquele dia. Obrigado a todos que ajudaram; obrigado a todos que correram para ajudar sem saber se poderiam se ferir ou ser mortos. Eu não estaria aqui sem vocês.

Obrigado a todos que ajudaram na minha recuperação. Obrigado, Dr. Kalish e Dr. Crandell, e equipes do Centro Médico de Boston e do Centro de Reabilitação Spaulding. Obrigado a todas as empresas (como Blunch e Colonnade) e pessoas (como Tanya e Isabel) que doaram quando minha família mais precisou, e a todos que enviaram seu amor e suas orações. Obrigado a Matt Gobeille, que me enviou a guitarra especial, e a todas as crianças com suas barraquinhas de limonada.

Obrigado, Red Sox, Bruins e Patriots. Obrigado a todas as celebridades que ajudaram as vítimas e suas famílias, principalmente James Taylor, Kim Taylor e Ellyn Kusmin, que me trataram tão bem.

Obrigado, Boston! Minha cidade. Nunca se abate, só fica mais forte.

Meu obrigado às pessoas que contribuíram para este livro virar realidade: Bret "The Hitman" Witter, Anthony "A-Train" Mattero, Peter "No Nickname" McGuigan e todo mundo na Foundry Lit + Media, principalmente Matt Wise e Kirstin Neuhaus.

Obrigado a todas as pessoas maravilhosas na Grand Central: Jamie Raab, Sara Weiss e Deb Withey, do editorial; Ann Twomey, que criou a capa original magnífica; Jimmy Franco; Emi Battaglia e Carolyn Kurek, Mark Steven Long e Giraud Lorber, que transformaram um monte de páginas em um livro.

Eu tenho tantos familiares e amigos que não posso listar todos. Então, para simplificar, vou dizer obrigado às minhas três famílias: os Bauman, os Joyce e os Hurley. Amo todos vocês. Até você, Cabeção.

Obrigado, Katlyn Townsend, que apareceu quando mais precisamos dela e nunca se afastou; Kevin "Heavy Kevy" Horst, que ninguém consegue deter; John "Nacho Man" Sullivan; Remy Lawler; Michele Mahoney; United Prosthetics; Carlyn Wells e Michelle Kerr; Tim Rohan e Josh Haner; Kevin Sullivan; Elaine Rogers; Pat e Jess; a família Corcoran e Ryan Donaher, que ajuda Erin a tirar o lixo e nunca a deixa pagar o almoço para ele.

Obrigado às centenas de pessoas do Costco que me trataram como parte de sua família, embora a maioria de vocês não me conhecesse. Obrigado especialmente a James Sinegal, Craig Jelenek, Maya Holt e toda a equipe de Nashua, Byron Spear, Will Fifield e sua esposa, Stephanie; Stacy Thrailkill, Judith Logan e Pennie Clark Ianniciello, que me fez acreditar que este livro era possível, mesmo quando eu não tinha certeza.

Obrigado ao Chefe Ed Deveau, ao Departamento de Polícia de Watertown e a todos os policiais, bombeiros, socorristas, especialistas em bombas e agentes do FBI. Vocês são os verdadeiros heróis.

E, finalmente, à minha senhora mágica, minha Erin: sou grato a você por cada minuto de cada dia, mesmo quando estou jogando MLB: The Show.

Este livro foi escrito para meus companheiros sobreviventes e suas famílias e amigos, e em homenagem a Martin Richard, Krystle Campbell, Lingzi Lu e Sean Collier.

Este livro foi composto com tipografia Bembo e impresso
em papel Off-White 70 g/m² na Assahi.